Theorien des Dokumentarfilms zur Einführung

Oliver Fahle

Theorien des Dokumentarfilms zur Einführung

JUNIUS

Junius Verlag GmbH
Stresemannstraße 375
22761 Hamburg
www.junius-verlag.de

Umschlaggestaltung: Florian Zietz
Titelbild: Thomas Fietzek,
mit freundlicher Genehmigung des Fotografen
Satz: Junius Verlag GmbH
Printed in the EU 2020
ISBN 978-3-96060-313-9

Bibliografische Information der Deutschen Nationalbibliothek
Die Deutsche Nationalbibliothek verzeichnet diese Publikation in der Deutschen Nationalbibliografie; detaillierte bibliografische Daten sind im Internet über http://dnb.dnb.de abrufbar.

Zur Einführung …

… hat diese Taschenbuchreihe seit ihrer Gründung 1977 gedient. Zunächst als sozialistische Initiative gestartet, die philosophisches Wissen allgemein zugänglich machen und so den Marsch durch die Institutionen theoretisch ausrüsten sollte, wurden die Bände in den achtziger Jahren zu einem verlässlichen Leitfaden durch das Labyrinth der neuen Unübersichtlichkeit. Mit der Kombination von Wissensvermittlung und kritischer Analyse haben die Junius-Bände stilbildend gewirkt.

Seit den neunziger Jahren reformierten sich Teile der Geisteswissenschaften als Kulturwissenschaften und brachten neue Fächer und Schwerpunkte wie Medienwissenschaften, Wissenschaftsgeschichte oder Bildwissenschaften hervor. Auch im Verhältnis zu den Naturwissenschaften sahen sich die traditionellen Kernfächer der Geisteswissenschaften neuen Herausforderungen ausgesetzt. Diesen Veränderungen trug eine Neuausrichtung der Junius-Reihe Rechnung, die seit 2003 von der verstorbenen Cornelia Vismann und zwei der Unterzeichnenden (M.H. und D.T.) verantwortet wurde.

Ein Jahrzehnt später erweisen sich die Kulturwissenschaften eher als notwendige Erweiterung denn als Neubegründung der Geisteswissenschaften. In den Fokus sind neue, nicht zuletzt politik- und sozialwissenschaftliche Fragen gerückt, die sich produktiv mit den geistes- und kulturwissenschaftlichen Problemstellungen vermengt haben. So scheint eine erneute Inventur der Reihe sinnvoll, deren Aufgabe unverändert darin besteht, kompetent und anschaulich zu vermitteln, was kritisches Denken und Forschen jenseits naturwissenschaftlicher Zugänge heute zu leisten vermag.

Zur Einführung ist für Leute geschrieben, denen daran gelegen ist, sich über bekannte und manchmal weniger bekannte Autor(inn)en und Themen zu orientieren. Sie wollen klassische Fragen in neuem Licht und neue Forschungsfelder in gültiger Form dargestellt sehen.

Zur Einführung ist von Leuten geschrieben, die nicht nur einen souveränen Überblick geben, sondern ihren eigenen Standpunkt markieren. Vermittlung heißt nicht Verwässerung, Repräsentativität nicht Vollständigkeit. Die Autorinnen und Autoren der Reihe haben eine eigene Perspektive auf ihren Gegenstand, und ihre Handschrift ist in den einzelnen Bänden deutlich erkennbar.

Zur Einführung ist in der Hinsicht traditionell, dass es den Stärken des gedruckten Buchs – die Darstellung baut auf Übersichtlichkeit, Sorgfalt und reflexive Distanz, das Medium auf Handhabbarkeit und Haltbarkeit – auch in Zeiten liquider Netzpublikationen vertraut.

Zur Einführung bleibt seinem ursprünglichen Konzept treu, indem es die Zirkulation von Ideen, Erkenntnissen und Wissen befördert.

Michael Hagner
Ina Kerner
Dieter Thomä

Inhalt

Anhang

Einleitung

Im Jahr 2011 veröffentlichte der bekannte Hollywood-Regisseur Ridley Scott als Produzent gemeinsam mit der Plattform YouTube einen Dokumentarfilm mit dem Titel *Life in a Day* (Regie: Kevin Macdonald). Der Film besteht aus Filmausschnitten, ausgewählt aus 80 000 Einsendungen und 4500 Stunden Material, die am 24.7.2010 gedreht sein sollten und damit diesen Tag auf der Erde dokumentieren. Jeder konnte teilnehmen. Morgenrituale, Arbeitsabläufe, Feldarbeit, industrielle Schlachtung von Tieren, Zubereitung von Mahlzeiten, aber auch mehr oder weniger belanglose Gespräche bis zum Ende des Tages sind zu sehen, wobei niemals konkrete Orte und Zeiten markiert werden. Die Videofragmente wechseln ineinander über, dokumentieren einige Minuten einer Situation oder Szene, bevor sie andere Realitäten an entfernten Orten der Welt zeigen. Die Totalität ist gewollt: eine Zusammenschau verschiedener Räume und Kulturen sowie Sprachen und Praktiken in 24 Stunden am 24. Juli (eigentlich aber 48 Stunden, denn so lange dauert ein Tag auf der gesamten Erde), ein Tag auf der Erde in der scheinbaren oder tatsächlichen Diversität von Kulturen, allerdings gut verdaulich für ein Massenpublikum aufbereitet.[1]

Der Film, der sowohl im Kino als auch auf YouTube[2] ausgewertet wurde, steht für verschiedene Potenziale des Dokumentarischen. Beispielsweise schließt er an einen der ersten großen Dokumentarfilme überhaupt an: Dziga Vertovs *Tschelowek s ki-*

noapparatom (*Der Mann mit der Kamera*, SU 1929). Auch Vertov hatte den Anspruch, einen ganzen Tag im Leben der Stadt St. Petersburg mit dem sogenannten Kino-Auge (»Kinoglaz«) filmisch zu erfassen, vom Erwachen bis zum Einschlafen. Das Treiben der Großstadt, industriell-mechanische Arbeitsabläufe und Tätigkeiten, die Bewegungen der Menschen, Dinge und Transportmittel wurden durch avantgardistische Verfahren wie Überblendungen und Akzelerationsmontagen zu einem fließenden Ausdruck verdichtet. Vertovs Projekt war ebenfalls total, denn das mechanische Kino-Auge, die dokumentarischen Aufzeichnungen des Filmapparats und die dynamische Montage sollten das Ganze des Lebens der Menschen im Zusammenspiel mit der Umgebung in den Blick bringen. Die Kamera, so meinte Vertov, könne besser sehen als das menschliche Auge, sie sei schneller, detaillierter, ortsflexibler (sie kann sich etwa auf Eisenbahnschienen legen oder auf Türmen angebracht werden) und die Postproduktion, das heißt die Zusammenfügung der Einzelteile am Schneidetisch, bündele die sonst unsichtbaren Beziehungen der Teile zu einer nur durch den Film herstellbaren Ordnung (Vertov 1973, 15 ff.).[3]

Von *Der Mann mit der Kamera* bis zu *Life in a Day* lässt sich eine historische Verbindung ziehen, die für die Möglichkeit und den Wunsch steht, der modernen Welt in den verschiedensten Facettierungen dokumentarisch habhaft zu werden, also *das Leben*, wie es sich vermeintlich von selbst abspielt, mit technischen Aufzeichnungsmedien und als (audio)visuelles Arrangement einzufangen, aufzubereiten und zugleich als Wissen über diese Welt in den Kinoraum (oder in das Wohnzimmer und den Privatraum) zu entlassen. Zugleich sind die Verschiebungen zwischen den Werken offensichtlich. *Life in a Day* ist bis auf Vor- und Abspann komplett aus Aufnahmen verschiedenster AutorInnen[4], die als solche nicht genannt werden, also aus *requested footage* (statt *found footage*) zusammengesetzt. Der Film beruht auf der seit 2011 weiterhin rapide anwachsenden Aktivität, Videos oder Filme durch private Kameras und schließlich durch Smartphones herzustellen und auf YouTube, Instagram, Facebook, WhatsApp oder anderen Plattformen hochzuladen. Während mit Ridley Scott ein Regisseur populärer Hollywoodfilme die Optionen zukünftigen dokumentarischen Filmens vorführte, war der Filmemacher Dziga Vertov Teil eines Kollektivs, dessen »Kino-Wahrheit« (»Kino-Pravda«) das »unbemerkte Abfilmen des Lebens« (Nussinowa 1998, 157) befürwortete und damit eines der ersten Manifeste des Dokumentarfilms darstellt (siehe auch Kapitel 2).

Die Gegenüberstellung der beiden Filme zeigt also sowohl die Kontinuität des dokumentarischen Filmens auf, in dem es um die Aufzeichnung des Lebens und des Lebendigen als ein besonderes Privileg der Film- oder Videokamera geht, wie auch seine Diskontinuität, da das Dokumentieren nicht mehr nur im klassischen Dokumentarfilm aufgehoben ist, sondern von jedem/jeder BesitzerIn einer Handykamera ausgeübt und durch *soziale Medien* verbreitet werden kann. Von Smartphones gehen Aufforderungen zum persönlichen Foto- und Filmemachen aus, kaum jemand kann sich den Bildern und Videos vollständig entziehen, die im Regelfall eigene Tätigkeiten oder erlebte Ereignisse dokumentieren und oft versendet und gepostet werden. Doch damit nicht genug: Bildgebende dokumentierende Verfahren durchziehen unsere Lebenswelt auf vielen Ebenen, sei es in der Medizin (Ultraschall, Computer-, Positronenemissions- und Kernspintomographie), den Naturwissenschaften (etwa Neuroimaging in der Neurobiologie, Visualisierung von unsichtbaren organischen Verbindungen, etwa des Coronavirus) oder durch Überwachungskameras und Satellitenbilder (aber auch GPS als kartografisches Format); oder sei es in den zunehmend elektronisch verfügbaren Printmedien, in denen keine noch so seriöse Tages- oder Wochenzeitung mehr ohne begleitende Videokolumnen oder von anderen Quellen übernommene Aufnahmen auskommt. Dazu kommt, dass sich im Fernsehen umfangreiche Dokumentationskanäle etabliert haben (Phönix, ZDF Info, CNN, Kabel 1 Doku, N 24 Doku, Spiegel TV etc.) sowie Reality-Formate wie Casting-Shows und True Crime Stories, die als *scripted* oder *story-based-reality* die Grenze von Fiktion und Dokumentation unentwegt umspielen. Daneben haben Dokumentarfilme nach wie vor einen Ort im Kino und auf Plattformen wie Netflix, Mubi, Amazon Prime oder Joyn und sind vereinzelt in der Lage, breite Aufmerksamkeit zu erreichen, wie nicht nur an den Werken bekannterer Filmautoren wie Michael Moore, Werner Herzog, Wim Wenders oder Markus Imhoof, sondern auch an populären Dokumentationen, die ein breites Publikum im Kino erreichen, sichtbar wird.[5] Schließlich verweist auch die seit der Wahl Donald Trumps nicht mehr abreißende Debatte zu den *fake news* und »alternativen Fakten« auf eine tiefer liegende Krise von Glaubwürdigkeit und Objektivität und damit des Dokumentierens, des Beobachtens, Beweisens und Bezeugens und ihrer Medien, der Bilder, der Töne und der Sprache, die nicht nur die hergebrachten Institutionen des Nachrichtenwesens und Journalismus betrifft, sondern Fragen nach der Darstellung von Realität und Wahrheit sowie ihrer Vermittlung überhaupt aufwirft.

Die ausufernde Praxis des Dokumentierens, die Allgegenwart und oft echtzeitgeprägte massenhafte Verbreitung filmischer und audiovisueller Aufnahmen und ihre krisenhaften Zuspitzungen stellen die Frage nach theoretischer Orientierung. Theorien des Dokumentarfilms haben seit ihren Anfängen die Debatte nach Wahrheit, Repräsentation, Authentizität, Objektivität, Fakten, Fälschung und Fiktionalität im Kontext der medialen, ästhetischen, apparativen und politischen Bedingungen, die mediale

Vermittlungen immer aufwerfen, geführt. Ihnen kommt in der »Post-Truth«[6]-Gesellschaft besondere Bedeutung zu, da sie die notwendige Differenzierung und Reflexion, die insbesondere mit Blick auf die Debatten der Gegenwart um die *fake news* notwendig ist, bereits vorgedacht haben. Der verzweifelte Versuch, *fake news* und »alternative Fakten« von *tatsächlichen* Fakten abzugrenzen und eine strikte Dualität zwischen gesichertem und falschem Wissen einzuführen, wie sie oftmals eingefordert wird, greift dabei zu kurz, weil diese nur ein Modell der Faktenkonstruktion präferiert und eine theoretische Unbedarftheit hinsichtlich der Frage nach der Wahrheit offenbart: »War Wahrheit je ein beherrschendes Regulativ von Politik oder gar medialer Berichterstattung? Behauptet der Begriff nicht einen Zugang zu Fakten, den er anderen im Umkehrschluss abspricht? Impliziert er nicht die Möglichkeit zur Erkenntnis ›objektiver‹ Wahrheiten, die alles wissenschaftshistorisch belegte Zweifeln an Faktizitäten quer durch verschiedenste Disziplinen ignoriert? Und verstellt dies nicht gerade den Blick auf die viel gefährlichere Verschiebung, die Wahrheit zur Funktion von Macht degradiert?« (Schauerte/Vehlken 2018, 11)

Diese Fragen deuten auf die nicht zuletzt von dokumentierenden Medien wie Handy- und Amateurfilmen selbst aufgebrachten Ambivalenzen hin, angesichts derer Wahrheit in den meisten Fällen längst nicht mehr einfach gegen Unwahrheit ausgespielt werden kann, sondern die Darstellungen und Umstände der Aufzeichnung, die medialen Rahmungen und filmästhetischen Verfahren in den Mittelpunkt rücken. Wie gelingt es Filmen, die Realität wahrheitsgetreu darzustellen oder, um die Frage von der anderen Seite derselben Medaille zu betrachten, wie verändert sich Wahrheit, wenn sie als filmische (oder audiovisuelle) Darstellung modelliert wird? Der aktuell diskutierte Zusammenhang von Fakt und Fake ist also Teil einer anhaltenden Debatte zum Dokumentarfilm, denn im weiteren Sinne sind alle aktuellen audiovisuellen Aufnahmen, ob videografisch oder digital, filmisch geprägt. Theorien des Dokumentarfilms koppeln die medialen Verfassungen der Bilder und Töne an grundsätzliche Fragen nach Wahrheit, Objektivität und Echtheit, so dass diese Auseinandersetzungen zu Fakt, Fälschung und Fiktion historische Tiefe gewinnen. Dafür ist auch der vereinzelte Blick auf Dokumentarfilme notwendig, an denen sich auf konkrete Weise eine Vielfalt an filmischen Wahrheitstheorien ablesen lässt, wenn unter Wahrheit die Bestimmung des Verhältnisses oder der Korrespondenz von Realität und filmischer Darstellung verstanden wird. Die Erwartungen an den Dokumentarfilm sind hier besonders hoch, da er als technisches Aufzeichnungsmedium eine vermeintlich nähere, privilegierte Position zur sichtbaren (oder hörbaren) Realität aufweisen könnte. Auf einen simplen mimetischen Mechanismus der Abbildung haben sich die Theorien des Dokumentarfilms aber von Beginn an nicht reduzieren lassen.[7]

Wenn man in diesem Sinne Gründungsakte der theoretischen Bestimmung des dokumentarischen Films fixieren müsste, dann sind sicherlich drei Marksteine unumstritten. Da ist zunächst John Griersons unzweifelhafte Stellung als derjenige, der als Erster das Potenzial des Dokumentarfilms auf systematische Weise skizziert hat. Der zweite Gründungsakt verbindet sich mit dem bereits erwähnten Dziga Vertov und seiner viel zitierten Formel von der Kino-Pravda, die als theoretische Bezugnahme bis in die 1960/70er Jahre bei Jean Rouch und Klaus Wildenhahn immer wieder auftaucht. Drittens und ebenso eindeutig ist die Stellung von Robert Flaherty, namentlich seines Films *Nanook of the North* (USA 1922), der ähnlich wie *Der Mann mit der Kamera* oft den Ausgangspunkt einer ernst zu nehmenden Beschäftigung mit dem Dokumentarfilm bildet. Flahertys Film hat als Hybrid aus wissenschaftlicher Forschung, ethnografischer und ethnozentrischer Geste und Empathie, aber auch als dokumentarische *Erzählung* Maßstäbe gesetzt, sein Einfluss auf Grierson und andere war enorm. Als einen vierten Gründungsakt würde ich den wegweisenden Film *Las Hurdes. Tierra sin Pan* (*Las Hurdes. Land ohne Brot*, F 1933) von Luis Buñuel in diese Aufreihung aufnehmen. Buñuels Film hat viele wichtige Theorien des Dokumentarfilms nachhaltig beschäftigt, wie etwa die von Bill Nichols, Catherine Russell, Linda Williams und François Niney, die in dieser Einführung behandelt werden. *Las Hurdes*, der angeblich eine nur von wenigen Menschen bewohnte und von der Zivilisation abgeschnittene Berglandschaft in Extremadura in Spanien porträtiert, ist ein verstörender Film, der offenbar sehr gezielt die Idee und inhärenten Widersprüche des Dokumentarfilms selbst herausfordert: die Annäherung eines Filmteams an vorgeblich von der Zivilisation abgeschnittene Personengruppen, den erhabenen und überheblichen Modus des Kommentierens und Einordnens, die permanente Verschiebung der Grenze dessen, was gezeigt werden soll oder darf, und schließlich die dem Dokumentarischen implizite Tendenz zum Faken, die in der Szene einer scheinbar spontan einen Berghang hinabfallenden Ziege gipfelt, der aber durch einen nur halb verborgenen Schuss am Bildrand eventuell nachgeholfen wurde. Durch die Mischung aus roher Dokumentation und Mockumentary deckt *Las Hurdes* das Spektrum des Dokumentarischen als ästhetische Praxis und theoretische Spekulation ab, ohne dass der Film einen Hinweis auf eine letztgültige Wahrheit gibt.[8] Auch das passt zum Dokumentarfilm, der sich eine letzte Prekarität bewahrt und der uns lehrt, ein stabiles Verhältnis zum Unwissen aufrechtzuerhalten.[9]

Diese wenigen Eindrücke aus der Filmgeschichte, denen sich leicht andere wichtige Beispiele bis hin zur inzwischen regelmäßigen Konfrontation mit dokumentarischen Bildern und Tönen, die Alltag und mediale Erfahrung bestimmen, hinzufügen ließen (siehe dazu Kapitel 2), führen zu der grundlegenden Frage zurück, was denn das Dokumentarische und das Dokument überhaupt sind. Die Unmittelbarkeit eines privat aufgenommenen, an FreundInnen verschickten verwackelten Handyvideos lässt uns bereits vom Dokumentieren sprechen, da eine Aufzeichnung *echten* Lebens vorzuliegen scheint. Doch ist dies bereits ein Dokument? Oder muss es nicht erst dazu erklärt werden, etwa durch persönliche Selektionen (das Video dokumentiert in einem File-Ordner mit Urlaubsvideos Erinnerungen) oder durch einen institutionellen oder juridischen Vorgang (die Polizei beschlagnahmt die Aufnahmen, weil durch sie zugleich ein Unfall aufgezeichnet wurde) oder durch einen publizistischen Akt (das Video wird gepostet oder anderweitig veröffentlicht und damit zum Gegenstand öffentlicher Diskussion)? Auch der Dokumentarfilm ist von dieser doppelten Prägung betroffen. Die Aufzeichnung einer vermeintlich realen Situation wird erst durch die Einbettung in den Film zum Dokument. Dies ist ein Grund, weshalb die Debatte zum Dokumentarfilm erst mit der doppelten Verfertigung aus Aufnahme und Kontextualisierung beginnt und nicht, wie man vermuten könnte, bei den ersten Aufzeichnungen der Brüder Lumière aus den Jahren 1895/96, die natürlich auch eindeutig dokumentierend sind. Doch werden sie nur dann dokumentarisch, wenn sie selbst eine Einordnung erfahren, welche die Lumières nicht vorgenommen haben, anders als etwa die edierte und kommentierte DVD des Institut Lumière.[10] Die moderne Gesellschaft hat in Archiven, Sammlungen, Bibliotheken und Museen Aufbewahrungsorte für Dokumente geschaffen, die in einem weiteren Schritt der Erschließung bedürfen. Dokumentieren ist aber als *ästhetische* Praxis weit weniger systematisiert als etwa als wissenschaftliche, da es sich zwar im 19. Jahrhundert als Sammeln, Klassifizieren und Archivieren institutionalisiert hat, nicht aber als künstlerische oder poetische Tätigkeit. Mit Blick auf den Film kann daher zwischen dem *Dokumentieren*, das im *Aufzeichnen* besteht, und dem *Dokumentarischen* unterschieden werden, das wiederum die mediale, ästhetische, politische, institutionelle und pragmatische (also die Aneignung durch die ZuschauerInnen betreffende) *Anordnung*, *Kontextualisierung* oder gar *Transformation* des Dokuments beinhaltet. Letzteres führen Dokumentarfilme vor Augen, sie handeln von der Umformung der Dokumente in *wahrhafte* oder *wahrheitsgetreue* Aussagen und damit von der Erzeugung von Wirklichkeit.

Hier erst setzt die Theorie des Dokumentarfilms seit John Grierson an, wenn sie fragt, wann tatsächlich von einem Dokumentarfilm oder Non-Fiction-Film, wie er bis heute noch bisweilen genannt wird, gesprochen werden kann. Von Beginn an bestehen die Bemühungen darin, diesen nach zwei Seiten hin abzugrenzen: einerseits in Richtung einfacher Filmaufnahmen wie etwa One-Shot-Filmen aus der Frühzeit des Films und der bis in die 1940er Jahre verbreiteten Wochenschauen, die meistens nur auf Wiedergabe und Audiokommentar spezialisiert waren; andererseits vom Spielfilm, der eine fiktionale Handlung zum Gegenstand hat, in der es nicht um reale Menschen geht, die sich selbst verkörpern, sondern um SchauspielerInnen, die eine Rolle einnehmen. Auch wenn kaum eine Theorie dabei die Ansicht vertreten hat, dass der Dokumentarfilm nur ein Reproduktionsmedium sei (aber schon, dass er das *auch* sei), also die Wirklichkeit komplett so abbilde, wie sie tatsächlich vonstattengehe, ist die Abgrenzung zum Spielfilm wichtig. Mit Blick auf verschiedene Tendenzen des Dokumentarfilms hält Renate Wöhrer fest: »Übereinstimmung herrscht nur darüber, dass es sich um einen speziellen Modus der Wirklichkeitsevokation handelt. Wie dieser aber beschaffen ist oder wodurch er hergestellt wird, ist äußerst divers und beständigen Wandlungen unterworfen.« (Wöhrer 2015, 7) Die Wandelbarkeit ist jedoch eine

Stärke des Dokumentarfilms, der trotz seiner notwendigen Bezugnahme auf *die Realität* seine Vielfalt demonstriert. Anders als der Spielfilm hat der Dokumentarfilm kein vorrangiges Erzählmodell etabliert, gegen das sich alle anderen avantgardistischen, autorInnenzentrierten, Arthouse-geprägten Strömungen behaupten müssen. Er hat vielmehr ein Gemenge an Verfahren und Zugangsweisen zur Realität herausgebildet, das erfindungsreicher sein könnte als der Spielfilm, wie Jacques Rancière vermutet: »Dabei ist der Dokumentarfilm als der Film, der sich dem ›Realen‹ verschrieben hat, sogar eher zu einer stärkeren fiktionalen Erfindung fähig als das Kino der ›Fiktionen‹, das leicht einer gewissen Stereotypie von Handlungen und Charakteren unterliegt.« (Rancière 2008, 61) Begreift man das Dokumentarische als Verklammerung von Evokation und Modellierung von Realität, so hat der Dokumentarfilm, trotz seiner Standardisierungen etwa in Fernsehreportagen, oft von den »Rändern des Kinos«[11] her eine Vielfalt an Realitätsbezügen hergestellt, die besonders seit den 1960er Jahren eine umfassende theoretische Reflexion erfahren haben. Obwohl in den letzten Jahren zahlreiche Anthologien zum Dokumentarfilm entstanden sind, die den Wandel ins Digitale analysieren oder die Emergenz digitaler dokumentarischer Verfahren durch internetbasierte Plattformen und Distributionsweisen zum Thema haben, liegt bisher außerhalb einiger exzellent kommentierter, aber eben auch knapper Übersichten keine Zusammenschau der Theorien des Dokumentarfilms vor. Einzige Ausnahme ist die nur auf Französisch vorliegende Abhandlung von François Niney (2002), die sich aber hauptsächlich auf Geschichte und Ästhetik des Dokumentarischen konzentriert.

In diesem Band soll neben wichtigen theoretischen Positionierungen auch die Kontinuität der theoretischen Problematisierung des Dokumentarfilms im Mittelpunkt stehen, die bis zur Gegenwart des ubiquitären Dokumentierens und der Auseinandersetzung mit den *fake news* reicht. Die Hauptkapitel lassen sich teilweise entlang der etymologischen Herkunft des Begriffs *Dokumentieren* organisieren, die zugleich die Bandbreite seiner hier interessierenden Bedeutungen gut erfasst. Das lateinische *docere* umgreift mit den Bedeutungen von *zeigen*, *beweisen* und *lehren* verschiedene Sinngebungen. Zeigen kann im Kontext des Films mit Beobachten, Lehren wiederum mit Begegnen in Verbindung gebracht werden. So ergibt sich die Trias Beobachten, Beweisen, Begegnen, welche die ersten drei Hauptkapitel des Buches, jeweils in der Verbindung mit einem weiteren für den Dokumentarfilm programmatischen Bezugspunkt organisiert. Daraus ableiten lassen sich Beobachten/Begründen (1. Hauptteil), Bewirken/Beweisen (2. Hauptteil), Bezeugen/Begegnen (3. Hauptteil), ergänzt durch Berühren/Berechnen (4. Hauptteil).

Aufgerufen ist damit eine gewisse historische Einordnung der Theorien der Darstellung, denn Beobachten und Begründen beziehen sich auf die Anfänge des Nachdenkens über den Dokumentarfilm, für die John Griersons Ausführungen zentral sind (Kapitel 1). Daran schließt sich die Beschäftigung mit dem nicht weniger wichtigen Dziga Vertov an sowie eine Auseinandersetzung mit dem frühen Filmtheoretiker Béla Balázs (Kapitel 2), der den Zwischenbegriff des »Querschnittfilms« geprägt hat. Siegfried Kracauer und André Bazin sind die Grandseigneurs der klassischen realistischen Filmtheorie. In Kapitel 3 stellt sich die Frage, ob Dokumentarfilme auch ›realistisch‹ sind. Kapitel 4 schließlich geht zurück zum frühen Film. Der Kunstgegenstand Dokumentarfilm stellt sicher nur einen kleinen, wenn auch wirkmächtigen Ausschnitt aus den dokumentarischen Filmproduktionen dar, die zu einem Großteil aus Werbe-, Industrie- und sogenannten Gebrauchsfilmen bestehen. Die Frühfilmforschung erschließt seit den 1990er Jahren nicht nur diese Filme, sondern befragt auch ihren dokumentarischen Status, dessen theoretische Implikationen exemplarisch an Abhandlungen zum Zeigen (Thomas Elsaesser) und zur Ansicht (Tom Gunning) dargelegt werden sollen.

Der zweite Hauptteil, Bewirken/Beweisen, setzt mit der filmhistorischen Zäsur des *direct cinema* der frühen 1960er Jahre ein, das mit einer bis heute prägenden Authentizitäts- und Unmittelbarkeitspraxis des Dokumentierens einen Ausgangspunkt vieler zeitgenössischer Theorien des Dokumentarfilms darstellt (Kapitel 5). Das direct cinema befeuert die Diskussion zur Indexikalität, also der direkten materialen und physischen Konnexion zwischen der Realität und ihrer Aufzeichnung, die sich an der zeichentheoretischen Philosophie von Charles Sanders Peirce orientiert. Die zuletzt im Angesicht des Übergangs vom analogen, fotografischen zum digitalen, elektronischen Zeitalter wieder aufflammende Debatte soll hier insbesondere anhand neuerer Diskussionen zum Akustischen im Dokumentarfilm entfaltet werden (Kapitel 6). In den 1970er Jahren nimmt besonders in den USA die akademische Beschäftigung mit dem Dokumentarfilm an Fahrt auf. Die filmphilosophische Frage nach der Wahrheit des Dokumentarfilms und seinem Verhältnis zur Fiktion stellt sich dabei ebenso wie die der systematischen Klassifikation dokumentarischer Modi. Bill Nichols und Michael Renov geben hier durch ihre Überlegungen zu poetologischen Ordnungen des Dokumentarfilms Orientierung (Kapitel 7). Die Frage nach der Abgrenzung zum Spielfilm und zum Status der Objektivität im Dokumentarfilm stellen sich hingegen Noël Carroll und Dirk Eitzen (Kapitel 8).

Bezeugen/Begegnen, der dritte Hauptteil, beschreibt die Entstehung und Implikationen des *cinéma vérité*, das auf den gleichen technischen Voraussetzungen aufbaut wie das direct cinema, aber andere Konsequenzen daraus zieht (Kapitel 9). In dem Ethnologen Jean Rouch und dem Soziologen Edgar Morin hat das cinéma vérité wichtige Begründer, Klaus Wildenhahns Thesen entwerfen konkrete Verfahren, um die Wahrheit als Entstehungsprozess von Begegnung zu konzipieren. Im Anschluss steht das seit den 1980er Jahren zunehmend diskutierte Verhältnis von Dokumentarfilm und Geschichte im Zentrum, besonders die Auseinandersetzung mit dem Zweiten Weltkrieg und dem Holocaust, ausgelöst etwa durch den Film *Shoah* von Claude Lanzmann (F 1985). Theorien des Dokumentarfilms thematisieren dabei das grundsätzliche Verhältnis von Dokumentarfilm und Historiografie (Kapitel 10). In der Beschäftigung mit fremden Kulturen und dem Anderen überhaupt geht es ebenfalls um Begegnung im Medium des Dokumentarfilms und die Betonung seiner anthropologischen und transkulturellen Dimensionen (Kapitel 11). Den Abschluss des dritten Hauptteils bildet die Zusammenschau theoretischer Abhandlungen zum Essayfilm, der zwar in einer Grauzone aus Dokumentar-, Experimental- und Spielfilm agiert, dessen Berücksichtigung aus meiner Sicht aber für das Verständnis aktueller Diskussionen zum Dokumentarfilm unerlässlich ist, zumal er von theorieaffinen RegisseurInnen wie Chris Marker, Jean-Luc Godard, Alexander Kluge, Harun Farocki, Trinh T. Minh-ha und Jonas Mekas, um nur einige zu nennen, begründet wird (Kapitel 12). Dabei steht die Rekonstruktion (film)historischen Wissens im Zentrum des Filmessays, denn sie konfrontiert die Frage nach der Verfertigung und dem Zugriff auf filmische Dokumente mit dem Selbstverständnis der klassischen Geschichtsschreibung, die ihre historische, nationale und patriarchale Perspektive selten mitreflektiert. Im Fokus steht darüber hinaus auch die Verbindung von Dokumentar- und Essayfilm, die das Kapitel mit Verweisen auf einen Film von Agnès Varda und die Theorie François Nineys abschließt.

Der vierte Abschnitt stellt Positionen der Gegenwart zur Diskussion und konzentriert sich in der Terminologie von Berühren und Berechnen auf das Zusammentreffen von Dokumentarfilm und Digitalität, also individualisierten, mobilen, geteilten und interaktiven Medienformaten, wie sie mit *Life in a Day* bereits angesprochen wurden, und ihren Konsequenzen für das Verständnis von Realität und Wahrheit. In der Gegenwart der Post-Truth-Gesellschaft wird permanent dokumentiert, doch sind Dokumente zugleich fragile Gebilde, die nicht mehr ohne Begründung hingenommen werden und deren Entstehung an technische, kommunikative und ästhetische Prozesse gebunden ist. Dokumentarfilme entwickeln dabei nicht nur ein reflexives, sondern auch ein digitales Bewusstsein, indem sie Dokumente als mobile Datenakkumulationen bildkritisch befragen, sie hinsichtlich der Diversität der Bild- und Tonquellen prüfen oder forensisch zum Einsatz bringen (Kapitel 13). Darüber hinaus erobern sich Dokumentarfilme der Gegenwart neue Bereiche der Fiktion, indem sie mit Erzählformen, Fälschungen (Mockumentary) und Animationen experimentieren, deren Folgen für die Theorie in Kapitel 14 dargelegt werden. Das letzte Kapitel 15 fragt als Ausblick und Epilog resümierend nach der dokumentarischen Differenz, die sich in den unterschiedlichen theoretischen Ausführungen als eine gemeinsame Linie beobachten lässt, und thematisiert den Blick des Tieres im Dokumentarfilm als auffälliges Beispiel für die Alterität des dokumentarischen Filmens.

Schließlich bleibt die Schwierigkeit der Terminologie. Für den Dokumentarfilm sind die Begriffe Wirklichkeit, Realität, Wahrheit und Fiktion besonders relevant. Ziel der Theorien des Dokumentarfilms ist oftmals genau die Klärung oder Ordnung dieser Terminologie. Die deutsche Sprache verfügt aber mit »Wirklichkeit« und »Realität« über zwei nicht scharf voneinander abgegrenzte Begriffe für einen ohnehin komplizierten Sachverhalt. Wenn hier also von Realität die Rede ist, dann ist damit alles gemeint, was auch *außerhalb eines Films* Bestand haben kann, auch wenn es im Film auf besondere Weise thematisiert wird. Den Zweiten Weltkrieg, den Hammerhai oder die Stadt Berlin gab oder gibt es unbestritten. Wirklich werden sie jedoch nur als unmittelbarer Erfahrungsgegenstand, also wenn man einem Hai begegnet oder Berlin bereist, aber eben auch, wenn ein Dokumentarfilm darüber berichtet (und rezipiert wird). Wirklichkeit zeigt sich also in der *Wirkung*, welche eine bestimmte Realität annehmen kann, in ihrer *Aktualität.* Der Begriff der Wirklichkeit hat durch Meister Eckhart Eingang in die deutsche Sprache gefunden, der die lateinische *actualitas* als »das Wirkliche« und »das (Ein)Wirkende« übersetzte. Daran orientiert sich die hier verwendete Terminologie: Als Wirklichkeit bezeichne ich die filmische und dokumentarische Ordnung, die eine grundsätzlich auch außerhalb des Films identifizierbare Realität in einem Film annimmt.

Ohne ein Vorverständnis von Realität könnte diese filmische Wirklichkeit nicht funktionieren, es sei denn, es handele sich um eine rein sinnliche oder sensorische Wirklichkeit, die nur und ausschließlich durch das Medium hergestellt werden würde. Aber damit sind wir schon mitten in den Diskussionen, die in diesem Band dargestellt werden.

I BEOBACHTEN/BEGRÜNDEN

1. Milieu und Aktualität: John Grierson

Anfang der 1930er Jahre tauchte in journalistischen Artikeln zunehmend der Begriff Dokumentarfilm auf. Aufgebracht hatte ihn der schottische Philosoph und Sozialwissenschaftler John Grierson (1898–1972). Der französische Begriff *documentaire* als Bezeichnung für Reisefilme war vor Griersons Benennung bereits bekannt und geht auf die Brüder Lumière zurück, die Mitte der 1890er Jahre ihre Kameraleute auf verschiedene Kontinente geschickt hatten, um Filmaufnahmen zu machen. Dennoch war der Begriff des Dokumentarfilms als Bezeichnung für eine eigenständige Gattung bis in die 1920er Jahre hinein unbekannt, obwohl der Inhalt vieler Filme – neben den Reise- auch der Industrie-, Gebrauchs-, Werbe- und, im Zuge des Ersten Weltkriegs, auch der Propagandafilme – zumindest teilweise im Dokumentieren bestand. Grierson, der in den 1920er Jahren in Glasgow Philosophie studiert hatte, dann aber als Sozialwissenschaftler die Wirkung von Presse und Film auf die öffentliche Meinung erforschte, verwendete den Begriff des Dokumentarischen 1926 in einer Besprechung des Films *Moana* von Robert Flaherty (USA 1926) in der *New York Sun*. Der Film zeichnete die Lebensweise der Menschen in Samoa auf. Grierson vermerkte in seiner Kritik: »Of course, *Moana* being a visual account of events in the daily life of a Polynesian youth and his family, has documentary value. But that, I believe, is secondary to its value as a soft breath from a sunlit island washed by a marvelous sea as warm as the balmy air.« (Grierson 2016, 86)

Diese erste bewusste Kennzeichnung des Dokumentarischen ist noch zurückhaltend, den poetischen und ästhetischen Qualitäten des Films vielmehr untergeordnet. Sie lässt die Vorsicht gegenüber dem neuen Begriff erkennen, der lediglich als Nebenprodukt auftritt. Dennoch kann Griersons beiläufige Bemerkung als Startpunkt einer größeren Aufmerksamkeit verstanden werden, die vor allem mit dem Vorgängerfilm Flahertys einsetzte, *Nanook of the North* (USA 1922), den auch Grierson besonders schätzte. Die terminologische und theoretische Fundierung des Dokumentarfilms entstand im Wesentlichen in der Auseinandersetzung mit Flaherty, aber gegen Ende der 1920er Jahre auch mit anderen Filmen: Neben *Manhatta* (Charles Sheeler/Paul Strand, USA 1921), der bereits ein Jahr vor *Nanook of the North* entstanden war, sind dies *Rien que les heures* (*Nichts als die Zeit*, Alberto Cavalcanti, F 1926), *Berlin. Die Sinfonie der Großstadt* (Walter Ruttmann, D 1927), der bereits erwähnte *Der Mann mit der Kamera* von Vertov, der von dessen Bruder Boris Kaufman als Kameramann mitverantwortete *À propos de Nice* (Jean Vigo, F 1930) sowie der bis heute wohl unterschätzte *Drifters* (John Grierson, GB 1929), der einzige Film, den Grierson als Regisseur allein gedreht hat. Diese Filme entzogen sich den Zuschreibungen als rein avantgardistische Kunst- oder Spielfilme, waren aber auch keine Gebrauchs- und Industriefilme, wie sie von Unternehmen produziert wurden. Sie wurden von Beginn an auch mit dem im Angelsächsischen bis heute noch gängigen Begriff des *Non-Fiction-Films* beschrieben.

Der Dokumentarfilm als theoretischer Gegenstand wurde für Grierson zunehmend wichtig, als dieser ihn aus der Perspektive der Öffentlichkeitswirksamkeit betrachtete. Nach einem Aufenthalt in den USA kehrte er nach Großbritannien zurück und bekleidete von 1930 bis 1933 den Chefposten des Empire Marketing Board. Die Organisation war 1926 gegründet worden, um die Politik des britischen Empire national und international, auch mithilfe von Filmen, besser zu positionieren und zu vermarkten. Die medialen Propagandaschlachten, die in den 1930er Jahren vor allem vom deutschen NS-Regime angefacht wurden und dann in den Kriegsjahren einen vorläufigen Höhepunkt erreichten, kündigten sich mit solchen Initiativen bereits an. Von 1933 bis 1938 leitete Grierson die Marketingabteilung des General Post Office (GPO) und verpflichtete in dieser Funktion bekannte Regisseure wie Alberto Cavalcanti, Paul Rotha, Basil Wright, Harry Watt und Humphrey Jennings für die Herstellung dokumentarischer Filme als PR-Maßnahmen. Er war für die Produktion von Dokumentationen zuständig, welche die Effizienz der britischen Industrialisierung und des Transportwesens unter Beweis stellen sollten. So entstand mit dem vom GPO produzierten *Night Mail* (Harry Watt/Basil Wright, GB 1936) einer der interessantesten Dokumentarfilme jener Zeit unter Griersons Verantwortung. *Night Mail* ist ein Werbefilm für die Leistungsfähigkeit des britischen Transportwesens, aber er dokumentiert eben auch die Poesie der Eisenbahnfahrt und beeindruckt durch seine dynamische Erzählweise, die viel von den russischen Montageverfahren Sergei Eisensteins und Dziga Vertovs gelernt hatte. Grierson ließ sich schließlich 1938 von der kanadischen Regierung abwerben und war Mitgründer des National Film Board Kanadas, dessen Öffentlichkeitsarbeit er während des Zweiten Weltkriegs leitete.[12]

Der Dokumentarfilm war in den 1930er Jahren noch keine ausdifferenzierte Gattung, sondern ein Hybrid aus fiktionalen, nicht-fiktionalen, poetischen und filmästhetischen Mitteln und Eingriffen, wie nicht nur an *Night Mail* deutlich wird, der mit der Rezitation eines Gedichts endete, sondern sich auch anhand anderer bekannter Filme studieren lässt, etwa an *Regen* (Joris Ivens, NL 1929), dem schon erwähnten *Las Hurdes* oder *The River* (Pare

Lorentz, USA 1937).[13] Zugleich wurde er jedoch vor allem von Staaten oder öffentlichen Geldgebern entsprechend den ideologischen Konfrontationen dieser Zeit als Mittel der Beeinflussung und Propaganda verstanden. Als solches konnte er über die bereits verbreiteten Wochenschauformate hinausgehen, wovon etwa die Nazi-Propagandafilme *Triumph des Willens* (D 1934) und *Olympia* (D 1938), beide gedreht von Leni Riefenstahl, als traurige Höhepunkte zeugen, wenngleich sie im Einsatz filmischer Mittel, etwa im Filmen von Sportereignissen, ihrer Zeit zum Teil voraus waren. Dokumentarfilme der 1930er Jahre waren Ausdruck von ästhetischem Gestaltungswillen und politischer Überhöhung. Sie waren »ebenso politische Philosophie wie exekutierte Kulturpolitik«, wie Eva Hohenberger mit Blick auf Grierson formuliert (Hohenberger 2010, 13), verfolgten bei diesem jedoch, anders als in Nazideutschland, das Ziel, das schwer einzulösende Ideal der stärkeren Partizipation der Bürger an Entscheidungsprozessen zu befördern. Einige Jahre nachdem Grierson den »documentary value« in *Moana* beobachtet hatte, verfasste er 1933, die hinzugewonnenen Erfahrungswerte der Wirkmächtigkeit solcher Formate im Hinterkopf, die Grundsätze des Dokumentarfilms (Hardy 1947, 116–135).[14]

Berühmt geworden ist Grierson mit einem Zitat, dessen Ursprung in den von Forsyth Hardy herausgegebenen Schriften (Hardy 1947, 1966) und damit maßgeblichen Texten Griersons nicht zu finden ist. Im Vorwort schreibt Hardy, nach Erwähnung des »documentary value« in *Moana*: »Später umschrieb er (Grierson) es (das Wort Dokumentarfilm, OF) als ›schöpferische Behandlung des Aktuellen‹, und etwa fünfzehn bis zwanzig Jahre später bezeichnet es nun den Film, der in weitestem Ausmaß der soziologischen Analyse gilt.« (Hardy 1947, 15) Obwohl die Formulierung »creative treatment of actuality« ein geflügeltes Wort in der Bezugnahme auf die von Grierson erstmals entwickelten theoretischen Überlegungen zum Dokumentarfilm geworden ist, wird sie kaum aus der Originalquelle zitiert, sondern nur mit Bezug auf Hardy (Trautmann 2017, 24) oder ohne direkte Quellenangabe (Hohenberger 2006, 14, und Winston 2008, 3). Sie stammt aus einem kurzen Text Griersons in der Zeitschrift *Cinema Quarterly*: »Documentary, or the creative treatment of actuality, is a new art with no such background in the story and the stage as the studio product so glibly possesses« (Grierson 1933, 8). Grierson beschäftigt sich in diesem Text zwar mit der neuen Kunst des Dokumentarfilmens, aber nur aus der Perspektive des Produzenten. Die prominente Aussage, die bis zur Gegenwart immer wieder aufgerufen wird und große Karriere gemacht hat, bleibt jedoch von ihm unkommentiert und schaffte es merkwürdigerweise nicht mal in die von Hardy herausgegebenen Texte .

Der Satz trifft dennoch gut die frühen Auffassungen zum Dokumentarfilm. Griersons Definition umfasst den Gedanken, dass das Dokumentarische zwar als Wiedergabe einer auch außerhalb des Films existierenden Wirklichkeit entsteht. Der Begriff *actuality* wurde sowohl im allgemeinen Sinne als ›die (außerfilmische) Realität‹ verstanden wie auch als das Aktuelle, das also, worüber gerade gesprochen oder berichtet wird, vor allem in den *newsreels* (Wochenschauen). Die Aufzeichnung der Realität benötige jedoch *kreative Behandlung*, das heißt den Einsatz filmästhetischer Mittel. Die frühe Dokumentarfilmtheorie ging also nicht davon aus, dass das Dokumentarische die Wirklichkeit unverfälscht wiedergeben könne oder gar solle. Dabei mag auch die Absetzbewegung von den Wochenschauen eine Rolle gespielt haben. Renate Wöhrer hebt zudem hervor, wie stark die künstlerische Ausrichtung des Dokumentierens in den 1930er Jahren war. So hat etwa Roy Striker, der Leiter der Historical Section der Farm Security Administration, die durch fotografisches Dokumentieren (u.a. Walker Evans berühmte Sozialfotografie entstand dort) den New Deal von Präsident Roosevelt unterstützen sollte, für eine Unterscheidung zwischen ArchivarIn und DokumentarfotografIn argumentiert. Nur letztere/r war nach seiner Überzeugung von künstlerischen Intentionen geleitet. Das Dokument musste ästhetisch bearbeitet werden, um überhaupt erst zu einem solchen zu werden, was sich von der Tätigkeit des/der ArchivarIn abheben sollte, der/die für die bloße Registrierung zuständig war: »Stryker betont also, dass es nicht um die reine Aufzeichnung von Erscheinungen gehe, wie sie heute oft mit Dokumentarismen in Verbindung gebracht wird, sondern um das Erkennen und die entsprechende Auswahl und Anordnung signifikanter Elemente [...]. Während Archivarinnen bzw. Archivare bestehende Aufzeichnungen sortieren und anordnen, gehen die Dokumentarfotografinnen und -fotografen in der Produktion ihrer als Dokumente fungierenden Bilder auswählend und organisierend vor.« (Wöhrer 2015, 51/52)

Grierson wählte, darin seinen amerikanischen KollegInnen ähnlich, einen Weg dazwischen, indem er den Dokumentarfilm von bereits praktizierten, auch dokumentierenden Formaten wie Reise-, Aktualitäten-, Belehrungs- oder sogenannten Magazinfilmen abgrenzte und den poetischen Einsatz der Kamera an realen Orten verlangte. So verkündet es sein programmatischer Text zur Theorie des Dokumentarfilms, »First Principles of Documentary«, von 1933: »Realist documentary, with its streets and cities and slums and markets and exchanges and factories, has given itself the job of making poetry where no poet has gone before it, and where no ends, sufficient for the purposes of art, are easily observed. It requires not only taste but also inspiration, which is to say a very laborious, deep-seeing, deep-sympathizing creative effort indeed.« (Grierson 2016, 221, deutsch in Hardy 1947, 127) In Auseinandersetzung mit zwei frühen Filmen, die

Realismus und Poesie verbinden, Walter Ruttmanns *Berlin. Die Sinfonie der Großstadt* und eben *Nanook of the North*, stellte er drei wesentliche Eigenschaften heraus, die einen Dokumentarfilm definieren sollten: Erstens versteht er ihn als Abgrenzung zum sogenannten Atelierfilm, der lediglich »gespielte Handlungen in künstlichen Szenerien aufnimmt« (Hardy, 119). Zweitens müssen Dokumentarfilme auf reale Milieus und die in ihnen lebenden Menschen und Orte zurückgreifen. Drittens sollen Stoffe und Erzählungen aus diesem Leben aus den Milieus gegriffen und in ihnen situiert sein und nicht auf gespielte Handlungen zurückgehen (Hardy, 120).

Zu *Nanook of the North* hat Grierson bei aller Bewunderung für Flaherty eine ambivalente Haltung. Er sieht besonders das zweite Kriterium erfüllt, dass der Regisseur das Studio verlassen und sich zu den Menschen im Norden Kanadas begeben hat, die er lange und durch mehrere Reisen studierte. Einigen Details von Flahertys filmischen Aufzeichnungen der Lebensumstände kann Grierson daher viel abgewinnen. Er kritisiert jedoch, dass dieser mit Nanook (tatsächlich wurde die Figur »Nanook« von dem Inuit Allakariallak verkörpert, dessen Name aber für das westliche Publikum zu unverständlich klang) einen Helden auserkoren hatte und mit seinem Film den Kampf des Individuums gegen übermenschliche Naturkräfte stilisierte, womit er einer spielfilmgemäßen Dramatisierung folgte. Reales Milieu statt individueller Überlegenheit könnte dagegen die Formel lauten, die nach Grierson der Dokumentar- dem Spielfilm entgegenhält: »Man kann, wie Flaherty, diejenige Form einer Handlung wählen, bei der man in der alten Art von Einzelwesen zu seiner transzendenten oder nicht transzendenten Umgebung übergeht, zu der sich ergebenden Heldenlehre. Oder man hat am Einzelnen kein so großes Interesse, und man glaubt, daß das Einzelschicksal nicht mehr länger einen Querschnitt durch die Wirklichkeit darstellen kann.« (Hardy, 123)

Eine gewisse Kontinuität zur ersten Erwähnung des *documentary value* in *Moana* ist erkennbar, hatte Grierson doch auch dort nicht die Ausrichtung auf einzelne Personen, sondern die eher unpersönliche Umgebung und Umwelt als dokumentarisch hervorgehoben. Der Dokumentarfilm definiert sich nach seinen Vorgaben also nicht durch eine bestimmte Kameraführung oder einen sich vom Spielfilm unterscheidenden Einsatz der Montage. Er darf stilisierend und poetisch sein. Aber die Wahl der Sujets orientiert sich an den Bedingungen der vorfilmischen, vorgefundenen Realitäten, den konkreten Milieus, den sozio-ökonomischen Dynamiken und industriellen Prozessen der modernen Gesellschaft. Diese Auffassung sollte für die Theorie des Dokumentarfilms prägend sein und den Unterschied zum Spielfilm markieren, der sich deutlich stärker an identifizierbaren Hauptfiguren orientiert. Allerdings lehnt Grierson den zu jener Zeit für dieses Merkmal exemplarischen Film von Walter Ruttmann, *Berlin. Die Sinfonie der Großstadt*, aus der entgegengesetzten Perspektive ab. »›Berlin‹ sei das gefährlichste aller Vorbilder für den Film« (Hardy, 128), weil es die offensichtlichen sozialen Sprengsätze, denen die Kamera begegnet, nur deskriptiv und rhythmisch auflöse, anstatt auch die gesellschaftlichen Spannungen genauer zu thematisieren. Grierson stellt dem die Filme von Sergei Eisenstein gegenüber, welchem es umgekehrt gelungen sei, soziale Kontraste mit künstlerischen, ausdrucksstarken Montageformen zu verbinden, ohne, wie in Ruttmanns Film, den avantgardistischen Impuls und die künstlerische Intention zu überhöhen. In Anlehnung an Eisenstein unterscheidet Grierson zwischen einer musikalischen (Rhythmus, Montage), dramatischen (Sichtbarwerden und Zusammenprall von Kräften) und poetischen Methode (reine Bilderflüsse, aber auch metaphorische Filmbilder), die vom Film ins rechte Verhältnis gebracht werden müssen. Zwar geht Brian Winston so weit zu behaupten, dass Griersons Interesse an der Wirklichkeit vorrangig einem symbolischen Ausdruck gilt: »This [...] allowed Grierson to subsume the ›relative objectivity‹ of the documentary, in relation to fiction cinema into a broader documentary theory that was ›primarly‹ an aesthetic of symbolic expression.« (Winston 2008, 15)[15] Diese Einschätzung Winstons jedoch lässt die andere Seite, die *actuality*, die auch als Realität übersetzbar ist, außen vor. Insbesondere in der Kritik an *Berlin. Die Sinfonie der Großstadt* wird deutlich, dass es Grierson um eine Balance zwischen den poetischen Aspekten des Dokumentierens und der vertiefenden Sicht in die sozialen Zusammenhänge geht, so als könnte der Bewegungsrhythmus des Bewegungsbildes zugleich eine bestimmte gesellschaftliche Dynamik ausdrücken und zu Bewusstsein bringen. Sein eigener Film *Drifters* liefert dafür eine genaue Anschauung. Der Blick auf die industriellen Vorgänge der Fischerei wird zu einem Ringen verschiedener Kräfte – des Schiffes, des Meeres, der Fische, des Windes –, die durch die Montage zu einem rhythmischen Fluss verdichtet werden. François Niney bescheinigt *Drifters* eine größere Offenheit, die Kräfte und Bewegungen des industriellen Lebens gezeigt zu haben, als *Night Mail*, der bereits eine Welt zeigt, an der jeder an seinem festen Ort zu sein und zu funktionieren habe (Niney 2002, 74). Zu einer ähnlichen Einschätzung kommt Charles Musser, der zu Recht festhält: »Die Bergleute in Cavalcantis *Coal Face* (1935) und die Postarbeiter in Watts *Night Mail* (1936) werden vielleicht zu Helden stilisiert, doch sie bleiben – in der Darstellung der Filme – einfache Rädchen im System der effizienten Produktionsabläufe, die Großbritanniens Vorherrschaft sichern. Diese ästhetischen Hochglanz-Dokumentationen sind letztendlich Lobgesänge auf das britische Nationalbewußtsein.« (Musser 1998, 292)

Dazu passt, dass Grierson, je näher der Krieg rückte und ab 1939 für die Filmabteilungen Kanadas sprechend, fast schon verzweifelt auf den Rückstand der liberalen Demokratien gegenüber der deutschen Propagandamaschine hinweist. Noch lobte er in einem Text die avancierte Wochenschauserie *March of the Time* (CBS 1935–1951), der Orson Welles in *Citizen Kane* (USA 1941) ein filmhistorisches Denkmal gesetzt hat und die nicht mehr nur, wie die herkömmlichen Wochenschauen, statisch aufzeichnete und informierte, sondern Hintergründe und Zusammenhänge anschaulich machte (Hardy, 204). Aber mit fortschreitendem Kriegsgeschehen rückte er von der Idee der Erziehung des Volkes ab und ersetzte es durch die Ausführungen zur Propaganda, die zielgerichteter und wirkmächtiger sein sollte. So hält er fest: »Propaganda erschien zuerst in der Beschreibung eines katholischen Amtes – Congregatio de Propaganda Fide –, das darin bestand, den Glauben zu predigen und zu erhalten. Sie kann ebensogut heute das Mittel sein, mit dem wir unseren eigenen demokratischen Glauben predigen und erhalten.« (Hardy, 268)

Griersons Theoriebildung hat also mehrere, aufeinander aufbauende Elemente. Zunächst nimmt er eine eigene poetische Dimension des Dokumentarfilms wahr, welche die anonymen kulturellen und gesellschaftlichen Milieus, Bewegungen und Kräfte durch spezifische ästhetische Verfahren erkennbar werden lässt. Seefahrt und Meer spielen dabei eine besondere Rolle, wie er anhand verschiedener Beispiele aus seinem eigenen Werk *Drifters*, aber auch durch Besprechungen der Filme *Romance Sentimentale* (Grigori Aleksandrov/Sergei Eisenstein, F 1930) und *Granton Trawler* (Edgar Anstey/John Grierson, GB 1934) verdeutlicht. Im Laufe der 1930er Jahre zeigt sich bei Grierson als Verfechter der liberalen Demokratie und Marketingexperte die Sorge um den Zustand der demokratischen Öffentlichkeit. Ihm war klar, dass vor dem Hintergrund der heraufziehenden Konflikte und der Kriegsgefahr der Dokumentarfilm ein politisches Instrument sein würde, das Einfluss auf Meinungen und die realen Folgen der historischen Ereignisse nehmen würde. Viele Texte Griersons der 1940er und 1950er Jahre beschäftigten sich schließlich mit den Aufgaben der »Volkserziehung« zur Demokratie, die zunehmend zur Propaganda werden sollten, welche er als »positive und notwendige Kraft« verstand, wie er zu Beginn der 1940er Jahre formulierte (Hardy, 321). Man muss Grierson zugutehalten, dass die Kriegssituation die Maßstäbe zwischen dokumentarischer Darstellung und Propaganda aus der Balance geraten ließ und dass es ihm um die Aufrechterhaltung der liberalen Demokratie angelsächsischer Prägung ging. Darüber hinaus waren Dokumentarfilme bis in die 1950er Jahre hinein im Normalfall auf finanzielle Unterstützung staatlicher Institutionen angewiesen, die diese aus vorwiegend politischen und nationalen Interessen produzierten. Die erste Welle der künstlerischen Dokumentationen Ende der 1920er Jahre schürte eine Erwartung, die sich zunächst nicht erfüllte. Hollywood weigerte sich bis Ende der 1930er Jahre, Dokumentarfilme als Konkurrenzprodukte zum Spielfilm in sein Programm aufzunehmen, bis der Erfolg von *The River* Paramount schließlich davon überzeugte, den Film in den eigenen Kinos zu zeigen (Musser 1998, 293). Griersons Betrachtungen zum Dokumentarfilm legen Anfang der 1930er Jahre erste Grundlagen, die aber nach und nach in der Auseinandersetzung mit Ideologie und Propaganda versanden. Die mediale und ästhetische Eigenständigkeit des Dokumentarfilms wurde jedoch in den 1930er und 1940er Jahren an anderen Stellen hervorgehoben, die Gegenstand der folgenden beiden Kapitel sind.

2. Wirklichkeit und (Kino)Wahrheit: Dziga Vertov, Béla Balázs

Der russische Film der 1920er Jahre, für den prominent die Regisseure Dziga Vertov (1896–1954), Sergei Eisenstein (1898–1948), Wsewolod Pudowkin (1893–1953) und Alexander Dowschenko (1894–1956) stehen, erreichte im westlichen Ausland große Aufmerksamkeit. Bevor sich ab den 1930er Jahren in der Sowjetunion die stalinistische Zensur weitgehend durchgesetzt hatte und Aufführungen von US-amerikanischen Filmen verboten wurden, bestand ein enger internationaler Kontakt zwischen russischen und westlichen Künstlern. Einige Filme wie *Statschka* (*Streik*, Sergei Eisenstein, SU 1925), *Bronenossez Potjomkin* (*Panzerkreuzer Potemkin*, Sergei Eisenstein, SU 1925), *Oktjabr* (*Oktober*, Sergei Eisenstein, SU 1928), *Konjez Sankt Peterburga* (*Das Ende von St. Petersburg*, Wsewolod Pudowkin, SU 1926) und *Der Mann mit der Kamera* wurden für ihre Bildästhetik und Montage begeistert besprochen und übten erheblichen Einfluss auf westeuropäische Filme dieser Zeit aus. Unter den Dokumentarfilmen ragte besonders Dziga Vertovs *Der Mann mit der Kamera* heraus, auch wenn sich der Begriff des Dokumentarischen ab Ende der 1920er Jahre erst langsam herauskristallisierte. Was ihn von den im vorherigen Kapitel genannten Werken von Ruttmann, Cavalcanti und Vigo unterscheidet, ist der im Film ständig wiederkehrende reflexive Bezug auf die filmische Aufzeichnungspraxis. *Der Mann mit der Kamera* stellt den Film, der zu sehen ist, erst her: Ein Mann mit einer Kamera wandert gleichsam durch die von ihm selbst fabrizierten Einstellungen, für die er sich an die verschiedensten Orte begeben muss, etwa auf Türme und Schienen, um allerhand (un)mögliche Perspektiven einzufangen. Die Vorführung der Montage von Zelluloidstreifen am Schneidetisch sowie das Eintreten der Zuschauer in den Kinosaal thematisieren darüber hinaus innerfilmisch die Postproduktion und antizipieren die Rezeption des Werks.

Vertov, der neben seiner Tätigkeit als Filmemacher zahlreiche Kritiken, Manifeste und theoretische Aufsätze verfasste, begründete die dokumentarische Tätigkeit, zunächst ähnlich wie Grierson, mit einer entschlossenen Zurückweisung der romantisierenden Heldenerzählung des Hollywoodfilms (wie viele andere sowjetische Filmemacher) und zielte auf eine umfassende Erneuerung des Blicks mittels Filmkamera und Montage. Die politischen und ästhetischen Begründungen Vertovs waren einflussreich, weil sie dem Film eine herausgehobene Position in der sozialen Debatte zuschrieben und dies mit einprägsamen Begriffen wie »Kinoglaz« (Kinoauge), »Kinopravda« (Kinowahrheit) und »Faktographie« unterstrichen (Vertov 1973, 34). Vor allem seit den 1960er Jahren wurden sie vielfältig aufgenommen. Das *cinéma vérité* (vgl. Kapitel 9) und die von Jean-Luc Godard mitgegründete Groupe Dziga Vertov (1968) enthielten explizite Referenzen auf Vertov und verbanden eine Neuerfindung des dokumentarischen Blicks nicht selten mit seinen politischen und revolutionären Perspektiven.

Eine der zentralen Thesen Vertovs besteht darin, dass der Film eine neue Beobachtung von Realität bzw. Fakten, wie er es nannte, ermöglicht. Darauf verweist der Begriff der Faktographie, der die technische Aufzeichnung von Sachverhalten benennt. Film ist nach Vertov also ein informatorisches Medium, das über das sogenannte Maschinenauge, das Kinoglaz, verfügt. Diese Faktographie stellt eine Absage an die von Vertov als solche verstandenen bürgerlichen Erzähltraditionen dar, ihre Narrative und Mythen, ihre Unterteilungen in Gut und Böse, ihre Konstruktionen psychologisch motivierter Protagonisten und ihre dramaturgisch begründeten Inszenierungsweisen und Montagen. Ihnen wird das unbestechliche Auge des Films entgegengesetzt, das den subjektiven Blick des/der KünstlerIn hinter sich lässt. Fakten sind, so Vertov, jedoch nicht einfach vorhanden und abfilmbar, sondern sie verdanken sich einer anderen Wahrnehmung und müssen durch diese zuallererst hervorgeholt werden. Das Kino-Auge unterscheidet sich im dreifachen Sinne vom menschlichen Blick: Zum einen ist es unbestechlich, frei von einzelnen, vorurteilsbeladenen Hinzufügungen; zum anderen blickt es dorthin, wo der menschliche Blick nicht hinreichen kann. Die Kamera kann überall platziert werden, abseitige Blickwinkel einnehmen. Schließlich ist auch die Postproduktion, die Montage, Teil des Kameraauges, das daher als Chiffre nicht nur für das Objektiv der Kamera, sondern für die gesamte Apparatur des Films verstanden werden kann. Die Montage der Faktographie ordnet verschiedene Einstellungen und Ansichten, welche zunächst keinen Zusammenhang aufweisen und eigentlich weit voneinander entfernt sind, neu an und stiftet Kontexte, die über die begrenzten menschlichen Vorstellungswelten hinausgehen. Während der psychologisch-narrative Film die Welt in Gegensatzpaare wie gut/böse, reich/arm, sympathisch/unsympathisch, glücklich/unglücklich einteilt, eröffnet die Faktographie also einen anderen Zugang. Sie zeigt, dass ganz entfernte Sachverhalte in einer für das menschliche Auge nicht erkennbaren Beziehung stehen, die durch Bildschnitte, aber auch durch Verfahren der Bildvermischung, etwa in Doppelbelichtungen und Überblendungen, zutage treten. Damit wird der Film zu einem Erkenntnisinstrument und zur dokumentarischen Reflexion befähigt. »Der

Gedanke, dass Wahrheit lediglich das sei, was das menschliche Auge sieht, wird sowohl durch mikroskopische Untersuchungen widerlegt wie auch durch all jene Tatsachen, die das Auge liefert, wenn es technisch bewaffnet wird.« (Vertov, 57) Mikroskop und Montage können als Chiffren für die dokumentarische Epistemologie Vertovs stehen: das Mikroskop für das vom Film aufgespürte Unsichtbare in den eigentlich sichtbaren Tatsachen, die Montage als das Instrumentarium, mit dem sich das Unsichtbare der Relationen zwischen den einzelnen Teilen erkennen lässt. Vertov legte also, ganz im Sinne der insbesondere in Russland verbreiteten konstruktivistischen Kunstauffassung der 1920er Jahre, Wert darauf, dass Realität nur als ein konstruierter, relationaler Zusammenhang verstanden werden kann.

Montage stand in den 1920er Jahren im Mittelpunkt des filmästhetischen Interesses, da sie den Film mit anerkannten Kunstpraktiken, die sich in den bereits mit Collage und Montage arbeitenden Strömungen des Kubismus, Futurismus und Surrealismus äußerten, verbinden konnte, zugleich aber das ohnehin mobile Bewegungsbild des Films dynamisierte (Deleuze 1989, 23). Sie diente den avantgardistischen Filmemachern in Russland, Frankreich und Deutschland auch dazu, den Film als eigenständiges Medium zu definieren. Der US-amerikanische Film, vor allem die großen Erzählungen *Birth of a Nation* (USA 1915) und *Intolerance* (USA 1918), beide inszeniert von David Wark Griffith, hatten mit dem narrativ begründeten Wechsel von Einstellungen und der daraus folgenden Verschachtelung von Raum, Zeit und Perspektive an die Dramaturgien der antiken und klassischen Tragödien und der Romane des 19. Jahrhunderts angeschlossen. Dies wurde insbesondere von Eisenstein anerkannt und zugleich kritisiert (Eisenstein 1946, 60–136). Der für Eisenstein relevante Konflikt bestand darin, wie man die Parallelmontage, also das Alternieren räumlich entfernter Ereignisse, systematisieren sollte. Griffith und in seiner Folge der Hollywoodfilm entschieden sich für das, was man etwas grob als Illusionsmontage bezeichnen könnte, durch die das Erzählen hinter das Erzählte zurücktritt und die Konflikte letzten Endes oft durch eine *last minute rescue*, also die Rettung in letzter Sekunde, oder einfach ein Happy End gelöst werden können. Eisenstein hingegen, der darüber hinaus ganz verschiedene und komplexe Montageformen definierte, präferierte grundsätzlich die Kollisionsmontage, also den Zusammenprall der feindlichen Lager und die revolutionäre Explosion einer Situation. Diese Montage sah nicht nur gegensätzliche oder verfeindete Gruppen vor, sondern auch die dialektische, marxistisch gedachte Überwindung ihrer politischen und gesellschaftlichen Gegensätze. Dadurch sollte die revolutionär veränderte Situation, die mit der Sowjetgesellschaft auf den Plan getreten war, filmisch ausgedrückt werden.

Während sowohl Griffith als auch Eisenstein auf die Überwindung der Zwischenräume der räumlich (und bei Eisenstein: politisch) getrennten Teile setzten, interessierte sich Vertov aber gerade für das Dazwischen der Bilder, das in den sogenannten Intervallen sichtbar werden sollte. Das räumlich und sozial Getrennte, aber auch die durch verschiedene Kamerawinkel und Brennweiten eingefangenen materialen Realitäten sollten sich durch Montage miteinander verbinden, ohne die Kraft des Verbindens, die dabei entstehenden Unterbrechungen und Entfernungen, zu leugnen. Widerstand, Reibung, Differenzen, Abstände und Konflikte würden so nicht aufgehoben, sondern bestenfalls durch das sie von innen beobachtende Kino-Auge neu relationiert. »Kinoglaz ist die dokumentarische filmische Entschlüsselung der sichtbaren und der dem menschlichen Auge unsichtbaren Welt«, schreibt Vertov und richtet den Blick auf deren Organisation: »Die Schule des ›Kinoglaz‹ fordert den Aufbau einer Filmsache auf ›Intervallen‹, das heißt, auf der zwischenbildlichen Bewegung. Auf der visuellen Korrelation der Einstellungen untereinander. Auf den Übergängen von einem visuellen Anstoß zum anderen.« (Vertov 1973, 79) Diese Korrelationen können alle möglichen Parameter des Films sein: Einstellungsgrößen, Perspektiven, innerbildliche Bewegungen, Lichtwerte, Aufnahmegeschwindigkeiten. Es handelt sich um eine Art permanent wirkendes Montageprinzip, das die natürlichen Beschränkungen des menschlichen Auges aufhebt. Daher sind Fakten für Vertov auch keine vorfilmischen Realitäten, denn das Apparative ist ihnen bereits eingeschrieben. Fakten werden filmisch bereits so *organisiert*, dass wir die Welt nicht anders, sondern eine andere Welt wahrnehmen.

Ohne Zweifel glaubte Vertov eine Zeit lang an das ideale Zusammentreffen von revolutionärer Situation und Kinoapparatur und vertrat seine Position mit Pathos. Der Film war für ihn eine produktive Kraft, die in gesellschaftliche Prozesse eingreifen und diese steuern können sollte. Mit Vertov wird vielleicht am deutlichsten die sich durch technische Medien ankündigende Umkehrung und »Medienimmanenz«[16] denkbar, in der nicht der Film die Welt abbilde, sondern die Welt vielmehr beginne, Film zu machen, wie Gilles Deleuze mit Blick auf den russischen Visionär hervorgehoben hat (Deleuze 1989, 64). Die durch den permanenten Perspektivwechsel erzeugten Intervalle, Verschiebungen und Disparitäten sowie die Montage sorgen letztendlich dafür, dass sich das Dokumentarische keiner politischen Ideologie vollständig unterwerfen kann und stattdessen eine konstant widerständige und gegendokumentarische Haltung aufrechterhält. Auch aufgrund einer solchen inhärenten Unabschließbarkeit der konstruktivistischen dokumentarischen Tätigkeit adressiert Vertovs Theorie die Filmästhetik bis in die digitale Gegenwart hinein.

Die Logiken der Zirkulation von Bild- und Tonfragmenten, wie sie etwa YouTube charakterisieren[17], oder die Techniken der Interruptionen und Neu-Relationierungen, die in Vertovs Visionen durchscheinen, sind gängige Praktiken des digitalen »cut-and-paste command« wie Lev Manovich hervorhebt, der Vertov daher am filmischen Ursprung einer digitalen Datenbank-Epistemologie sieht (Manovich 2001, 15). Der Frage nach dem Verhältnis von Einstellung und Montage sowie von Teil und Ganzem kommt im avantgardistischen Gestus der 1920er Jahre eine wichtige Bedeutung zu, auch wenn sich eine konsistente Vorstellung des Dokumentarfilms erst vorsichtig in Zwischen- und Übergangsformen herausbildet. Der frühe Dokumentarfilm wurde daher oft als »Querschnittfilm« bezeichnet, den Béla Balázs, ein Zeitgenosse Vertovs, genauer beschreiben sollte.

Der Ungar Béla Balázs (1884–1949) war einer der einflussreichsten frühen Filmtheoretiker. Er begann als Filmkritiker, verfasste aber nach seiner Übersiedlung nach Wien (1919) und Berlin (1926) auch filmtheoretische Werke und gehört zu den wichtigsten Vertretern der klassischen Filmtheorie. Balázs war ein exzellenter Kenner aller filmischen Strömungen der 1920er und 1930er Jahre, arbeitete gelegentlich selbst als Filmemacher und musste 1933 als Jude und Kommunist nach Moskau fliehen, wo er bis zu seinem Tod lebte. Er ist vor allem durch seine Schriften zur Visualität des Films, zur Darstellung des Gesichts und seiner Physiognomie sowie besonders zur Großaufnahme bekannt geworden (Balázs 2001). Als Vertreter einer frühen Theorie des Dokumentarfilms ist er deshalb von Bedeutung, weil er seine Aufmerksamkeit mit dem Querschnittfilm auf einen wichtigen Begriff in der Genealogie des Dokumentarfilms richtete. In Auseinandersetzung mit den schon erwähnten Filmen von Dziga Vertov, Walter Ruttmann, Alberto Cavalcanti und Jean Vigo charakterisierte er dieses neue Format wie folgt: Ein

Querschnittfilm, so Balázs, »kennt keine im voraus bestimmte Richtung, keine beabsichtigte dramatische Steigerung, kein genau bestimmtes Ende als Ziel. Es ist, als bewegten sich alle Szenen teppichhaft auf der gleichen Ebene, als könnte man sie beliebig vermehren oder vermindern« (Balázs 1980, 145). Ähnlich wie bei Grierson kündigt sich eine neue Filmform an, die tatsächlich quer zu bisherigen Filmströmungen steht. Das »Quere« definiert sich demnach zunächst durch die teppichförmige, das heißt gleichrangige, nicht-hierarchisierte Anordnung der Themen und Verfahren, welche in der Ziellosigkeit der Handlungen mündet, die ohne Bezug auf gängige Dramaturgien einem offenen Ende entgegengehen. Das Ungerichtete, Zusammengewebte und Unabschließbare haben jedenfalls wenig Ähnlichkeit mit dem herkömmlichen Spielfilm und erinnern eher an die zu dieser Zeit vor den Kinoaufführungen gezeigten Wochenschauen, die auch einen gewissen Querschnitt an Themen behandelten. Dennoch ist der Querschnitt der neuen Filme anders zu bewerten, was Balázs durch eine Analogie erläutert.

Er definiert zwei grundlegende Formen des Querschnittfilms, die er mit den Blicken des Landstreichers und des Reisenden vergleicht. Der Landstreicher, so Balázs, fängt dabei nur dies oder das auf, was ihm eben gerade begegnet, ohne es einem ordnenden Eingriff zu unterziehen. Er verbleibt gleichsam in der »trüben Empirie der Wirklichkeit« (Balázs 146). Anders der Reisende: Dieser gibt den Blicken eine Ausrichtung und ein Ziel, er hat ein Interesse daran, die empirische Wirklichkeit auf ihre Kontexte und Hintergründe zu befragen. Er ist damit der wahre Dokumentarfilmer: »Die Reise bestimmt die Form des Films. Im Reiseplan ist bereits der Plan der Montage enthalten. Beim Schnitt fällt nur alles Überflüssige weg.« (Balázs, 146) Es deutet sich also eine neue künstlerische Form des Films an, die, ähnlich wie schon bei Vertov, mit dem Verhältnis von Einstellung und Montage zu tun hat. Um sie zu beschreiben, operiert Balázs mit zwei Begriffen, die direkt auf den Dokumentarfilm verweisen: »Wirklichkeit« und »Wahrheit«, die jeweils verschiedene Ebenen des Dokumentierens zum Ausdruck bringen. Während der Film im Fall des Landstreichers in der *Wirklichkeit* verbleibt, so Balázs, erreicht die zweite Form, die des Reisenden, *Wahrheit*. Anders gesagt: Die losen Blicke einzelner Einstellungen entsprechen der (trüb empirischen) Wirklichkeit, während erst die Montage mit dem bereits in den Einstellungen liegenden Plan, die losen Blicke zu einer anderen Ordnung zu verbinden, Wahrheit hervorbringt: »Die einzelnen Bilder – die sind *nur die Wirklichkeit*. Aber Wahrheit oder Lüge – kann nur die Montage zeigen.« (Balázs 149, kursiv i. Original)

Die Gleichsetzung von Einstellung=Wirklichkeit und Montage=Wahrheit (oder bei verfälschender Montage auch Unwahrheit) ist bestechend einfach und lässt die registrierende Funktion des Films, also die Wirklichkeit der Aufnahme selbst, nicht unter den Tisch fallen. Eine Einstellung ist eine filmische Positionierung von Wirklichkeit, so ließe sich Balázs verstehen. Wahrheit spielt jedoch in einem anderen Register, dem der Einordnung, der Sinngebung und der Stellungnahme, die als zusammengesetzte und montierte Ordnung begriffen werden. Diese einfache Unterscheidung zeigt vor allem, dass das Wirkliche keineswegs auch das Wahre sein muss. Wirklichkeit, also eine Einstellung, ist nicht gleich Wahrheit, sie enthält eine Reihe von möglichen Verfälschungen, da sie nur ein flüchtiger Ausschnitt aus einem größeren Kontext ist.

Was genau aber bewirkt die Montage und warum verbleibt sie noch in der möglichen Gattung des Querschnittfilms und fällt nicht in die Fiktion, in den Spielfilm, zurück? Darauf gibt Balázs folgende Antwort: »Denn die filmische Darstellung der Wirklichkeit unterscheidet sich wesentlich von allen anderen

Darstellungsarten dadurch, daß *die dargestellte Wirklichkeit noch nicht vollendet ist*, sondern sich – während ihrer Darstellung – selbst noch im Werden befindet. Der Schaffende schöpft nicht aus seiner Erinnerung, sondern er *schafft während des Geschehens selbst und nimmt daran teil.*« (Balázs 157, kursiv i. Original) Ein wichtiger Hinweis darauf, dass der noch so genannte Querschnittfilm die aktuell passierende, also vorüberziehende Wirklichkeit, die historische Welt, die er vorfindet, aufruft. Hier scheint die Aktualität auf, die bei Grierson eine zentrale Rolle spielt. Anders als Vertov problematisiert Balázs die Montage jedoch nicht. Während Vertov zwar die Überlegenheit des Filmauges gegenüber dem menschlichen Blick hervorhebt, besteht er auf dem Intervall und den nicht ganz zu tilgenden Abständen zwischen den Einstellungen und den Bildwerten. Balázs wiederum problematisiert eher die Einstellung, die Ebene der Wirklichkeit, die als dynamische Aufnahmen oder *Entnahmen* (aus) einer – trüben oder nicht –, jedenfalls empirisch bestimmbaren Realität zu verstehen sind. Zur Montage äußert sich Balázs nur insofern, als diese das ordnende Prinzip einer ungeordneten Wirklichkeit darstellt. Vertov und Balázs markieren jedoch deutlich den Unterschied zum Spielfilm, der in den 1930er Jahren vorwiegend ein Studiofilm war und daher schon auf der Ebene der Einstellungen ganz anders agierte als der Querschnittfilm. Der Begriff des Querschnittfilms konnte sich nicht lange halten und wurde im Laufe der Diskussionen in den 1930er Jahren von dem des Dokumentarfilms verdrängt. Es ließe sich aber fragen, ob er nicht sogar besser geeignet wäre, die Querverbindungen zwischen Realität und Fiktion oder zwischen Wirklichkeit und Wahrheit zu beschreiben, die in den Diskussionen zum Dokumentarfilm immer wieder neu thematisiert werden (vgl. Kapitel 12 zum Essayfilm).[18]

Die Wirklichkeit der unmittelbaren, ungerichteten, unabschließbaren Aufzeichnung verschwindet also bei Balázs nicht vollends in der Montage, sondern bewahrt ihre eigene formgebende Tendenz. Sie erhält sogar eine eigene *actualitas*, eine Gegenwart, in der das *Werden der Dinge* enthalten ist, auch wenn die Montage als ein intentionales Mittel benötigt wird, um den Film zum Abschluss zu bringen. Damit kündigt sich eine Perspektive an, die insbesondere von André Bazin und Siegfried Kracauer nachhaltig problematisiert werden sollte. Diese lenken den Blick auf die Wirklichkeit des Filmbildes, auf die Einstellung und damit auf den Realismus des Films. Kommt dem Filmbild aufgrund seiner Eigenschaften nicht eine besondere Nähe zum Realistischen zu und müsste dies, wenn es so ist, nicht auch einen Einfluss auf seine Qualitäten als Dokumentarfilm haben?

3. Realismus: Étienne Souriau, André Bazin, Siegfried Kracauer

Wenn Dokumentarfilme wirklichkeitsevozierend oder gar -setzend sind, dann rückt das Verhältnis von Film und äußerer Welt in den Fokus der Diskussion. Inwiefern und auf welche Weise *dokumentieren* die Filme tatsächlich die außerfilmische Realität? Die bisher dargestellten Positionen von Grierson, Vertov und Balázs blieben in dieser Frage eher vage und legten den Schwerpunkt der Argumentation für das Dokumentarische in die kreativen Aspekte der Kamera und der Montage. Die besondere Befähigung des Films, die äußere Realität wahrheitsgetreu wiederzugeben, wurde nur andeutungsweise aufgegriffen, obwohl doch viele frühe Filme, etwa der Brüder Lumière, genau dies zum Thema hatten und z.B. das »Zittern der Blätter im Wind«[19] als eine der Grunderfahrungen des neuen Mediums galt, das »die Natur auf frischer Tat ertappt(e)«[20]. Diese genuin filmische Möglichkeit erfuhr jedoch zunächst keine theoretische Aufmerksamkeit. Zu stark konzentrierten sich die Verfechter des Films darauf, das Medium als Kunstform zu etablieren. Die Realität einfach wiederzugeben gehörte nicht dazu. Ähnlich war es auch der Fotografie im 19. Jahrhundert ergangen, die sich zum Beispiel im sogenannten Piktorialismus als Kunstfotografie inszenierte, um aber trotzdem nicht wirklich als Kunst anerkannt zu werden.[21] Realismus im Film war besonders für die Avantgarden der 1920er Jahre keine Option, obwohl gerade die französische

Filmtheorie um Louis Delluc, Germaine Dulac, Léon Moussinac und Jean Epstein, aber auch Filmtheoretiker wie Rudolf Arnheim und Béla Balázs die veränderten Wahrnehmungsbedingungen des Films zum Ausgangspunkt der analytischen Befragung und Reflexion machten.[22]

Realistische Filmtheorie kam erst mit dem sogenannten italienischen Neorealismus seit den frühen 1940er Jahren auf. Darin spielte das Dokumentarische eine wichtige Rolle, da diese Filme, anders als die Atelierfilme Hollywoods, auf Vermischung von gespielten und dokumentarischen Szenen setzten: Es wurde im Freien gedreht, oft ohne professionelle Schauspieler, ohne festes Drehbuch und häufig Bezug nehmend auf die aktuelle Situation des Krieges. Die wichtigsten frühen Filme des Neorealismus sind *Ossessione* (*Besessenheit*, Luchino Visconti, I 1943), *Roma città aperta* (*Rom, offene Stadt*, Roberto Rossellini, I 1945), *Paìsa* (Roberto Rossellini, I 1946) und *Ladri di biciclette* (*Fahrraddiebe*, Vittorio de Sica, I 1948). Natürlich gab es auch in anderen Ländern bereits realistische Filme, so etwa im französischen Poetischen Realismus der 1930er Jahre mit Filmen wie *La bête humaine* (*Bestie Mensch*, Jean Renoir, F 1938) oder *Le Quai des brumes* (*Hafen im Nebel*, Marcel Carné, F 1938). Insbesondere aber der Neorealismus bot Anlass, den Filmen Hollywoods, die mit der Etablierung des Tonfilms Ende der 1920er Jahre ihre Marktführerstellung enorm ausgebaut hatten, eine andere Ästhetik entgegenzusetzen, auch wenn diese zugleich aus der Extremerfahrung des Krieges geboren wurde. Filme in Europa konnten nicht mehr oder nicht mehr ständig darüber hinwegsehen, dass vor der Haustür Not und Elend herrschten. Dabei eigneten sich neorealistische Filme oft dokumentarisches Material an, besonders auffällig etwa in *Paìsa*, der eines der ersten einflussreichen Beispiele für eine Hybridisierung von Spiel- und Dokumentarfilm darstellt. *Paìsa* verwendet das Episodenprinzip und Wochenschauaufnahmen, um die langsame Rückeroberung Italiens durch die Alliierten und die Resistenza zu demonstrieren, und ist damit auch eine Art Aktualitätenfilm.

Beeinflusst von den neorealistischen Filmen setzten erste Reflexionen zu Realismus und zum Realitätseindruck im Film ein, die vor allem in Frankreich angestellt wurden und in den 1940er und 1950er Jahren eine dominante Strömung der Filmtheorie ausmachten. André Bazin war und ist dank seiner starken Kanonisierung in der Filmtheorie bis zur Gegenwart ihr wichtigster Autor. Daneben gab es aber noch weitere Schulen, etwa die Filmologie um Étienne Souriau oder die aufkommende Phänomenologie, die in Maurice Merleau-Ponty (1908–1961) und Jean Mitry (1907–1988) wichtige Vertreter fand. Neben André Bazin (1918–1958) gilt Siegfried Kracauer (1889–1966) als herausragender Repräsentant der realistischen Filmtheorie, der ähnlich wie Bazin auch dezidiert den Dokumentarfilm erörtert hat.

Realismus ist eine künstlerische Strömung, die in der zweiten Hälfte des 19. Jahrhunderts in der Malerei und der Literatur an Einfluss gewann. Ziel war die Hinwendung zur Realität und ihre nüchterne und sachliche, oftmals detaillierte Darstellung in Romanen und Gemälden, die häufig die Lebensweise der bürgerlichen Gesellschaft in den Mittelpunkt rückten. Hinsichtlich des Films gilt die Zuschreibung des Realismus aber nun gerade nicht den Dokumentarfilmen, sondern fungiert als Einordnung von Spielfilmen, die aufgrund bestimmter Inszenierungsweisen einen realistischen Stil verkörpern oder eine entsprechende Haltung zur im Film dargestellten Welt einnehmen. Guido Kirsten begreift den realistischen Film daher in Bezug auf seine Rezeption als Unterform eines ohnehin fiktivisierenden Lektüremodus (Kirsten 2013, 162). Mit anderen Worten: Wer einen Film realistisch »liest«, befindet sich bereits im Modus der fiktionalen Aneignung und gleicht die Welt, die er oder sie kennt, mit den als realistisch angenommenen Darstellungsweisen des Films ab. Étienne Souriau (1892–1973), auf den sich Kirsten hier bezieht, argumentiert, dass der Dokumentarfilm »ein Stück Wirklichkeit präsentiert« (Souriau 1951, 142), während ein Spielfilm, etwa der neorealistische, wirklichkeitsnah sein kann, auch wenn er doch immer voraussetzt, dass diese Wirklichkeitsnähe Teil des realistischen Diskurses ist, der die Welt nicht einfach verdoppelt (wie Souriau es vom Dokumentarfilm annimmt), sondern eine diskursive Operation einschließt, welche die Frage nach mehr oder weniger Realismus enthält. Einen Dokumentarfilm als realistisch zu bezeichnen wäre dann tatsächlich tautologisch, denn er ist per se Teil der Realität und muss diese nicht eigens begründen. Der Spielfilm hingegen muss Realismus erst narrativ, inszenatorisch oder bildästhetisch hervorbringen, damit er beispielsweise nicht als fantastisch, experimentell oder surrealistisch verstanden wird. Realismus, so lässt sich folgern, ist also keine Kategorie des Dokumentarfilms: »Konstitutiv für die realistische Lektüre ist also der Abgleich der fiktionalen Welt des Films mit dem (mediatisierten oder aus der unmittelbaren Lebenswelt stammenden) Zuschauerwissen von der wirklichen Welt mit ihren Naturgesetzen, ihrer Geografie und ihren sozialen Milieus – ohne dass der Film damit unmittelbar als Diskurs über diese (also dokumentarische, OF) Welt verstanden würde. Er spielt nur in einer Welt, die ihr in diesen Hinsichten entspricht.« (Kirsten, 162)

Die diskursive Differenz zwischen Dokumentar- und Spielfilm kommt durch die von Souriau in Spiel gebrachte Diegese zustande, die als *Realität der Fiktion* bezeichnet werden kann: »Diegetisch ist alles, was man als vom Film dargestellt betrachtet und was zu jener Wirklichkeit gehört, die er in seinem Bedeutungsgefüge voraussetzt.« (Souriau 2020, 61) Der Begriff wird genauer greifbar, wenn man eine weitere Unterscheidung Souriaus berücksichtigt, die nämlich von »afilmischer« und »profilmischer« Realität. Die afilmische Realität ist die »reale, gewöhnliche Welt, die unabhängig vom Film existiert, die Welt, in der Sie und ich tagtäglich leben und die bereits da war, bevor es Filme gab« (Souriau, 56). Die profilmische Realität hingegen, welche die beiden Bedeutungen des »pro« als »für« und »vor« mitführt, bilden nun die afilmischen Gegenstände, insofern sie im Bezug zum Film stehen: »Alles, was der Klasse des Profilmischen angehört, existiert also, wie gesagt, auch im Afilmischen; es ist aber dadurch gekennzeichnet, dass es einen direkten, konkreten, organischen Bezug zum Film besitzt. Oft wurde es nur in Hinblick auf diese Funktion geschaffen.« (Souriau, 57) Ein Spielfilm unterwirft also gewissermaßen die afilmische Realität, indem er sie in Gegenstände für den Film umformt, in profilmische Gegenstände. Aber er geht noch einen Schritt weiter, indem er auch die profilmische Welt in ein System von Bedeutungen einfügt, das zugleich die Grundlage der damit entstehenden fiktionalen Erzählung ist. So entfalten Kriminalfilme sicher einen Rückbezug zur afilmischen Realität, doch die Regeln, nach denen diese inszeniert und erzählt wird, sind ganz und gar vom Genre, also einer bestimmten diegetischen Zurichtung geprägt. Das Ziel des diegetischen Erzählens ist es daher auch in den meisten Fällen, den Bezug zur profilmischen Welt so weit außer Acht zu lassen, dass eine fiktionale Erzählung überhaupt entstehen kann. Alle Rückschlüsse auf die afilmische Welt sind dann bestenfalls metaphorisch oder allegorisch, wie es Bill Nichols nennen wird (Kapitel 7). Eine Kommissarin im *Tatort* ist niemals real, sondern nur realistisch, da sie *Realität darstellt* oder verkörpert. Sie bleibt eine Schauspielerin, und ihre Handlungen sind ausgedacht und damit fiktiv.

Wie aber verhält es sich, wenn der Realismus noch einmal anders begriffen wird? Nicht als stilhistorische Strömung, die durch Malerei und Literatur vorgeprägt eine realistische Darstellungsweise auch für den Film entwickelt, sondern als afilmische Realität – um in den Begriffen Souriaus zu bleiben –, die sich in den Film einschreibt, weil er als Medium die Besonderheit aufweist, diese nie ganz durchstreichen zu können. Zumindest für die filmrealistische Darstellung eines klassischen analog belichteten Zelluloidfilms, so könnte man behaupten, ist ein Restbezug auf eine afilmische Realität notwendig. Dann wäre das Dokumentarische, das eine Bezugnahme zur afilmischen Realität zumindest behaupten muss, stärker betroffen als bisher angenommen, da der Film dann doch eine außerfilmische Realität, wenn auch nur beiläufig oder als Nebeneffekt, mit dokumentieren würde. Im Zuge des Neorealismus und aus grundsätzlich filmphilosophischen Erwägungen heraus haben sich André Bazin und Siegfried Kracauer genau diese Frage gestellt.

André Bazins Filmtheorie setzt sich aus einer Reihe von Filmkritiken und grundlegenden Betrachtungen zur medialen Bestimmung des Films zusammen, die aber fast immer sehr konkrete Bezüge zu den Werken, die er gesehen hatte, aufweisen. Eine Vorrangstellung kommt dem 1945 verfassten Text *Ontologie des photographischen Bildes* (Bazin 2004 [1945], 33–42) zu, weil Bazin dort eine dezidierte und einflussreiche medienphilosophische Bestimmung des Films vornimmt.

Bazin geht davon aus, dass eine besondere mediale Eigenschaft des Films durch die medientechnische Herkunft aus der Fotografie begründet werden kann. Der Film gehe, so Bazin, aus einem langgehegten Bedürfnis nach der Wiederherstellung der Illusion von Realität im Kunstwerk hervor. Seit der Renaissance nehme, etwa durch die Etablierung der Zentralperspektive, die künstlerische Imitation der äußeren Welt eine hohe Stellung ein und habe den rein imaginären Darstellungen den Rang abgelaufen: »Zum ersten Mal schiebt sich lediglich ein anderes Objekt zwischen das Ausgangsobjekt und seine Darstellung. Zum ersten Mal entsteht ein Bild von der uns umgebenden Welt automatisch, ohne schöpferische Vermittlung des Menschen und nach einem strengen Determinismus.« (Bazin, 37) Damit eröffnet Bazin eine Diskussion, die bis in die Gegenwart immer wieder aufflammt, weil sie die mediale Spezifik und den künstlerischen Ausdruck des Films aus seinen technischen Prämissen herleitet. Das Verhältnis von Realität und Bild wird aus einem apparativ bedingten Ursache-Wirkungs-Verhältnis begründet, die physische Realität hinterlässt eine direkte Spur in der Aufnahme: »Die Existenz des photographierten Gegenstandes ist wie ein Fingerabdruck, Teil der Existenz des Modells. Und deshalb fügt die Photographie der natürlichen Schöpfung etwas hinzu, anstatt sie durch eine andere zu ersetzen.« (Bazin, 39) Diese direkte Verursachung ist oftmals mit dem indexikalischen Zeichentyp nach Charles Sanders Peirce in Verbindung gebracht worden (der aber für Bazin keine Rolle spielte und daher in Kapitel 6 genauer besprochen wird). Die Aussagen zur Fotografie lassen sich umstandslos auf den Film übertragen, da er deren technische Basis geerbt hat. Allerdings fügt Bazin hinzu, dass im Film das »Bild der Dinge auch das ihrer Dauer [ist], es ist gleichsam die Mumie der Veränderung« (Bazin, 39). Mit anderen Worten: Der Gegenstand wird in seinem Wandel gezeigt, aber durch den Film künstlerisch festgehalten und »einbalsamiert«.

Bazin hat seine Ideen im Laufe von zwei Jahrzehnten stets erweitert und reformuliert, vor allem aber anhand von Filmen immer wieder demonstriert. Für die Frage nach dem Dokumentarischen ist dabei der Begriff des »Tatsachenbildes« wichtig, den Bazin mit Blick auf den Neorealismus entwickelte. Die Tatsache stellt einen Anschluss an Dziga Vertovs Idee der Faktographie her. Bei allen Unterschieden begreifen beide den Film insofern auf ähnliche Weise, als filmische Tatsachen durch die *Abwesenheit des Menschen* zustande kommen. Während Vertov jedoch auf die visionäre Kraft des Kinoauges setzte, zielen Bazins Aussagen auf die konkrete Übertragung, die *existenzielle* Gegenwart der gefilmten Dinge oder Situationen.

Die technische Grundbedingung, dass im analogen Film die Bildherstellung aus der Verbindung von Lichteinfall und chemischer Reaktion entsteht, ist wichtig, kann jedoch den Begriff der Tatsache im Film allein nicht erklären. Was aber ist dann eine Tatsache? Interessanterweise ist es für Bazin gar nicht so entscheidend, dass im Neorealismus nun außerhalb der Studios gedreht wurde, sondern eher, dass dieser einer anderen Inszenierung folgte, als es beim Hollywoodfilm üblich war. Zu *Paìsa* schreibt Bazin: »Die erzählerische Einheit in *Paìsa* ist nicht die Einstellung, ein abstrakter Blickwinkel auf die zu analysierende Wirklichkeit, sondern die Tatsache. Ein Bruchstück der unbearbeiteten Wirklichkeit ist für sich genommen vielfältig und mehrdeutig, dessen Sinn sich erst im nachhinein ergibt, dank anderer Tatsachen, zwischen denen der Verstand Beziehungen herstellt. Zweifellos hat der Regisseur diese Tatsachen sorgfältig ausgewählt, doch er beließ ihnen ihre Integrität als Tatsachen.« (Bazin, 321)

Bazin wendet sich also nicht gegen den künstlerischen Eingriff, auch nicht grundsätzlich gegen die Montage, wie der Titel eines seiner Texte fälschlicherweise vermuten lassen könnte (»Montage verboten«, Bazin 2004 [1953/56], 75–89). Realität ist jedoch, so glaubt Bazin, *unfertig*, und deshalb sollen auch Filme unfertig sein. Darin besteht ihr Realismus und vielleicht sogar eine gewisse Objektivität. Der realistische Film bringt Film und Zuschauer in eine gemeinsame mentale Disposition. Während der Studiofilm mit einer durchstrukturierten Dramaturgie den/die ZuschauerIn *außerhalb* der Realität hält, lässt der realistische Film ihn/sie *eintreten*, indem er die Verstandestätigkeit des Tastens und Ausprobierens selbst vorführt. Das Tatsachenbild konfrontiert die ZuschauerInnen mit der vorgefundenen Realität, ohne sie zu determinieren. Daher vergleicht Bazin den Film mit der mündlichen Erzählung oder der gezeichneten Skizze, die in den klassischen Medien des Romans oder des Gemäldes fertig werden sollen, während der Film das Medium des *Unfertigen* ist. ZuschauerInnen sollen sich deshalb Filmen gegenüber nicht wie gegenüber fertigen Kunstwerken verhalten, sondern sich *innerhalb der filmischen Wirklichkeit* positionieren.

Im Vokabular Souriaus hieße das, dass der Film nicht vollständig in der Diegese aufgeht, sondern die in ihn einfließenden pro- und damit auch afilmischen Gegebenheiten offenlegt und sie der Wahrnehmung der ZuschauerInnen als *mögliche* Anordnung und Sichtweise zur Verfügung stellt. Den Weg zu dieser Auffassung ebneten Bazin zwar vorrangig die neorealistischen Filme, aber auch Regisseure wie William Wyler, Orson Welles oder Jean Renoir.

Die neorealistischen Filme öffneten sich für dokumentarische Wirklichkeiten, indem sie, wie in *Paìsa*, Kriegsereignisse im Stile einer Reportage aufbereiteten, indem sie durch das Episodenprinzip auf einen vollständigen Überblick des Geschehens verzichteten, indem sie in den Straßen der Städte filmten und den film-diegetischen Raum zersplitterten. Damit stellen sie nicht nur eine bruchstückhafte Wirklichkeit her, sondern sie laden zu einer anderen Identifikation ein, die man, anders als beim Spielfilm, als *dokumentarische Identifikation* bezeichnen könnte. In diesem Modus der Betrachtung verfolgen ZuschauerInnen nicht die Abenteuer oder Romanze eines Helden, sondern die Evokation von Wirklichkeit als Wahrnehmungstatsachen, die diese *von sich selbst entwerfen*. Zugespitzt kann man sagen: Im Spielfilm wird *über* die Realität gesprochen, im Dokumentarfilm spricht diese mit sich selbst. Dies setzt eine Abkehr vom Anthropozentrismus voraus, wie Bazin festhält: »Auch der Mensch ist nur eine Tatsache unter anderen, er ist nicht a priori besonders wichtig.«

(Bazin, 321) Darin besteht der tiefere Sinn des materialen Realismus, den Bazin vertritt, der zwar im technischen Mechanismus der Filmapparatur beginnt, aber darüber hinaus eine Ästhetik des Realismus begründet. Der Mensch ist Teil einer Realität, deren Komplexität seine Einsichtsfähigkeiten übersteigt. Während sich der Spielfilm im Atelier in seinen künstlichen Kulissen unter der völligen Kontrolle des Subjekts befindet, stellt das Tatsachenbild die Welt gleichsam frei und wirft sie auf Wahrnehmung und Beobachtung zurück.

Wenn Bazin vehement für das Tatsachenbild plädiert, wie steht er dann zum Dokumentarfilm? Interessanterweise äußert er in seinen Kritiken zu einigen bekannten Dokumentationen der damaligen Zeit wie *Scott of the Antarctic* (Charles Frend, GB 1948), *Kon-Tiki* (Thor Heyerdahl, Norwegen 1950), *Continente perduto* (*Der verlorene Kontinent*, Leonardo Bonzi/Mario Craveri, I 1955) und *Le monde du silence* (*Die schweigende Welt*, Jacques-Yves Cousteau, F 1956) Unbehagen gegenüber diesen Filmen. Das ist aber auch nicht sonderlich überraschend. Anders als die (neo)-realistischen Filme haben die erwähnten dokumentierenden Filme den Anspruch, die Wirklichkeit zu erklären und auf den Punkt zu bringen. Damit geht aber das realistische Prinzip, den ZuschauerInnen angesichts einer lückenhaften Wirklichkeit das Urteil selbst zu überlassen, verloren. Das Ringen um Orientierung in einer den menschlichen Horizont übersteigenden Realität läuft selbst wieder Gefahr, in spektakulären, mythologischen, im doppelten Sinne überwältigenden Aufnahmen unterzugehen, wie Bazin mit Blick auf Cousteaus seinerzeit aufsehenerregende Unterwasseraufnahmen schreibt: »Doch glaube ich nicht, daß die Faszination dieser Dokumentarfilme nur von der Neuheit ihrer Entdeckung und dem Formen- und Farbenreichtum herrührt. Gewiß bereitet uns das Überraschende und das Pittoreske Vergnügen, doch die Schönheit der Bilder hängt mit einer weit mächtigeren Anziehungskraft zusammen, die unser Bewusstsein lenkt: In ihnen vollendet sich eine Mythologie des Wassers, deren Sichtbarmachung durch die Unterwasser-Übermenschen auf ein geheimes unvordenkliches Einverständnis in uns selbst trifft.« (Bazin 2004 [1956], 61) *Le monde du silence* bleibe trotz aller Qualität zu »gewollt poetisch« (Bazin, 62), zu inszeniert, appelliere zu auffällig an ein mythisch angelegtes Einverständnis. An *Continente perduto* kritisiert Bazin, dass der Film ständig die Anwesenheit des Filmteams verheimliche, möglichst echt und natürlich aussehen möchte und sich damit in einen Widerspruch verwickele. Sarkastisch kommentiert er: »Wenn man im Vordergrund einen ›wilden‹ Kopfjäger zeigt, der die Ankunft der Weißen beobachtet, impliziert das zwangsläufig, daß dieses Individuum kein Wilder ist, weil es dem Kameramann den Kopf nicht abgeschnitten hat.« (Bazin, 64)

Bazin verweist damit auf eine Paradoxie von Dokumentarfilmen, die, um tatsächlich dokumentarisch zu sein, afilmische Wirklichkeit ins Bild bringen müssten, ohne vorzutäuschen, dass die Anwesenheit der Kamera und des Filmteams keinerlei profilmisch ›zurechtgebogenen‹ Einfluss genommen habe: »Es geht tatsächlich darum, zugleich zu mogeln, damit man besser sieht, und den Zuschauer dennoch nicht zu betrügen.« (Bazin, 66) Bazin misstraut dem Dokumentarfilm, aber der Dokumentarfilm misstraut auch sich selbst, wie man bei Cousteau sieht. Der Versuch, Realität gleichsam uninszeniert ins Bild treten zu lassen, wird sofort wieder überhöht, ins Mythische gewendet und damit verengt. Der Dokumentarfilm war zu diesem Zeitpunkt noch nicht die Gattung, die ihren Weg gefunden und umfassende Akzeptanz bei der Kritik und beim Publikum erreicht hatte. Er wollte genauso Kunst sein wie der Spielfilm, der gleichzeitig begann, sich den ›Tatsachen‹ zu öffnen. Noch konnte er die Kritik nicht überzeugen, wie man bei Bazin erkennen kann.

Siegfried Kracauer war Journalist und Filmkritiker und in den 1920er Jahren als Feuilletonist der *Frankfurter Zeitung* tätig. In Kontakt mit dem Frankfurter Institut für Sozialforschung betrieb er ideologiekritische Studien, aus denen soziologische Bestandsaufnahmen zum Zustand der modernen Gesellschaft wie etwa *Die Angestellten. Aus dem neuesten Deutschland* (Kracauer 1971 [1939]) hervorgingen. Kracauer musste 1933 ins Exil gehen und kam 1939 in die USA, wo er seine beiden Hauptwerke zum Film verfasste. Der Film war in seinen Augen gesellschaftlich hochrelevant. »Der Filmkritiker ist immer auch Gesellschaftskritiker« (Kracauer 1974, 9–11), lautet ein berühmtes Postulat Kracauers. Die Kritik muss erkennen, auf welche Weise der Film als gut verdaubares Massenmedium versteckte ideologische Botschaften in der Verpackung von Unterhaltung unter das Publikum streuen kann. Die Filme der Weimarer Republik etwa, so die zugespitzte und umstrittene These Kracauers, seien mitverantwortlich für die ideologische und mentale Vorbereitung der Nazizeit, da sie in ihren Erzählungen immer nur die Wahl zwischen Tyrannei und Chaos gelassen und keine demokratische Alternative skizziert hätten (Kracauer 1984 [1947]).

Seine 1960 erschienene, auf Englisch verfasste *Theory of Film. The Redemption of Physical Reality* (deutsch erstmals 1964: *Theorie des Films. Die Errettung der äußeren Wirklichkeit*, Kracauer 1985), deren anschauliche Argumentation und methodische Strenge nach wie vor beeindrucken, versteht sich hingegen als eine systematische Makrotheorie des Films. Kracauer entwickelt eine Filmtheorie des Realismus, die auf dem zentralen, schon durch den Untertitel unterstrichenen Gedanken fußt, dass es die historische Aufgabe des Films ist, die physische Wirklichkeit, die in den zunehmenden Abstraktionen der modernen Lebenswelt immer mehr verschwindet, zu *erretten*. Er geht davon aus, dass die moderne Gesellschaft seit dem 19. Jahrhundert die konkreten Lebensbedingungen fortwährend in abstrakte Prozesse umwandelt, die uns zum Beispiel in Supermärkten mit industriell hergestellten Lebensmitteln und in der Großstadt mit betonierten Straßen konfrontieren. Transportmittel, die den natürlichen Raum eliminieren, und Verwaltungsakte, die uns in ein Netz von komplexen Vorschriften und vorgefertigten Entscheidungen verwickeln, entfernen den Menschen von einer materiell erfahrbaren Realität. Der Film ist nach Kracauer die Kunst, die, anders als Theater oder Malerei, noch einen Zugang zu dieser materiellen Realität erzeugen kann. Programmatisch formuliert er: »Wie zielbewußt die Filmkamera auch dirigiert werden mag, sie würde aufhören eine Kamera zu sein, wenn sie nicht sichtbare Phänomene um ihrer selbst willen registrierte. Zusammen mit Fotografie ist Film die einzige Kunst, die ihr Rohmaterial mehr oder weniger intakt lässt.« (Kracauer 1985, 13)

Kracauer leitet also die medialen Möglichkeiten des Films, ähnlich zunächst wie Bazin, aus den technischen Ausgangsbedingungen her, wie sie durch die Fotografie schon gegeben sind. Doch ist es auch hier nicht damit getan, einfach die technischen Bedingungen der Aufnahme und Wiedergabe *wirken* zu lassen, sondern es bedarf planvoller Inszenierungen, da das Rohmaterial, die Realität, nicht nur gezeigt, sondern auch *zur Geltung gebracht* werden muss. Filme sollen, argumentiert Kracauer, »eine umfassendere Wirklichkeit beschwören als jene, die sie faktisch abbilden. Sie weisen in dem Maße über die physische Welt hinaus, in dem die Aufnahmen oder Aufnahmefolgen, aus denen sie bestehen, vielfältige Bedeutungen mit sich führen.« (Kracauer, 109)

Kracauer modelliert also ein anthropologisches Argument, das sich so zusammenfassen lässt: Zwischen den materiellen, naturhaften Umständen, in denen wir als lebende Wesen existieren, und den für den Menschen genauso essenziellen geistigen und imaginären Vorstellungswelten besteht ein notwendiges Band, das in der Moderne jedoch zu reißen droht. Nur in der Kopplung von materialer Realität, der mit ihr verbundenen Sinngebung und ihren psychischen Entsprechungen können Leben und Kultur existieren. Fotografie und noch mehr der Film können diese Verbindung aufgrund ihrer medialen Verfasstheit, die darin besteht, das Rohmaterial zur Anschauung zu bringen, immer wieder aufs Neue knüpfen, womit ihnen eine notwendige, angesichts der zunehmenden Abstraktheit auch kompensatorische Funktion für den Fortbestand des (Über)Lebens zukommt.

Kracauer folgt damit der Theorie einer modernen Mimesis, wie sie etwa der Literaturwissenschaftler Erich Auerbach entwickelte, den er an verschiedenen Stellen ausführlich zitiert (Kracauer 290, 320). Auerbach verstand weite Teile der modernen Literatur von Gustave Flaubert bis Virginia Woolf als Versuch, die verstreuten und partikularen Ereignisse der Gegenwart in ein Allgemeines zu übersetzen, so dass separate oder gar abseitige Erfahrungen im Sinne eines mimetischen Realismus in die gesellschaftliche Realität zurückvermittelt werden können. Sein Einfluss auf Kracauer ist auch im theoretischen Ansatz offensichtlich, wie Dudley Andrew hervorhebt:

»Auerbach dealt with authors who compose a fictional world in a form which seems open to, and in imitation of, the real world of experience. Such writers, he found, begin with a record of human speech and an outline of human events. From this they build a world in language in which those kinds of events and those varieties of speech are transformed into a whole which gives them artistic power and resonance, while still retaining a focus on reality. Valuable realistic literature allows the reader to recognize his world and the world of its neighbor; in so recognizing it, he can criticize it in the pursuit of a better world.« (Andrew 1976, 130)[23]

Kracauer setzt sich nur insofern von Auerbach ab, als er nicht mehr die Literatur, sondern den Film als vorrangiges Medium der realistischen Mimesis begreift. Denn dieser verfügt über die medialen Bedingungen, um die Erfahrbarkeit von Realität zu gewährleisten. Wie aber kann der Film seine Mittel einsetzen, um eine realistische Natur zu entfalten?

Kracauer unterscheidet zwischen zwei großen Tendenzen des Films, die er die realistische und die formgebende nennt. Während die formgebende Tendenz die physische Basis des Films und aller anderen Künste durch Ideen überwältigt, wie es etwa in weiten Teilen des Experimentalfilms und des Studiofilms geschieht, sucht die realistische Tendenz eine sorgfältige Balance, in der die inszenatorischen Ideen das Rohmaterial hervorheben, anstatt es zu unterdrücken (Kracauer, 67). Doch was ist eigentlich das Rohmaterial? Damit sind zunächst lebende Wesen und Prozesse der Natur gemeint, doch zugleich bezieht Kracauer alle materiellen, also auch industrielle Gegenstände ein. Das Rohmaterial ist alles, was konkret begegnen kann. In einer durchgeplanten Welt ist es aber nicht mehr leicht, dieses überhaupt noch zu entdecken und wahrzunehmen. Kracauer definiert daher vier Konstellationen, in denen es besonders gut erfahrbar werden kann: das Ungestellte, der Zufall, die Endlosigkeit und das Unbestimmbare (Kracauer, 95 ff.). Da das Rohmaterial normalerweise in den technischen Fertigungen und administrativen Logistiken verschwindet, kann es auf diese Weisen *ästhetisch* und besonders durch den Film wieder wirksam und damit *wirklich* werden. Der realistische Film hat also eine registrierende Funktion (die Aufmerksamkeit auf etwas richten, was in der Flüchtigkeit des Lebens nicht wahrgenommen wird – die »Blätter im Wind«) und eine enthüllende Funktion (etwas entdecken, was nur die Filmkamera zeigen kann).

Wie hält es Kracauer nun angesichts solcher Vorgaben mit dem Dokumentarfilm? Zunächst gilt für Kracauer wie für Bazin: Der Dokumentarfilm wird noch nicht als eigenständiges Format wahrgenommen, was schon die Überschrift »Tatsachenfilm« (Kracauer, 259) des entsprechenden Kapitels belegt. Ähnlich also wie schon bei Balázs und am Begriff des Querschnittfilms erkennbar, verfügt das, was wir heute unter Dokumentarfilm verstehen, bis in die 1960er Jahre hinein über keine einheitliche Terminologie. Immerhin widmet Kracauer dem nicht-fiktionalen Film ein ganzes Kapitel. Darunter fasst er zwei große Formate: die Wochenschau sowie den klassischen Dokumentarfilm, wie er vor allem von Flaherty geprägt wurde, den er aber wiederum in die Sparten Reise-, Lehr- und Wissenschaftsfilm unterteilt. Kracauer gesteht all diesen Untergattungen die Konzentration auf »wirkliches physisches Dasein« (Kracauer, 260) zu, kommt aber – erneut ähnlich wie Bazin, auf den er sich jedoch nicht bezieht – zu dem Schluss, dass sie doch nur selten die Möglichkeiten des Mediums ausschöpfen. Dies liege daran, argumentiert Kracauer im Anschluss an den Dokumentarfilmer Paul Rotha, dass sie sich eher Themen von allgemeinem Interesse widmen, in denen das Individuum nicht zentral vorkommt. »Das ist ungeheuer wichtig«, schreibt Kracauer, »denn es besagt, daß Tatsachenfilme nicht alle Aspekte physischer Realität auswerten; sie vernachlässigen zum Beispiel jene, die sich im Gefolge ›privater Leidenschaften‹ erschließen, wie sie durch eine Spielhandlung vermittelt werden, ›Sonderformen der Realität‹ scheinen außerhalb der Möglichkeiten dieses Filmtyps zu liegen.« (Kracauer, 260)

Das heißt, dass nur die Gattung des Spielfilms die Existenz der materialen Welt adäquat aufzeigen kann. Das erscheint im Kontext der Argumentation logisch, denn die materiale Welt ist ja nicht per se verborgen, sondern sie entgleitet dem modernen

Individuum, das keine Verbindungen mehr zwischen den es umgebenden Vorgängen und seiner psychischen Existenz herstellen kann. Die Rückeroberung dieses Bandes wird im Kontext individueller Wahrnehmungen und Handlungen erreicht, vermittelt durch ProtagonistInnen, an deren Fersen man sich heften kann. Dokumentarfilme hingegen haben, so meint Kracauer, kein primäres Interesse an der sichtbaren Welt, sondern oftmals eine andere, allgemeine und strukturelle Perspektive, so dass doch wieder die formgebende Tendenz das rohe Material bindet und dominiert. Allerdings bleibt Kracauer sensibel gegenüber einigen Klassikern der Gattung, etwa *Nanook of the North* (was nicht verwundert, da dort, wie gesehen, ein Protagonist definiert wird), *Regen* (Joris Ivens, NL 1929), *Night Mail*, *The Song of Ceylon* (Basil Wright, GB 1936, 1934) oder *Louisiana Story* (Robert Flaherty, USA 1948), allesamt äußerst populäre Dokumentationen in den 1950er Jahren. In diesen Filmen, so Kracauer, vermittelt die Kamera eine eigene materiell robuste Sichtweise auf die Realität, so dass in ihnen der Widerstreit zwischen realistischer und formgebender Tendenz zumindest stellenweise zugunsten ersterer verschoben wird – sie bleiben jedoch Grenzfälle und Ausnahmen (Kracauer, 271–274). Dem Dokumentarfilm entgehen qua definitione »diejenigen Aspekte potentiell sichtbarer Realität, die sich nur in Verbindung mit dem Individuum einstellen. Ihr Auftreten lässt sich vom menschlichen Drama, wie es durch eine Spielhandlung vermittelt wird, nicht trennen« (Kracauer 282).

Resümierend lässt sich festhalten: Auch wenn Bazin und Kracauer verschiedene systematische Absichten haben und filmisch unterschiedlich geprägt sind, so stimmen sie doch darin überein, dass Dokumentarfilme nicht die besten Ausprägungen eines filmischen Realismus sind. Dies ist zwar nicht erstaunlich vor dem Hintergrund, dass Realismus ohnehin eine Strömung der literarischen und der bildenden Künste darstellt und sich, wie Guido

Kirsten betont, nicht primär an die vorfindliche Realität hält, sondern filmische Wirklichkeit diskursiv wie diegetisch arrangiert und dabei, wie Souriau meint, die a- und profilmische Welt weitgehend zurückdrängt. Bei Bazin und Kracauer kann die ablehnende Haltung aber doch verwundern, da beide den Realismus an die materiale Realität, an die Tatsachen und letztendlich das zu Dokumentierende zurückbinden. Und dennoch kann sich diese materielle Wirklichkeit erst in Dramatisierung und Fiktionalität entfalten, wie sie manche Dokumentarfilme ja auch aufweisen. Die Realität, gleichsam für sich im Filmbild entdeckt, bleibt hingegen schal und entleert, entfaltet keine *Wirkung*, wenn sie nicht an eine geistige Umgebung (Kracauer) oder eine »mentale Landschaft« (Bazin) angeschlossen werden kann. Der Dokumentarfilm bleibt daher bis Ende der 1950er Jahre eine eher marginal reflektierte Gattung, wenngleich dies im Kontrast zu seiner Wirksamkeit als Gebrauchsfilm, als Wochenschau und Propagandafilm steht. Allerdings haben Forschungen zum frühen Film inzwischen einen genaueren Blick auf die ersten Dokumentarfilme gelegt und gezeigt, dass diese eine höhere theoretische Aufmerksamkeit verdienen, wie im folgenden Kapitel deutlich werden soll.

4. Zeigen und Beobachten: Die Lumières, Tom Gunning und die Anfänge des Dokumentierens

Die ersten systematischen Begründungen des Dokumentarfilms sind, wie in Kapitel 1 dargelegt, durch John Grierson seit den späten 1920er Jahren bezeugt. Robert Flahertys *Nanook of the North* gilt als Paradebeispiel und als erster Dokumentarfilm, der er allerdings nicht ist. *Manhatta* (aus dem Jahr 1921) wurde bereits erwähnt, noch davor datiert *The Battle of the Somme* (Geoffrey H. Malins/J. B. McDowell, GB 1916), ein britischer Dokumentar- und Propagandafilm, der, anders als die bis dahin journalistisch-dokumentarischen Wochenschauen, das Geschehen an der Front realitätsnah aufzeichnete. Trotz der Verwendung zahlreicher re-enacteter Szenen zeigte er das tatsächlich stattfindende Kriegsgeschehen und tote Körper. Martin Loiperdinger betont, dass dieser Film erstmals das Faktische ausstellt, es aber durch spezifische Verfahren auch dramatisiert (Loiperdinger 2011, 77). Der Filmhistoriker kritisiert daher, dass sich die Historiografie des Dokumentarfilms zu stark bei solchen Filmen aufhält, die durch Grierson und die Abgrenzung vom ›großen Bruder‹ Spielfilm kanonisiert wurden, und dabei andere Formate aus dem Blick verliert. So situiert er erste Dokumentarfilme im Bereich der noch kaum voneinander getrennten Untergattungen der Werbe- und Lehrfilme, wie sie zur Herstellung von Autos bei Opel oder Kondensmilch von Bärenmarke in den Jahren 1910 und 1914 produziert wurden (Loiperdinger, 73). Yvonne Zimmermann stellt fest, dass sich die Geschichte des Dokumentarfilms im Wesentlichen auf solche Filme konzentriert, denen Werkcharakter zugesprochen werden kann (Zimmermann 2020). Eine methodische Herausforderung, die nicht nur für die frühe Filmgeschichte gilt, besteht darin, die kaum systematisierten Gebrauchsfilme wie Industrie-, Werbe- und Lehrfilme als Teil der Geschichte von Dokumentarfilmen zu betrachten.[24]

Für eine theoretische Perspektive auf den Dokumentarfilm lohnt ein Blick in die Frühfilmforschung, also des Films bis etwa 1906, da sie die ersten Formen von Zeigen und Beobachten zum Thema macht. So wurden die Filme Louis und August Lumières lange als dokumentarisch-realistische Version der beginnenden Filmgeschichte betrachtet, während die aus der Vaudeville- und Varieté-Tradition entstandenen Aufnahmen von Georges Méliès als Eröffnung der illusionistisch-spektakulären Linie der Filmgeschichte begriffen wurden.[25] Solche teleologischen Positionen, die die spätere Entwicklung des Films in seinen frühen Formen voraussehen wollen, werden heute nicht mehr vertreten. So haben die Lumières selbst eine Reihe fiktionaler Filme gedreht, und Georges Méliès wiederum legte mit *The Coronation of Edward VII* (GB 1902) ein erstes Beispiel für einen auf Reenactment beruhenden Dokumentarfilm vor. Darüber hinaus sind auch Méliès' Filme insofern dokumentarisch, als sie die Effekte des Films ausstellen und vorführen. Die künstlichen Kulissen in seinen Filmen zielen nicht auf totale Illusion und schon gar nicht auf die diegetische Fiktion des Spielfilms, sondern auf die Spektakularität und Attraktion der technischen Aufführung.

Der dokumentierende Film beginnt mit der ersten Aufführung von zehn Kurzfilmen der Brüder Lumière vor zahlendem Publikum am 28. Dezember 1895 im Salon Indien in Paris.[26] Zuvor hatte es schon Vorführungen der Lumières vor Freunden der Société de Photographie gegeben. Bei den Filmen von Auguste (1862–

1954) und Louis (1864–1948) Lumière und ihrer Kameraleute ist besonders gut sichtbar, dass sie nicht einfach nur auf der registrierenden Qualität der Kamera beruhen, sondern sich auf eine planvolle und sorgfältige mise-en-scène, Kadrierung und temporale Struktur stützen. Filme wie *Sortie d'usine* (*Arbeiter verlassen die Fabrik*), *L'Arrivé d'un train en gare de La Ciotat* (*Die Ankunft eines Zuges auf dem Bahnhof in La Ciotat*) und *Barque sortant du port* (*Boot, den Hafen von Trouville verlassend,* alle von Louis Lumière 1895) folgen einem ästhetisch konzisen Beobachtungsregime, weshalb Thomas Elsaesser (1943–2019) davon ausgeht, dass diese Filme »keineswegs, wie die traditionelle Filmgeschichte behauptet hatte, ohne Handlung waren und nur ›das Aufnehmen ungeplanter, unkonstruierter Realität‹ zeigten, sondern im Gegenteil sehr präzise Einstellungen aufwiesen, die dank einer Reihe sorgfältig getroffener Entscheidungen eine logische Erzählstruktur vermitteln« (Elsaesser 2011, 37–38). So wurden die Filme oft mehrmals gedreht, bis die beste Version verfügbar war. Vom ersten Film von Louis Lumière, *Sortie d'usine*, gibt es bereits eine Version aus dem Jahr 1894, die aber noch nicht auf Zelluloidstreifen festgehalten wurde, da diese erst in den folgenden Monaten produktreif entwickelt wurden (Faucheux 2011, 93 ff.). Im März und Juni 1895 drehte Louis Lumière weitere Versionen und führte sie vor befreundeten Kollegen vor. Der berühmte *L'Arrivé d'un train en gare de La Ciotat* wurde ein weiteres Mal in einer sehr ähnlichen, aber weniger bekannten Version mit dem Namen *Perrache* wiederholt. War die Einfahrt des Zuges im ersten Film bereits eine komplexe Operation, in der das Bildfeld durch die Bewegung ins Bild hinein in Hintergrund und Vordergrund, in rechten und linken Bildausschnitt und in *champ* und *hors-champ* getrennt wurde, so wurde sie in Perrache noch einmal weitergeführt. Auch hier fährt ein Zug in den Bahnhof ein, eben in Lyon-Perrache, nicht in *La Ciotat*, aber der Film endet nicht mit der Ankunft und dem Ein- und Aussteigen der Fahrgäste. In *Perrache* kommt noch ein Ereignis hinzu, denn im Hintergrund des rechten Bildfeldes verlässt ein weiterer Zug, der sich zunächst nur aus dem *hors-champ* durch Rauchschwaden ankündigt, den Bahnhof. Statt einfach nur einen einfahrenden Zug zu zeigen, stellt der fünfzigsekündige Film durch Bildkomposition, Tiefenschärfe und Öffnung des Rahmens bei aller Natürlichkeit der Szenerie eine präzise Organisation durch einen Beobachter (die Kamera) für die Beobachter (die ZuschauerInnen) dar. Jacques Aumont stellt hinsichtlich der dokumentarischen Ästhetik der Lumières fest, dass »Bildfeld, Umfeld und ›Vor-Feld‹ um so vieles durchlässiger [sind]; die Grenzen sind in Bewegung oder, besser noch, porös«[27].

Die feine Durchlässigkeit zwischen technischem Bild und Realität sowie zwischen verschiedenen Ebenen des Bildes, bei den Lumières oft durch eine abgestufte Bewegung der Menschen, Züge, Schiffe und Kutschen vermittelt, kann als erste dokumentarische Geste verstanden werden. Deshalb erstaunt es nicht, dass diese Filme zunächst in einer Zeit neu entdeckt wurden, als auch der Dokumentarfilm als eine ernst zu nehmende Kategorie thematisiert wurde. In den 1970er Jahren begann die US-amerikanische Avantgarde, ein formales Interesse an den Filmen der Lumières zu entwickeln. Hollis Frampton, Malcolm LeGris, Chick Strand und Bill Brand bezogen sich unter dem Titel *Refracting Lumière* auf Projektionsapparatur und Vorführbedingungen der damaligen Zeit: »films that re-stage, re-situate, re-purpose filmic scenarios invented by the Lumières«[28]; eine erste Würdigung, die die Frühfilmforschung der Gegenwart aufnimmt, sich dabei allerdings weniger auf den künstlerischen Aspekt konzentriert, sondern auf die Produktions- und Distributionswege, die Archivierungen und Aufführungsbedingungen (Zimmermann 2020, 443–456).

Für die Theorie des Dokumentarfilms ist besonders Tom Gunnings Begriff der »Ansicht« aufschlussreich. Auf Gunning (*1949) geht auch der prominentere Begriff der »Attraktion« zurück, den er zur Beschreibung des dominierenden ästhetischen Verfahrens in Filmen bis etwa 1906 verwendet. Die dramaturgische Erzählweise war noch nicht etabliert, den Filmen ging es also um die Vorführung visuell auffälliger Situationen, kleiner Sketche, Slapstick-Szenen, direktes Blicken in die Kamera, aber auch um illusionistische Spielchen à la Georges Méliès. Die Attraktion ist aber auch in den dokumentarischen Formaten zu finden, etwa der Darstellung einer Fahrt auf den Eiffelturm mit der Kamera, eines Duells im Sackhüpfen oder einer Überschwemmung in Lyon (alles Beispiele aus Lumière-Filmen). Sergei Eisenstein hatte in den 1920er Jahren eine »Montage der Attraktionen« (Eisenstein 1988, 10–17) entwickelt, die auf dem aufbaute, was der Film schon in der Frühzeit bevorzugte, nämlich »exhibitionistische Konfrontation statt diegetische[r] Versunkenheit« (Gunning 1996, 30). Die Attraktion wird von der Filmtheorie häufig aufgegriffen, einflussreicher für die Theorie des Dokumentarfilms ist jedoch der Begriff der Ansicht (Gunning 2015).

Unter Ansicht versteht Gunning zunächst den Akt der bloßen Registratur und des Zeigens, des dokumentierenden Blicks, bevor dieser einer »kreativen Behandlung« im Sinne Griersons unterzogen wird. Im Fokus hat Gunning dabei den frühen, also vor 1906 angesiedelten Aktualitätenfilm, der wiederum die genannten verschiedenen Kategorien wie Reise-, Lehr- oder Werbefilme umfasst. Diese Genres stellen alle ähnliche Blickästhetiken aus, mit denen sie die Realität präsentieren. Die dort gezeigten Wirklichkeiten sind in einem hohen Maße solche, die auch ohne die Anwesenheit der Filmkamera existieren (Landschaften, soziale Bräuche, Arbeits- und Produktionsweisen) oder stattfinden (Sportereignis, Beerdigung, Krönungszeremonien) würden. Es handelt sich aber, so Gunning, dennoch um eine spezifische Form der Präsentation, die das Blicken zu mehr, nämlich zu einer Ansicht macht:

»Das entscheidende Indiz für diese Art des Beobachtens liegt in einem deutlichen Hinweis auf die Anwesenheit der Kamera. Die gefilmten Menschen reagieren auf die Kamera mit Blicken oder Gesten, welche sie direkt in die Kamera richten bzw. durch die Art, wie sie eine Handlung, einen Arbeitsschritt oder einen Brauch präsentieren. Gleichzeitig wird mit der Positionierung der Kamera versucht, die bestmögliche Ansicht einer Aktion einzufangen, wobei diese Positionierung keineswegs als willkürlich empfunden wird. In einer *Ansicht* wird die Welt einer Kamera und damit einem Zuschauer präsentiert.« (Gunning 2015, 162, kursiv i. Original)

Gunning hebt zwei Formen der Ansicht-Filme hervor. Erstens die sogenannten *phantom rides*. Dies sind Filme, die Orte und Landschaften zeigen, indem eine Kamera auf ein Transportmittel, vornehmlich auf Eisenbahnen, montiert wird.[29] Dabei wird eine Umgebung abgefahren und damit zugleich der Akt des Sehens oder Erblickens von Landschaften, Städten, Brücken und Tunneln präsentiert. Da es um nichts anderes geht, stehen die Dokumentation und die Erforschung des Sehvermögens selbst im Mittelpunkt. Die zweite Form beschäftigt sich mit Aktivitäten und Prozessen, die industrielle Fertigungs- und Transformationsvorgänge, etwa vom Rohstoff zum Industriegut, behandeln. Nun hatte schon Grierson auf die rein deskriptive Natur dieser Filme hingewiesen, die aus seiner Sicht aufgrund dieser Eigenschaft noch nicht das ›Level‹ des Dokumentarischen erreichen. Gunning jedoch identifiziert in jenen Filmen eine »Interferenz mit der Wirklichkeit« (Gunning, 166), die nicht nur auf der Dokumentation eines möglichen vorfilmischen Geschehens, sondern mehr noch auf der Etablierung und dem Austausch von Blicken beruht. Akteure schauen ebenso in die Kamera, wie diese auch gezielt und aufmerksam ›beteiligt‹ in die Landschaften und Fabriken hineinsieht, so dass der Akt des Beobachtens zu kleinen Vorführungen oder gar Präsentationen erweitert wird: Menschen zeigen sich beim Friseur, beim Anprobieren von Kleidern, bei der Arbeit und blicken nicht selten frontal in die Kamera. Zwar sind solche Ansichten nicht frei von Voyeurismus und ideologischen Implikationen, wie Gunning betont, denn weitere soziale Kontexte wie Arbeitsbedingungen und Konflikte werden nicht gezeigt. Doch halten sie auch das »Drama« der noch nicht eingeübten Begegnung von Kamera und Subjekt fest: »Diese *Ansichten* repräsentieren eine Art ursprünglichen Austausch und ursprüngliche Begegnung, die im Akt des Blickens, in all ihren möglichen Ausprägungen – Überlegenheit, Neugierde, Verführung, Versachlichung und sogar Identifikation – enthalten sind.« (Gunning 2015, 168, kursiv i. Original)

Der frühe Aktualitätenfilm ist also insofern dokumentarisch, als er den/die ZuschauerIn einbezieht und *nicht nur* eine Situation deskriptiv erfasst. Gunning folgert daraus, dass das Spiel zwischen den Blicken der Kamera und jenen der Adressaten draußen im Vorführraum *ein Ringen um eine noch nicht etablierte Subjektposition* anschaulich macht. Während die ab 1920 produzierten Beispiele wie *Nanook of the North* den Dokumentarfilm einer Argumentation, einer Beweisführung oder einem bestimmten Diskurs unterwerfen, beispielsweise in der Konstruktion eines/einer ProtagonistIn, im *continuity editing* der klassischen Narration oder in anderen *kreativen Behandlungen*, stehen die *Ansichten* für eine visuelle Neugierde, eine Erkundung des Blicks vor der Erschaffung des fiktionalen Raums und letztendlich auch für ein dialogisches Verhältnis zwischen BeobachterIn und Beobachtetem, wenngleich sie dadurch nicht einfach als ›unmanipulierte Tatsachen‹ gelten können.

Sicherlich muss man den frühen Film als einen Widerstreit zwischen diesen Filmen, die einen Austausch der Blicke organisieren, und anderen, die den/die ZuschauerIn möglichst aus dem Geschehen heraushalten wollen, beschreiben. So argumentiert Livio Belloï, dass eine wesentliche Anstrengung der Lumières auch darin bestand, die »Gaffer« aus den filmischen Aufnahmen, den sogenannten *vues*, herauszuhalten. In einigen Filmen dringen ZuschauerInnen vor die Kamera und lenken von dem zu dokumentierenden Ereignis ab, in anderen ist noch erkennbar, wie die Hand des Kameramanns sie aus dem sorgfältig gerahmten Bildfeld zu verscheuchen versucht. Wenn also etwa beim Abfilmen von Spielen (Sackhüpfen) oder Sportereignissen (Radfahren) die Aufnahmezeit länger dauert als das Ereignis, kommt es zur Durchbrechung der ›Absorption‹ durch die Szene, welche die sorgfältige Planung der Aufnahme vorgesehen hatte. ZuschauerInnen des Ereignisses wenden sich der Kamera zu und da diese seinerzeit noch statisch war, stehen sich Schaulustige und Aufnahmeapparat nun gegenüber. Belloï beschreibt den Effekt: »Aus dauernder Bewegung wird Stillstand, eine Art *Pose* vor der Kamera, in der amüsierte Neugierde und narzißtischer Trieb sich vermischen (man fühlt, wie manche Gaffer sich vordrängeln, um ins Bild zu kommen).« (Belloï 1995, 35, kursiv i. Original) Der frühe Film rührt also an eine paradoxale Gründungszene des Dokumentarfilms, die darin liegt, dass ein Geschehen quasi ohne Intervention von Beobachtern aufgezeichnet und *doch inszeniert* wird.

Warum aber hat sich die Theorie (und Geschichtsschreibung) des Dokumentarfilms für die Tradition des frühen Aktualitätenfilms sehr lange nicht interessiert? Gunning vermutet, dass es genau mit dieser Unsicherheit zu tun hat, die Belloï beschreibt. Die frühen Filme offenbaren zu deutlich, dass der ›rechte‹ (ideologische) Abstand zwischen Film und ZuschauerIn noch nicht eingehalten wurde, der darin bestand, die ZuschauerInnen möglichst *nicht* als Gegenstand der dokumentarischen Szenerie zu begreifen, sie nicht als Teil der gleichen Realität, in der die Wirklichkeit des Films spielt, aufzurufen. Dies wiederum hat mit den Machtstrukturen des filmischen Apparats zu tun:

> »Ich bin vielmehr der Meinung, dass die *Ansichten*-Filme innerhalb der dokumentarischen Tradition ein Unbehagen auslösten, weil sie die zwiespältigen Machtbeziehungen des Blicks schonungslos aufdecken. Der Voyeurismus des Touristen, des Kolonialisten, des Filmemachers und des Zuschauers ist in diesen Filmen bloßgestellt, ohne dass er durch dramatische Strukturen oder politische Argumente naturalisiert werden würde.« (Gunning, 172, kursiv i. Original)

Wenn man dem folgt, würde das bedeuten, dass der Dokumentarfilm erst in dem Moment Akzeptanz und Eingang in die filmtheoretische und gesellschaftliche Debatte findet, in dem er gelernt hat, gemäß herrschenden Ideologien und Machtkonstellationen die Blicke diskursiv zu ordnen und zu lenken. Das ist sicher der tiefere Sinn von Griersons Idee einer »kreativen Behandlung der Aktualität«. Bei ihm sollten Dokumentarfilme die liberalen Staaten, aber auch das britische Empire gegen die aufkommenden Diktaturen verteidigen. Bei Vertov und Balázs sollten Dokumentarfilme Fakten und Wahrheit durch Montage einzelner Einstellungen garantieren, auch wenn sie ein Bewusstsein der einzelnen Einstellungen, der Intervalle und Übergänge aufrechterhielten. Und auch Bazin und Kracauer betonen trotz ihres Insistierens auf den Tatsachen und der Errettung der »äußeren Realität«, dass es die ordnende Hand des Künstlers ist, die übergeordnete, dramaturgische und individuelle Perspektive, durch deren Eingriff diese Tatsachen erst wahrnehmbar werden. Die Theorie der Ansicht und des Gaffens stößt den Dokumentarfilm jedoch auf den (verdrängten) frühen Film zurück und eröffnet eine Sichtweise, in der sich der Dokumentarfilm (noch) nicht mit der Fiktion arrangiert und vielmehr die rohe, direkte, aber auch poröse und narzisstische Kommunikation zwischen Film und BetrachterIn aufruft, insofern sich beide in ein und derselben Realität begegnen. Erst ab den 1960er Jahren wird der Dokumentarfilm wieder deutlicher machen, dass er sich in der gleichen historischen Realität ansiedelt wie diejenigen, die ihn betrachten. Dadurch wird er sich stärker vom Spielfilm abgrenzen, der sich durch Diegetisierung von der a- und profilmischen Realität zurückgezogen hatte, auch wenn er seinerseits durch den italienischen Neorealismus erste Risse im fiktionalen Gefüge aufwies. Dieser öffnete eine Bresche für neue dokumentarische Experimente, deren Erprobung aber bereits in den *Ansichten* des frühen Films, eines *direct cinema* avant la lettre, vorgelegen hat, die es nun mit Handkamera und Direktton praktisch und theoretisch neu zu begründen galt.

II BEWIRKEN/BEWEISEN

5. Direct cinema und die Folgen

Ab 1960 trat der Dokumentarfilm in eine neue Phase ein, welche sich zunächst durch technische Entwicklungen erklären lässt. Die Herstellung von deutlich leichteren Aufnahmegeräten, die als Handkamera an der Schulter geführt werden konnten, ging einher mit der Entwicklung eines lichtempfindlicheren 16-mm-Filmmaterials. Der Synchronton erlaubte das Filmen an beliebigen Orten, während die inzwischen sehr leise Kamera die Produktionsspuren eines solchen Verfahrens nicht mit aufnahm. Wilhelm Roth betont die Tragweite der Veränderungen:

»Bis zum Beginn der sechziger Jahre herrschte im Dokumentarfilm die Ästhetik des Stummfilms. Der Bruch, der sich beim Spielfilm um 1930 vollzog, wurde im Dokumentarfilm erst dreißig Jahre später sichtbar. Zwar benützt auch der Dokumentarfilm der dreißiger, vierziger und fünfziger Jahre den Ton, da aber wegen der unhandlichen Technik Originalton in der Regel nicht möglich war (nur in Wochenschauen gab es häufiger Originaltonpassagen), dominierte der Kommentar. Geräusche und Stimmen wurden oft nachträglich hinzusynchronisiert. Die Folge: Unbehindert von einer Tonapparatur konnten sich die Kameraleute um schöne, wohlkomponierte Bilder bemühen. Viele Dokumentarfilme dieser Dekaden glichen eher Bildgedichten als Reportagen oder Dokumentationen im journalistischen Sinne. Dokumentarfilme der fünfziger Jahre wirken heute darum ›älter‹ als Spielfilme derselben Zeit.« (Roth 1982, 9)

Zu Berühmtheit brachten es die Filme der Drew Associates, einer Gruppe von FilmemacherInnen um den Produzenten Robert Drew, zu denen Richard Leacock, D. A. Pennebaker, Albert und David Maysles, Hope Ryden und Gregory Shuker gehörten.[30] Sie produzierten für ABC eine eigene Dokumentarreihe mit dem Titel *Close-UP!*, in der die neuen Techniken zur Anwendung kamen. Besonders bekannt und der wichtigste Referenzfilm für das nun sogenannte *direct cinema* ist *Primary* (Regie und Produktion: Robert Drew, Kamera: Richard Leacock/Albert Maysles, USA 1960). *Primary* hat den Vorwahlkampf der Demokratischen Partei und der beiden Kandidaten John F. Kennedy und Hubert Humphrey zum Thema, die vom Drehteam auf ihrer Wahlkampftour in Wisconsin begleitet wurden. Die Kamera ist den Protagonisten stets auf den Fersen, geht nah an die Gesichter heran, zeigt dabei nicht nur Wahlkampfreden und Pressekonferenzen, sondern auch Vorbereitungen auf die öffentlichen Auftritte, private Momente und die Maßnahmen zur Inszenierung der Wahlkampfstrategien. Einen solch optisch dichten Einblick in die Hintergründe politischer Vorgänge hatte es im Dokumentarfilm noch nicht gegeben, wie Eric Barnouw hervorhebt: »Drew stressed the historic value such a record might have. The film makers promised never to ask or suggest an action. They only wanted continued access – at speeches, meetings, strategy sessions, interviews, telethons, motorcades. No previous film had so caught the euphoria, the sweat, the manoeuvring of a political campaign.« (Barnouw 1983, 237–238)

Die Möglichkeit, Bild und Ton gleichzeitig und vor Ort einfangen zu können, kommt einer kopernikanischen Wende des Dokumentarfilms gleich: Alle bekannten Mittel und Praktiken der Wirklichkeitsabbildung schienen infrage zu stehen. Obwohl die Kamera durch schnelle Bewegungen und Schwenks bemerkbar bleibt, halten sich die Regisseure aus dem Geschehen heraus, beobachten es wie »the fly on the wall«, wie es damals hieß. Damit wird die Frage nach der Rolle der Inszenierung zum Prüfstein des Dokumentierens, argumentiert Roth (1982, 9). Diese hatte zuvor gar nicht zur Debatte gestanden, da Dokumentarfilme in Zeiten des »klassischen Erklärdokumentarismus« (Hohenberger 1988, 121) selbstverständlich durchinszeniert waren. Bis in die 1960er Jahre hinein, so Roth, wurden Regisseure des italienischen Neorealismus teilweise noch als Dokumentarfilmer geführt, nun aber gewinnt der Dokumentarfilm eine eigene Kontur: »Der journalistische Zugriff wurde, jedenfalls in den westlichen Ländern, in denen die 16-mm-Technik sich schnell durchsetzte, zum Erkennungszeichen des ›neuen Dokumentarfilms‹. Seitdem ist der Dokumentarfilm vom Spielfilm meist auch optisch auf Anhieb zu unterscheiden.« (Roth 1982, 9) Roth weist zudem auf die Bedeutung des Tons hin, denn nicht nur die Synchronisierung mit dem Bild, sondern auch die Direktheit der vielfältigen Geräuschlagen von Umgebungssound, Stimmen und Rauschen verschaffen den Eindruck einer unmittelbaren Aufzeichnung vorfilmischer Vorgänge. (Auf die neue Rolle des Tons wird weiter unten und in Kapitel 6 genauer eingegangen.) Nicht nur auditiv und optisch, sondern auch thematisch unterschied sich der Dokumentarfilm vom Spielfilm, da er nun durch die verbesserte Technik in Bereiche vordringen konnte, die zuvor audio-visuell nicht leicht zugänglich waren. Ein Vorgänger dieser Bewegung aus den 1950er Jahren war das englische *free cinema* um Karel Reisz, Lindsay Anderson und Tony Richardson, welche alltägliche und aktuelle soziale Themen aufgegriffen, indem sie die Lebensweise der britischen ›working class‹ dokumentierten. Auch das *free cinema* verzichtete wie das direct cinema in der Kopplung von visuellen und akustischen Eindrücken oftmals auf den leitenden Kommentar und eine feste Dramaturgie (Ellis/MacLane, 197 ff.). Neben *Close-UP!* gab es in den USA ab den 1960er Jahren weitere Formate des Fernsehens, die aktuelle Themen mit der Ästhetik des direct cinema behandelten, etwa die Sendungen *See it how* und die *CBS Reports* (Ellis/MacLane, 185/186). In der Bundesrepublik Deutschland entwickelten sich ebenfalls neue Ausrichtungen, prominent die vom Süddeutschen Rundfunk produzierten Beiträge der sogenannten Stuttgarter Schule, die sozialkritische Dokumentarfilme wie *Die Borussen kommen* (Wilhelm Bittorf, D 1964) drehte, ein Film über die Mannschaft von Borussia Dortmund, oder *Der Polizeistaatsbesuch* (Wolfgang Brodmann, D 1968), der zum zeithistorischen Dokument der Rebellionen der 1960er Jahre wurde, da er den 2. Juni 1967 und den Mord an Benno Ohnesorg dokumentierte (Hickethier 1998, 272).[31]

Gleichzeitig zum direct cinema etablierte sich mit dem cinéma vérité eine zweite filmhistorische Ausrichtung, die sich die neuen technischen Voraussetzungen zunutze machte. Wenn *Primary* der Schlüsselfilm des direct cinema ist, dann ist es *Chronique d'un été* (*Chronik eines Sommers*, Jean Rouch/Edgar Morin, F 1961) für das cinéma vérité. Die Begriffe direct cinema und cinéma vérité werden manchmal synonym verwendet, aber in ihrer filmischen Praxis weisen sie einen Unterschied auf, der für die theoretische Auseinandersetzung von Bedeutung ist. Im direct cinema treten die Filmemacher nicht selbst in Erscheinung und sind nur indirekt durch rasche Kamerabewegungen und abrupte Schnitte als ›Gestaltungselemente‹ bemerkbar, während im cinéma vérité die Regisseure im Film auftreten und Teil der dokumentarischen Wirklichkeit sind. *Crisis. Behind a Presidential Commitment* (Robert Drew, USA 1963) und *Don't Look Back* (D. A. Pennebaker, USA 1966) gehören zu den klassischen Beispielen des direct cinema, dessen Weiterführung in den Händen wichtiger Regisseure wie Frederick Wiseman und Raymond Depardon lag. Diese setzten den beobachtenden Stil ein, um die Strukturen und Abläufe in Unternehmen und Institutionen wie Schulen, Gerichten und psychiatrischen Einrichtungen herauszustellen (etwa in *Titicut Follies*, Frederick Wiseman, USA 1967, und *High School*, Frederick Wiseman, USA 1968, sowie *Délits flagrants /Auf frischer Tat*, Raymond Depardon, F 1994). Klaus Wildenhahn (z.B. in *Was tun Pina Bausch und ihre Tänzer in Wuppertal?*, D 1982), Marcel Ophüls (z.B. in *Novembertage*, GB 1990) und Eduardo Coutinho (z.B. in *Edificio Master*, BR 2002) wiederum stehen in der Nachfolge des cinéma vérité. Sie treten in ihren Filmen auf, mischen sich ein und bauen dialogische Situationen auf, durch die sich das zu dokumentierende Geschehen erst entfaltet.

Die Etablierung des Dokumentarfilms durch das direct cinema und das cinéma vérité führt zu der paradoxen Situation, dass der Dokumentarfilm als eigenständige Gattung klar erkennbar wird, um aber *zugleich* die Grenze zur Fiktion zu verflüssigen. Es gehört zur Eigentümlichkeit der Theorie des Dokumentarfilms, dass er sich nur von der Fiktion absetzen kann, indem er sie hereinlässt. Zur gleichen Zeit, also ab den frühen 1960er Jahren, setzen Spielfilme das in den 1940er Jahren begonnene Projekt der Öffnung des Dokumentarischen für die Fiktion fort. Filme von Jean-Luc Godard, Agnès Varda, Alexander Kluge, Wim Wenders, Michelangelo Antonioni, Glauber Rocha oder Satyajit Ray, später dann der iranischen Regisseure Mohsen Makhmalbaf und Abbas Kiarostami, stehen für eine zunehmend unscharfe Abgrenzung zwischen den beiden Gattungen. Künstlerische Praktiken, die zunächst in der Fluxus-Bewegung begannen, wie Performances, Installationen sowie die Videokunst der 1970er Jahre, verstärkten den Einfluss des Dokumentarischen auch im Bereich der Kunst, bevor die Etablierung des Privatfernsehens und des Reality TV in den 1980er Jahren den medialen Alltag endgültig mit Erzählungen von ›echten‹ Menschen und Ereignissen fütterte. Diese Entwicklungen beschäftigen die theoretische Reflexion zum Dokumentarfilm bis in die Gegenwart hinein. Begonnen werden soll ihre Darstellung hier mit einem wichtigen Text von Jean-Louis Comolli (*1941), einem der profiliertesten Theoretiker des Dokumentarfilms in Frankreich. Sein Blick richtet sich auf die ästhetischen und epistemologischen Konsequenzen des direct cinema für den Dokumentarfilm, aber darüber hinaus auch für die filmische Wahrnehmung insgesamt.

Das direct cinema, so Comolli in seinem einflussreichen Text aus dem Jahr 1969 (Comolli 2010), birgt das Versprechen, die Realität unmittelbar und direkt einzufangen. Den Umweg über die Formen der Repräsentation, wie sie Roth benannt hatte, wenn er Dokumentarfilme als »kommentierte Bildgedichte« beschrieb, scheint es zu umgehen. *Primary*, *Crisis: Behind a Presidential Commitment* und *Don't Look Back* verzichten weitgehend auf einen Kommentar, Kamera und Tonaufzeichnung sind direkt im Geschehen angesiedelt. Sie entfalten eine eigene Dynamik, die von keiner auktorialen Instanz gelenkt zu sein scheint. In *Crisis: Behind a Presidential Commitment* geht es beispielsweise um die Umsetzung der von der Kennedy-Regierung getroffenen Entscheidung, die ersten afroamerikanischen Studenten an der University of Alabama zuzulassen. Wird dies gelingen, obwohl der Gouverneur George Wallace selbst öffentlichkeitswirksam die Tür blockiert, in die die Studierenden eintreten sollen? Die Filmcrew verfolgt die Zuspitzung der Situation des als *Stand in the Schoolhouse Door* in die Geschichte eingehenden Tages: das Warten von John F. und Robert Kennedy und gleichzeitig den offenen Ausgang der Ereignisse in Alabama. Schließlich muss Wallace die Blockade aufgeben, und die Bundespolizei begleitet Vivian Malone Jones und James Hood als erste afroamerikanische Studierende in die Universität.

Comolli behauptet nun, dass solche Entwicklungen des »direct« das gesamte System der Repräsentation ins Rutschen bringen. Unter Repräsentation kann die Wiederherstellung vergangener oder ausgedachter Szenarien verstanden werden, wie es im Dokumentarfilm bis in die 1960er Jahre und natürlich im Spielfilm durch die Vorlage eines Drehbuchs, sorgfältige Drehplanung und eine in weiten Teilen standardisierte Erzählweise gegeben ist. Das direct cinema, so argumentiert Comolli, fügt den gängigen Weisen der Repräsentation nun aber nicht eine weitere hinzu, sondern macht sie unglaubwürdig und entlarvt sie als eine ideologische Position. Die Kritik betrifft also nicht nur den Dokumentarfilm, sondern gerade auch den Spielfilm und damit nahezu den Film als Ganzes (ausgenommen Avantgarde- und Experimentalfilme). Welche Argumente führt er für diese Behauptung an?

Zunächst stellt er fest, dass das direct cinema die Gegebenheiten der filmischen Repräsentation nicht nur deshalb unterläuft, weil es in den Alltag der Menschen und Fabriken eindringt, weil es in die Privaträume und Arbeitszimmer gelangt, die normalerweise für die Kamera verschlossen sind. Damit befindet sich der Film zwar inmitten der sozialen und politischen Auseinandersetzungen, blickt in die angespannten Gesichter und offenbart die nervösen Körper, wie es in *Primary* oder *Crisis: Behind a Presidential Commitment* der Fall ist. Genauso entscheidend ist aber auch ein anderer Aspekt, der den Filmton betrifft. Denn mit dem Synchronton des direct cinema wird dem bislang Ausgeschlossenen eine Stimme verliehen. Comolli sieht darin viel mehr als nur eine technische Erfindung: »Mit dem Tonfilm *eroberte die Sprache der herrschenden Klasse* und der herrschenden Ideologie das Kino; mit dem Synchronton dagegen erobert das Kino die Sprache, und zwar die ganze Sprache, die der einen und der anderen, die der Arbeiter und die der Bonzen.« (Comolli 2010, 225, kursiv i. Original) Comolli notiert hier also einen doppelten Bruch, den das »direct« bewusst macht: Der erste ereignet sich zwischen Tonfilm und Synchronton. Der Tonfilm steht ab etwa 1930 für den ökonomischen, sozialen und ästhetischen Siegeszug des Spielfilms US-amerikanischer Prägung, das heißt die Vorherrschaft eines bestimmten, von Hollywood beeinflussten Erzählmodells, das nach Comolli im Wesentlichen die kapitalistischen Verhältnisse stabilisiert. Der Direktton macht nun vieles hörbar, was vorher quasi als ungesagt galt oder nicht vernehmbar war, und etabliert damit ein Gegenmodell zur klassischen Repräsentation. Zwar stehen auch die Bilder bereits für eine andere Wahrnehmung der Realität, doch der Ton, der in gewissem Maße unkontrollierbarer geworden ist, öffnet sich stärker einer Idee des Gegendokumentarischen. Stimmen und Geräusche entfalten sich ungerichtet, sind schwerer zu manipulieren als ein Bild, das ›einfach‹ herausgeschnitten werden kann. Stimmen scheinen gemäß der phonozentrischen Auffassung der westlichen Gesellschaften auch näher an den Bedürfnissen des Subjekts zu liegen. Mit anderen Worten: Wenn die ›Ausgeschlossenen‹, also ArbeiterInnen, Fremde und Minoritäten, im Spielfilm bisher nur als Statisten mit vorgestanzten Aussagen in Erscheinung traten, so sprechen sie nun für sich und als sie selbst.

Der zweite Bruch, den das direct cinema herbeigeführt hat, betrifft das Kino als Gesamtsystem. Der Synchronton im Besonderen, aber auch die direkten Darstellungsweisen der gesellschaftlichen Arenen wie Parlamente, Fabriken, Schulen und Verwaltungsapparate bewirken eine Neuorientierung des Films, eine zumindest teilweise Absetzung von seinen dominanten Repräsentationsformen. Film hatte sich bis dahin in seiner eigenen Fiktionalität eingerichtet, einer geträumten Welt, die den ZuschauerInnen als normale Darstellungswelt des Films verkauft wurde. Um sich diese bis in die 1960er Jahre dominierende Realität anhand des Hollywoodfilms zu vergegenwärtigen, sei ein kurzer Augenzeugenbericht von Woody Allen (*1935) angeführt, der seine Erfahrungen als junger Mensch so beschreibt:

> »Ich liebte Geschichten, die in Penthouses mit Privataufzug spielten, in denen Korken knallten und charmante Männer in geschliffenen Dialogen wunderschöne Frauen umgarnten, die wie dahingegossen auf dem Sofa lagen, in Garderobe, wie man sie heute für eine Hochzeit im Buckingham Palace anziehen würde. Die Wohnungen waren groß, meist Maisonettes, und luftig eingerichtet. Beim Eintreten ging man fast immer gleich zu einer kleinen praktischen Hausbar, um sich oder seinem Gast aus einer Karaffe einzuschenken. Alle pichelten ununterbrochen, aber kotzen musste nie einer. Niemand hatte Krebs, es regnete nie durchs Penthouse-Dach, und wenn mitten in der Nacht das Telefon klingelte, mussten die Leute hoch über der Fifth Avenue sich nicht wie meine Mutter aus dem Bett quälen und sich auf der Suche nach dem schwarzen Apparillo in der Dunkelheit die Knie anstoßen, nur um womöglich zu erfahren, dass irgendein Verwandter den Löffel abgegeben hat. Nichts da. Hepburn, Tracy, Cary Grant und Myrna Loy griffen einfach zu dem – meist weißen – Telefon auf ihrem Nachttisch, und bei dem Anruf ging es nie um Metastasen oder Koronarthrombosen aufgrund jahrelangen Verzehrs von Räucherfleisch, sondern um unüberwindbare Schwierigkeiten wie: ›Bitte? Was soll das heißen, wir sind offiziell gar nicht verheiratet?‹« (Allen 2020, 24)

Es sind solche Darstellungen, die Comolli mit der Beschreibung der Repräsentation und der herrschenden Klasse im Blick hat. Sie lenkten das Kino als Ganzes, so dass in dieser medialen Beschränkung nur denjenigen *Stimmen* verliehen wurden, die es ›Wert waren‹ oder sich leisten konnten. Das direct cinema ebnet somit den Weg der Aufklärung des Films über sich selbst, die in den 1960er Jahren begann und zu der zum Beispiel auch Woody Allen mit Filmen wie *Zelig* (USA 1983) und *Purple Rose of Cairo* (USA 1985) einen Beitrag geleistet hat. Das »direct« ist also nicht nur Gegenkino, sondern bringt die gesamte repräsentationale Logik, die sich ins Medium eingeschrieben hatte, ins Rutschen. Die Handkamera und der Direktton machen nicht einfach das Unsichtbare sichtbar, sondern generieren ein neues Verständnis von Realität, »es erlaubt, *andere Dinge* zu filmen, es eröffnet dem Kino einen neuen Horizont und verändert sein Objekt« (Comolli 2010, 225, kursiv i. Original). Dies zeigt sich an der *neuen Handhabung*, die sich vom Gestus des Filmens der klassischen Repräsentation, im Dokumentar-, aber eben auch im Spielfilm, absetzt. Die in der Hand oder an der Schulter sitzende Kamera etwa wird dadurch bemerkbar, dass sie die zentralperspektivische Position aufgibt und rasch innerhalb einer Einstellung wechselt. Der Direktton variiert im situativen Ereignis des Filmens, in dem sich die Kamera befindet, ist mal näher, mal entfernter, und auch die Schnitte sind abrupt und abgehackt, weil die Einheit einer Szene gar nicht intendiert werden kann. Diese Veränderungen sind allerdings auch graduell zu begreifen: Nicht alle direct-cinema-Filme der 1960er Jahre verzichteten auf Nachsynchronisation und Manipulation des Tons. Das aber verhindert nicht die ästhetische und filmphilosophische Umcodierung des Mediums, die nach und nach Zeit zutage trat.[32]

Die Subversion der Repräsentation führt nun aber nicht, wie Comolli festhält, zu einer größeren Natürlichkeit oder zu einem stärkeren Realismus. Die Pointe des direct cinema ist, dass es diesen Gegensatz – insofern er durch die neuen Möglichkeiten von Kamera und Ton suggeriert wird – überwindet. Seltsamerweise entfernt sich die Kamera von der »Realität« in gleicher Weise, wie sie ihr näherkommt: »Es scheint, dass im *cinema direct* die einfache Tatsache des Filmens von ›realen‹ Ereignissen nicht automatisch den Eindruck von ›Realismus‹ produziert, sondern daß im Gegenteil alle ästhetischen Verfahren (die mehr oder weniger derealisierend wirken, weil sie das filmische Material lenken) das ganze Spiel der Manipulation, den Eindruck des ›reinen‹ Dokuments erzeugen – nämlich fortan als Wirkung und Macht des Künstlichen.« (Comolli 2010, 229)

Der zunächst entstehende Eindruck von der Teilhabe der Kamera und des Tons an der unmittelbaren Realität wird durch die letztlich gut erkennbaren Eingriffe der Medien der Beobachtung gleichsam wieder derealisiert. Es ist zwar richtig, dass der Dokumentarfilm die Polyphonie der involvierten Subjekte, Aussagen und Aussageräume erweitert, wie an den Filmen Frederick Wisemans über die gesellschaftlichen Institutionen so gut zu studieren ist. Doch wird damit jedes Verhältnis überhaupt, auch das stabile von Repräsentation und Repräsentiertem, untergraben. Wenn erst einmal eine Vielfalt an Stimmen etabliert ist, warum sollte diese Vielfalt dann nicht selbst wieder andere Stimmen unterdrücken und sich selbst konterkarieren? Vielstimmigkeit beruht darauf, mehr als einem/r oder zwei AkteurInnen eine Stimme zu verleihen, aber notwendigerweise werden vielen anderen möglichen AkteurInnen die Stimmen verweigert. Denn in echter Mannigfaltigkeit ist jede Unterscheidung zwischen Haupt- und Nebensache streng genommen nicht zulässig. Wenn nun nicht nur die herrschende Klasse aus Politik, Wirtschaft und Verwaltung hörbar ist, sondern auch der Arbeiter, warum dann nicht die Arbeiterin? Warum nicht der türkische Arbeiter bei VW? Wenn der aber gehört wird, was ist mit dem griechischen und dem portugiesischen?

Aus diesem Grund begreift Comolli das direct cinema im Vergleich zur klassischen Repräsentation im Dokumentarfilm nicht als Weg zur größeren Transparenz, sondern als »gegenseitige Veränderung von Welt und Film« (Comolli 2010, 231), die nun beide in den Strudel von Erprobungen, Umkehrungen, Überraschungen und Paradoxien hineingezogen werden. Mit dem »direct« zeigt oder erklärt der Dokumentarfilm die ›vor-filmische‹ Welt nicht besser als vorher, sondern er *bringt sie gleichzeitig mit dem Film hervor.* Das Zwischenstadium der Repräsentation fällt zwar weg, aber diese wird nicht durch einfache Transparenz ersetzt, denn der Widerspruch zwischen Repräsentation einerseits und ihrer Offenlegung zugunsten von Transparenz und Unmittelbarkeit andererseits *gehört selbst zum Denken der Repräsentation.* Diese Gegensätze zwischen Repräsentation und Präsenz, zwischen Verdeckung und Entschleierung, zwischen Einheit und Vielfalt und damit auch zwischen Wahrheit und Lüge gehören einem dualistischen Denken an, das vom »direct« unterlaufen wird. Sie implodieren, da die Trennung in vor-filmisches Ereignis und filmische Repräsentation nicht mehr gilt. Comolli formuliert das so: »Es gibt keine ›vor-filmische Welt‹ (ob sie rekonstruiert oder ›echt‹ ist, tut dabei nichts zur Sache), vor der sich der Kinoapparat aufbauen würde und aus der er den Film bezöge; vielmehr gibt es ausschließlich eine filmische Welt, die durch den Film und im Film, die simultan und gemeinsam mit der Herstellung des Films erzeugt wird.« (Comolli 2010, 233)

Mit anderen Worten: Das direct cinema ist keine genauere oder präzisere Darstellung oder Übersetzung der Welt durch den Dokumentarfilm. Solche Gedanken, die auf Entlarvung und Entschleierung setzen, verharren selbst noch im Modus der Repräsentation. Was erreicht dann das direct cinema überhaupt, wenn es die Realität nicht transparenter macht? Die Antwort lautet: Es zeigt die Undarstellbarkeit der Realität, die im Versagen der Modelle der Repräsentation liegt. Darin besteht eine wesentliche Funktion der durch die Verfahren des direct cinema beeinflussten Dokumentarfilme, in denen Realität nicht unmittelbarer wird, sondern in denen es darum geht, »die Welt als Modell für den Film (zu) entmachten und den Film überhaupt jeglichen Modells (zu) berauben« (Comolli, 238). Realität, so lässt sich zuspitzen, ist durch das direct cinema selbst zum Experiment freigegeben. Dieses entzieht sich den vorgefassten Modellen, es eröffnet epistemische Prekarität.

Auf den ersten Blick mag das eine enttäuschende Bilanz der ästhetischen Neuerungen des direct cinema sein. Wenn man genauer hinsieht, ist es jedoch ein Gewinn, weil seine Funktion in der Erschütterung der nach wie vor fest etablierten Systeme der Repräsentation liegt. Ziel des direct cinema ist nicht die Aufdeckung durch »direkte« Verfahren, also mobile und versteckte Kameras und Videos, die wie im Reality TV, aber auch in Überwachungs- und Enthüllungsvideos eher ein gesellschaftliches Klima der Denunziation befördern. Vielmehr richtet es sich gegen die Auffassung, Realität und Wahrheit ließen sich einsilbig, widerspruchsfrei, gar unter Bezug auf Natur und Volk erklären oder im Rahmen eines narrativen oder ästhetischen Modells erklären.

Doch formuliert Comolli auch einen Widerspruch des direct cinema. Gewiss hatten die Filme zu Beginn auch eine enthüllende Funktion im Sinne Kracauers. Den Wahlkampf, die Krise einer politischen Entscheidung oder die Konzerttour eines berühmten Sängers hatte man kaum aus dieser Nähe gesehen. Doch die Enthüllungsfunktion ist schnell erschöpft, da sich die ZuschauerInnen an die neue mediale Situation gewöhnen. Dies sieht Comolli bereits 1969 und beobachtet in den neueren Reportagen und Dokumentationen einen sogenannten Fiktionseffekt (*effet de fiction*). Die Erfahrung mit den zunächst spontanen Aufzeichnungen zeigt nämlich, dass man überraschenderweise selten spontane, unerwartete oder gar authentische, also originale und unverfälschte Aussagen erhält. Menschen sprechen in Klischees, spielen offenbar bereits vorgefertigte Rollen und sagen das Naheliegende und Erahnbare. Mit Blick auf den Film *La reprise du travail aux usines Wonder* (Jacques Willemont, F 1968), einen Dokumentarfilm über den Streik im Unternehmen Wonder, sagt Comolli: »Alle Personen spielen hier so sehr ihre Rollen und sagen die Schlüsselsätze des Streiks, daß einen unwillkürlich Unbehagen beschleicht. Man weiß ganz genau, daß nichts ›getrickst‹ ist; trotzdem ist an dieser Stelle alles ›wahrer als wahr‹. Sie ist so exemplarisch, daß man an ein Brechtsches *Szenario* denken muß, weil hier das Dokument so wirkt, als sei es das Produkt genauestens berechneter Fiktion.« (Comolli 2010, 221)

Daraus folgt einmal mehr, dass die Suche nach Transparenz nicht so einfach einzulösen ist, dass der Versuch, dokumentarische Wahrheit vor allem durch die Aufzeichnungsverfahren zu begründen, scheitern muss. Im Gegenteil, die scheinbar reine, unbeeinflusste Aufzeichnung mit Handkamera und Direktton führt zu Manipulation und klischeehafter Darstellung. Dies ist schon in Bezug auf die ersten Filme des direct cinema bemerkt worden. Johannes Geng argumentiert, dass im »direct« durch die Auswahl von Szenen, aber auch durch Kamerapositionen und Blickwinkel Wertungen in den Film eingehen. So kommt in *Primary* der Kandidat Humphrey deutlich schlechter weg als Kennedy, da der Film »Kennedys Telegenität als kongruent mit seinem persönlichen Charisma erscheinen lässt« (Geng 2017, 94). Bei der Aufnahme eines Werbefotos nimmt die Kamera Leacocks und Maysles' genau die Position ein, die auch für das Werbefoto vorgesehen ist, und übernimmt damit die Werbestrategie der Kennedy-PR. Humphrey hingegen wird vor allem dabei gezeigt, wie er seine Inszenierungen plant, bei denen er allerdings ungelenk und tumb wirkt. Es entsteht also ein »Eindruck perzeptueller Privilegierung« (Geng 2017, 93), die sich auch in *Don't Look Back* nachweisen lässt, indem Bob Dylan Pennebakers Film nutzt, um sein Medienimage als protestierender Folksänger abzustreifen (Geng 2017, 93–94). Die Kamera solidarisiert sich also mit den Protagonisten, auch wenn dies nicht auf den ersten Blick offensichtlich ist. Denn zugleich zeigen die Filme auch vieles, was nebensächlich ist, ›verschwenden‹ also Zeit, indem sie leere Gespräche oder ›unwichtige‹ beiläufige Ereignisse in den Film aufnehmen. Durch das preiswerte Filmmaterial konnten viele Aufnahmen akkumuliert werden, oft drehte man im Verhältnis von 8:1 oder gar 10:1 (also mit acht- bzw. zehnmal mehr Material als in den fertigen Film einging).

Die theoretischen Konsequenzen, die das direct cinema aufwirft, sind also beträchtlich und reichen bis in die Gegenwart, in der sich im Grunde jeder ein Profil geben kann, das möglichst echt wirken soll, tatsächlich aber eine Folge zahlreicher fiktionaler Effekte ist, wie sich an der Internetfigur des Influencers besonders gut studieren lässt. Dennoch öffnet das »direct« auch eine Bandbreite an ästhetischen Ausdrucksmöglichkeiten und Fragestellungen, die ohne den Bezug auf das Dokumentarische nicht entfaltet werden könnten. Es führt überdies dazu, dass Dokumentieren eine neue Attraktivität erreicht, die es, so könnte man sagen, für Spielfilme besonders anziehend macht. Während der Dokumentarfilm bis in die frühen 1960er Jahre dem Spielfilm nacheiferte, drehte sich dieses Verhältnis seit den 1960er Jahren teilweise um. Das Dokumentarische wird insofern attraktiv, als sich die Realität durch zunehmende Medialisierung, vor allem durch das Fernsehen, später durch Video und Werbung, seinerseits fiktionalisierte. Dem *effet de fiction* in der Realität als performatives Rollenspiel von teils improvisierenden AkteurInnen nachzugehen erschien vielen FilmemacherInnen der 1960er Jahre wie John Cassavettes, Federico Fellini, Eric Rohmer, Helke Sander oder Satyajit Ray, um nur einige wenige zu nennen, als wichtige Inspiration.

Comolli übrigens bleibt seinen Aussagen von 1969 treu. In einem 1998 verfassten Text gegen die »réducteurs de têtes«, die »Beschränker des Kopfes«, beschreibt er trotz aller Grenzverwischungen den aus seiner Sicht entscheidenden Unterschied zwischen Spiel- und Dokumentarfilm: »La fiction vise peu ou prou à me garantir une possession ou une maîtrise du monde que le documentaire avoue être hors de ses moyens [...].« (Comolli 2004, 442)[33] Der Dokumentarfilm verweist also darauf, dass die Realität über das hinausgeht, was von uns kontrolliert werden kann, er »geht über uns hinaus und nimmt uns die Habe über uns selbst« (»ces images nous dépassent et nous dépossèdent de nous-mêmes«, Comolli 2004, 444).

6. Index, Bewegung und Ton: Eine Debatte und Rey Chow

In den vorangegangenen Kapiteln ist der spezifische Realitätseindruck, den die filmische Aufzeichnung hervorbringt, mehrfach zum Thema geworden. Der ›naive‹ Blick des frühen Films durch die Ansicht, die automatische Belichtung des Filmstreifens bei Bazin und Kracauer und zuletzt die unmittelbare Teilhabe am Geschehen durch das direct cinema haben die Frage aufgeworfen, wie die a- und die profilmische Welt (Souriau) in die filmische Repräsentation des Dokumentarfilms übertragen werden. Jean-Louis Comolli argumentiert für das Ende der klassischen Repräsentation durch das Prinzip des »direct«, das stärker noch durch den Synchronton bewirkt wird als durch die Kamera. Insgesamt lässt sich beobachten, dass der Ton in den letzten Jahren zu einem zunehmend wichtigen Thema der theoretischen Diskussion zum Dokumentarfilm geworden ist, weshalb er auch hier in den Fokus genommen werden soll. Im direct cinema spielt er eine herausgehobene Rolle, ebenso wie der unmittelbare Realitätseindruck, der durch die Handkamera eine neue Dimension erreicht hat. Nicht zuletzt durch diese Einflüsse flammte Ende der 1960er Jahre mit der Etablierung der Semiotik als filmwissenschaftlicher Analysemethode eine Diskussion um die Indexikalität des Filmbildes auf[34], deren aktueller Stand kurz nachgezeichnet werden soll, bevor in einem weiteren Schritt Aspekte des dokumentarfilmtheoretischen Tons thematisiert werden.

Indexikalität ist ein wiederkehrendes filmtheoretisches Thema und wurde zuletzt auch in den Debatten zum sogenannten Post-Cinema, also dem Übergang vom analogen zum digitalen Bild, aufgegriffen. Die Frage, inwiefern sich das mediale Grundprinzip der Belichtung des äußeren Gegenstands, der im analogen Film eine Spur im Aufnahmeapparat hinterlässt, durch die Digitalisierung verändert, ist kontrovers diskutiert worden. Das digitale Bild verdankt sich grundsätzlich einer berechneten Umwandlung des Lichts, das heißt der äußeren Realität in digitale Werte. Realität wird also durch Pixel quantifizierbar, so dass eine analoge Spur zur Realität durch mathematische Abstraktion gegebenenfalls verloren geht. Das damit angebrochene post-fotografische Zeitalter hat nicht zuletzt erhebliche Folgen für den Dokumentarfilm, wie Vinzenz Hediger festhält: »Um jeden Anspruch auf Wahrheit und Authentizität, die sich zuvor doch, der Indexikalität sei Dank, wie von selbst mit dokumentarischen Verwendungen des Filmmediums verbanden, sei es nun geschehen, schrieb etwa Brian Winston in einem Text von 1995; im Vergleich zur Digitalisierung sei selbst die Postmoderne eine leicht zu bewältigende Herausforderung gewesen.« (Hediger 2006, 2) Im Folgenden soll nun zunächst nachvollzogen werden, woher eine solche post-kinematografische »Bestürzung« rührt, indem die Frage des Digitalen in den Hintergrund gestellt und vielmehr grundsätzlich auf das Prinzip des Indexikalischen eingegangen wird, das die Theorien des Dokumentarfilms auf vielfältige Weise inspiriert, aber auch eine permanente Neujustierung erfordert.

Der Begriff des Indexes geht zunächst, unabhängig von einer spezifischen Medientechnik, auf die pragmatische Zeichentheorie von Charles Sanders Peirce zurück. Erfahrung, Kommunikation und Ausdruck begreift der amerikanische Semiotiker als Vermittlung von Zeichen, die sich in drei wesentliche Kategorien aufteilen lassen: das Zeichen (sign), auch Erstheit genannt, das einer Kommunikation/einem Ausdruck zugrunde liegt; das Objekt (object), die Zweitheit, das einen Gegenstand auf ein Zeichen bezieht, und den Interpretanten (interpretant), die Drittheit, der jede synthetisierende Kommunikations- und Ausdrucksleistung beschreibt und Anschluss für nachfolgende Zeichenoperationen ermöglicht (Peirce 1983, 64 ff.). Die Filmtheorie hat sich meistens auf den zweiten Teil der Triade konzentriert, das Objekt und seinen Bezug auf das Zeichen, das Peirce, wie die anderen beiden Zeichentypen auch, in drei Unterzeichen unterteilt: Ikon, Index und Symbol. Während das Ikon die Beziehung zwischen Objekt und Zeichen auf Ähnlichkeit gründet (also etwa die Strichzeichnung eines Stuhls oder der selbstähnliche Ausruf »Kikeriki«), stellt der Index eine kausale Beziehung zwischen Objekt und Zeichen her (Spuren im Sand, Rauch am Horizont, die eine physische Verursachung des Zeichens durch das Objekt herstellen). Beim Symbol handelt es sich um ein willkürliches, also »nicht-natürliches« Verhältnis von Objekt und Zeichen (z. B. eine Nationalflagge oder ein Logo).

Einigkeit besteht in der filmtheoretischen Debatte zum Index darin, dass zwar die mediale Sonderstellung von Fotografie und Film durch das Indexikalische, also die Entstehung des Filmbildes durch die Belichtung äußerer Gegenstände, mitbestimmt wird. Das Bild verdankt sich aber ebenso den ikonischen Eigenschaften, die sich mit den indexikalischen vermischen. Tom Gunning, der zu diesem Thema verschiedene Texte publiziert hat, betont, dass es neben der Verursachung vor allem auch um visuelle Korrektheit und Wiedererkennbarkeit (»visual accuracy and recognizability«) geht: »The recognition of a photograph by a viewer as an image of its subject would not simply result from indexicality. Indeed, one could produce an indexical image of something or someone that remained unrecognizable. The image must also be legible in order to be likened to its subject.« (Gunning 2008, 41)

Gunning weist auf die psychologischen oder perzeptuellen Prozesse hin, die für die Wahrnehmung von Ähnlichkeit entscheidend sind, die »shared complexity« zwischen Objekt und Bild. Diese seien entscheidender für die Wahrheit (»truth claim«), die Filmbilder entfalten, als der Einschnitt, den die digitale Fotografie bedeute. Manipulationen und unvollständige Realitätsaufzeichnungen seien immer schon ein Problem des fotografischen und filmischen Bildes gewesen, die Fokussierung auf den Index könne daher nur zu einem fruchtlosen Abgleich zwischen Objekt und Bild führen. Stattdessen sei das Ikon das wichtigere Zeichen der fotografischen Sprache, »its sense of perceptual richness and nearly infinite detail that strikes us somehow more direct than other forms of representation« (Gunning 2008, 45–56).

Zuschauen bedeutet für Gunning, die spielerische Entdeckerlust zu aktivieren, die aufgrund der detailreichen – ikonischen – Ähnlichkeit, aber auch wegen der Unterschiede und Distanzen zwischen Bild und vorausgehendem Objekt entsteht. Dafür ist Indexikalität eine notwendige Bedingung, die Spannung zwischen profilmischem Wissen und filmischer Repräsentation beginnt aber beim Ikon. Je genauer die lebensnahe Wiedergabe der äußeren Welt, je größer und schärfer umrissen die Entsprechungen und Gemeinsamkeiten, umso mehr richtet sich der Blick auf das, was nicht passen oder nicht stimmen könnte. Hediger, der Gunnings Position weiterführt, verweist auf den Filmtheoretiker Albert Michotte van den Berck, der schon 1948 die psychologische Distanz als entscheidenden Faktor für den ganz eigenen Realitätseindruck des Films beschrieben hat. Bei Michotte van den Berck heißt es: »Kurzum, wir glauben, dass sich die kinematografische Situation beschreiben lässt, indem man festhält, dass sie uns den Eindruck gibt, wir *nehmen reale Wesen und Ereignisse unserer Gegenwart wahr*, dass es sich dabei aber um eine mehr oder weniger deformierte Realität handelt, die einer Welt angehört, die – psychologisch gesprochen – nicht ganz die unsere ist und von der wir uns trotz allem ein wenig distanziert fühlen.« (Michotte van den Berck 2003, 125, kursiv i. Original)

Es komme gar nicht darauf an, so Hediger, ständig darauf hinzuweisen, dass der Film nicht rein indexikalisch sein könne, sondern im Gegenteil zeichne den Film in besonderem Maße die Fähigkeit aus, zumindest mehr als andere Medien das *natürliche Leben* wiederzugeben. Erst auf dieser – in der Mediengeschichte bis ins 20. Jahrhundert hinein beispiellosen – Grundlage entwickelt sich überhaupt der Zweifel an der Realitätstauglichkeit des Films. Erstaunlich ist, dass der Film der Realität ganz nahekommen kann, auch wenn eine psychologische oder phänomenologische Distanz zwischen natürlicher und filmischer Wahrnehmung bestehen bleiben muss. Filme mache aus, so Hediger, dass sie mehr als alle anderen Medien mit dem Distanzverlust liebäugeln, verbunden jedoch mit dem Wissen, dass sich dieser nie einstellt, denn »Gegenstand der ästhetischen Erfahrung des Films ist der – nie realisierte, nie ausgeträumte – Traum des natürlichen Zeichens« (Hediger 2006, 9).

In gewisser Weise träumt vor allem der Dokumentarfilm diesen Traum des natürlichen Zeichens, auf das sich das Verhältnis von Zeichen und Realität stützen muss. Dieser »Traum« bleibt jedoch nicht beim filmischen (Ab)Bild stehen, sondern erweitert sich auf die Bewegung und den Ton. Wir haben gesehen, dass diese beiden filmischen Elemente den Dokumentarfilm geprägt haben. Der frühe Film bei den Lumières (die Ankunft des Zuges) und die *phantom rides* als Ausdruck des *moving image* haben ebenso Spuren hinterlassen wie der von Comolli analysierte Synchronton, der für die Durchsetzung des Dokumentarfilms entscheidend war und den Film, so Comolli, von der klassischen Repräsentation entfernte. Auf den Aspekt der Bewegung soll nun zunächst genauer eingegangen werden.

Gunning weist in einem weiteren Text mit dem wegweisenden Titel *Moving Away from the Index. Cinema and the Impression of Reality* auf die Bedeutung der Bewegung hin. Er schließt damit an den französischen Filmtheoretiker Christian Metz an, der in seinen semiotischen und psychoanalytischen Texten der 1960er und 1970er Jahre die Bewegungserfahrung des Films ins Zentrum rückte. Kinoerfahrung, so Metz, bedeute nicht nur, dass ZuschauerInnen der Bewegung von Bildern und Bildobjekten zusehen, sondern dass sie die damit verbundene Kinästhetik beim Zuschauen selbst erfahren. Bewegung tritt im Film nicht nur als Repräsentation auf, also als »picture of motion, but instead as an experience of seeing something truly moving« (Gunning 2007, 43).[35] Dies kommt besonders bei Objekten zum Tragen, die selbst in Bewegung sind, etwa Menschen, Tieren oder Fortbewegungsmitteln. Zum oben beschriebenen Realitätseindruck gesellt sich also der Bewegungseindruck, der durch den Film eine nicht nur perzeptuelle, sondern auch kinetisch-körperliche Dimension erhält. Damit finde sogar eine Überwindung des Indexikalischen statt, wie Gunning unter Bezug auf Metz ausführt, denn der Index weist zurück auf die fotografische Spur, also das prä-existente Objekt, das der Vergangenheit angehört. Die Erfahrung der Kinetik stellt sich hingegen direkt im Akt des Zuschauens ein, als Präsenzerfahrung: »As he [Metz, OF] claims: ›The movie spectator is absorbed, not by a ›has been there‹ but by a sense of ›There it is‹.« (Gunning 2007, 47) Anders als Gunning, der den Index gegen die Bewegungserfahrung ausspielt, argumentiert Lorenz Engell dagegen für eine Verknüpfung von Indexikalität und Bewegung, die beide vorrangige filmmediale Kennzeichen darstellen. Allerdings müsse man die Idee der Indexikalität anders fassen als bisher, nämlich als Wandel und Veränderung in der Zeit. Engells Auffassung teilt mit Gunnings und den anderen genannten Positionen die Skepsis, den Realitätseindruck vorwiegend auf den aus der Fotografie herrührenden Index zu begründen. Durch die dem Film inhärente Bewegung trete eine andere Ebene hinzu, die Engell aber nicht, wie Gunning, als gegen-indexikalisch begreift. Es komme vielmehr eine neue Ebene des Indexikalischen zum Vorschein, die darauf beruhe, dass der Film sich gleichsam *zu sich selbst indexikalisch* verhält. Was ist damit gemeint?

Engell stützt sich auf die drei grundlegenden Zeichentypen von Peirce: Zeichen, Objekt, Interpretant.[36] Die drei Unterzeichen der Zweitheit, Ikon, Index und Symbol, wurden bereits besprochen. Daneben hatte Peirce aber noch die Erstheit und die Drittheit definiert. In der Erstheit bilden sich wieder drei Unterzeichen, die hier vernachlässigt werden können. Die Grundidee der Erstheit, des Zeichens, besteht im unmittelbaren Bezug des Zeichens auf sich selbst, etwa wenn eine Farbe nur sich selbst bezeichnet, also Rot nicht auf Blut oder Tomatensaft oder gar deren Einsatz in einem Schauspiel verweist, sondern nur auf die Röte selbst. Oder eben, wenn »Kikeriki« nicht nur als Ausruf des Hahns für den anbrechenden Morgen gelesen wird (Zweitheit) und uns veranlasst aufzustehen (Drittheit), sondern als phonetischer Ausdruck, der um seiner selbst willen angehört wird (Erstheit). In der Zweitheit werden die spezifischen Objekt-Zeichen-Relationen thematisiert, also Ikon, Index und Symbol. Engell stellt fest, dass die klassische filmische Indexikalität, die aus der Fotografie herrührt, vorwiegend mit den Objekt-Zeichen-Beziehungen erklärt wurde, etwa die Ähnlichkeit (Ikon[37]) eines Zeichens mit einem Objekt oder die kausale Verursachung (Index) durch ein Objekt, wie dies etwa bei Gunning und Hediger anklingt.

Schaut man aber auf die Bewegung des Films, so stellt sich nun eine dritte Möglichkeit der Verursachung ein, die nicht auf Ikon oder Index beruht, sondern in der Drittheit nach Peirce angelegt ist. Die Drittheit bildet dynamische Relationen zwischen den verschiedenen Zeichenelementen aus, also zwischen Objekt, Zeichen und Interpretant. Auf den Film bezogen wäre dies beispielsweise die Kombination von Objekten zu einem Bild, das ein weiteres zur Folge hätte, oder die Verbindung von Einstellungen in der Montage. Engells entscheidendes Argument ist nun, dass diese Verbindungen selbst wieder als indexikalisch bezeichnet werden können. Die Verursachung von filmisch dynamischen Bildern läge dann nicht in der profilmischen Welt, sondern in der relationierenden Wirklichkeit des Films selbst. Wenn dies zuträfe, dann würde der Film sozusagen dokumentarische Operationen ausführen, die nicht mehr die äußere Realität, sondern er selbst verursacht. Unter Zuhilfenahme der Terminologie von Peirce schafft Engell dafür den Begriff des indexikalischen Dicent. Das Dicizeichen ist nach Peirce das zweite Unterzeichen der Drittheit, des Interpretanten. Es ist dafür verantwortlich, den dynamischen Zusammenhang zwischen verschiedenen Zeichen- und Objektbezügen zu vollziehen. Bezogen auf den Film wäre das zum Beispiel eine Montagesequenz, die nicht unbedingt logisch aus den Einstellungen hervorginge, sondern sich dem beweglichen, temporalen Prinzip des Films verdankte. Wenn das Dicizeichen nun indexikalisch gefasst wird, wie Engell argumentiert, dann stehen verschiedene filmische Teile, also etwa Einstellungen, in einem verursachenden Verhältnis zueinander, was unter bestimmten Bedingungen als dokumentarisch bezeichnet werden kann. Das Dokumentarische läge dann nicht mehr in der Repräsentation der a- und profilmischen Welt, sondern in der Selbstverursachung von Bewegung, die wiederum der Film sehr gut darstellen kann:

»Ganz einfach gefasst ließe sich sagen, dass der Film nicht Objekte präsentiert oder repräsentiert, auch nicht Temporalobjekte wie das Augenblicksereignis oder den Dauerzustand, sondern die Veränderung und damit die Zeit selbst. Sie ist weder in einem traditionellen Sinn fiktional noch dokumentarisch, sondern eine eigene Realität, eben *die Realität der Dynamik selbst.* Das im Bild sichtbare Gesicht etwa, das sich unter der Sicht der Kamera verändert, ist so real wie fiktiv – seine Veränderung ist eine Realität eigener Ordnung, und genau zu ihr kann der Film sich dokumentarisch verhalten.« (Engell 2007, 38, kursiv i. Original)

Das heißt, dass der Index nicht mehr nur als Bezug des Zeichens (Films) zur profilmischen Realität verstanden wird, sondern als eigendynamisch verursachte Zeichenoperation, die im Modus der Selbstbeobachtung operiert. Die Ebene der Drittheit gibt diese Lesart durchaus her, denn dies heißt, »daß der Interpretant selbst ein Zeichen ist, das ein Zeichen desselben Objekts bestimmt und so fort ohne Ende« (Peirce, 63). Peirce sieht also eine Art endlose Semiose, die sich durch seine Zeichentriade ständig erneuert und redynamisiert. Tendenzen des Dokumentar- und des Spielfilms der letzten zwei Jahrzehnte führen diese Selbstbeobachtung des Filmischen sicher mit, etwa indem ProtagonistInnen selbst Monitore oder alte Dokumente ansehen (wie beispielsweise in *Der Tag des Spatzen* (Philip Scheffner, D 2010) oder *Grizzly Man* (Werner Herzog, USA 2015), Bilder von Überwachungskameras eingebaut werden oder indem Zuschauen und Kommentieren als dokumentierende Echoebenen eingesetzt werden. Filme *schalten* gewissermaßen in den dokumentarischen Modus, um über die eigenen ästhetischen Entscheidungen und Prozesse Aufschluss zu geben. Das Dokumentarische und das Fiktionale stehen sich dann wieder einmal, wie schon in den vorherigen Kapiteln argumentiert wurde, nicht mehr kategorial gegenüber, sondern verursachen sich in dynamischen Wechseln gegenseitig, ähnlich wie es Comolli mit dem *effet de fiction* der dokumentarischen Wirklichkeit beschrieben hatte (Kapitel 5). Angesichts der Fruchtlosigkeit, das Dokumentarische in der Relation von Film und

Außenwelt zu situieren, argumentiert Engell daher für eine neue Auffassung: »Ein Dokumentarfilm aber wäre demnach ein Film, der die Realität der Veränderung und dazu die Veränderung der Realität (nämlich seiner eigenen: der sich im Zuge der Einstellung stets transformierenden Bilder) betreibt und beobachtet.« (Engell 2007, 39)

Einflussreiche Dokumentarfilme der Gegenwart wie *Leviathan* (Véréna Paravel/Lucien Castaing-Taylor, USA 2012), *Havarie* (Philip Scheffner, D 2016) oder *Austerlitz* (Sergei Loznitsa, D 2016) können als Beispiele für eine solche Dynamisierung der dokumentarischen Operationen verstanden werden. Kamera (*Leviathan*), Bildstörung (*Havarie*) und Geräusche (*Austerlitz*) verweisen allerdings durch erhöhten Einsatz dokumentarischer Mittel auf eine nun künstlich vermittelte *réalité brute* zurück, so dass die dynamisch verursachte Indexikalität eine gewisse Direktheit und Rohheit, wie sie in der Ansicht und im direct cinema analysiert wurde, wiedererstehen lässt. In den drei Beispielen, die in Kapitel 13 wieder aufgenommen werden, spielt der Ton, der als Direktton ja auch indexikalisch verstanden werden kann, oftmals eine tragende Rolle. Obwohl sich auch John Grierson (Hardy 1947, 136 ff.) und Dziga Vertov (Vertov 1973, 125 ff.) bereits mit dem Ton im Dokumentarfilm beschäftigt haben, ist dieser erst kürzlich zu einem intensiv erforschten Gegenstand erhoben worden. Seine Bedeutung soll hier in fünf Aspekten dargelegt werden, die eine Grundlage der theoretischen Erfassung bei wichtigen Autoren wie Rick Altman, Michel Chion, Carl Plantinga und Rey Chow darstellen, bevor schließlich Chows Position eingehender betrachtet werden wird.

Erstens wird durch die neue Aufmerksamkeit für den Ton die Dominanz des Visuellen im bildbasierten Filmmedium relativiert und zugleich auf die Mannigfaltigkeit des Tons überhaupt hingewiesen. Ton, das sind Geräusche, Lautbildungen, Sprachformen, Stimmen, Rede und Musik, die oftmals gleichzeitig vorkommen und daher die vorhandenen Rahmungen unterlaufen, die das Bild setzt oder die ihm zugeschrieben werden. Michel Chion betont, dass die mangelnde Rahmung oder besser: Rahmbarkeit des Akustischen wesentlich zum Primat des Bildes im Film beiträgt. Das Bild ist eingrenzbar und damit auch der auf räumlicher Zerlegbarkeit basierenden Filmanalyse leichter zugänglich, während der Ton flüchtig, ungerichtet und diffus ist (Chion 1998, 204).

Zweitens erzeugt der Ton, wie Volko Kamensky und Julian Rohrhuber darlegen, hinsichtlich des Filmbildes zwei Formen des Außerhalb: das Ungesehene, das, was das Bild nicht zeigt, und das Vorfilmische, das diesseits der gefilmten Ereignisse verbleibt, welche »die mediale Gesamtsituation des Dokumentarfilms porös und heterogen mach[en]« (Kamensky/Rohrhuber 2013, 27). Daher trägt der Ton zu einer dokumentarischen Lagebestimmung bei, die durch eine *prinzipielle Durchlässigkeit* zwischen Realität und Film charakterisiert werden kann. Der Ton in seinen verschiedenen Facetten unterläuft die manifeste Visualität des Bildes und die Stabilität der Körper. Damit dokumentiert er anders als das Bild: Töne und Stimmen entfalten sich nicht allein in einem konkreten Raumbezug, anders als das Bild, das diesen durch sein *framing* ja erst konstituiert, sondern als eigener Hörraum. Alan Williams hat dafür die Idee der dreidimensionalen Umgebung in die Debatte gebracht. Ein Ton wäre dann »nichts Geringeres als der Raum und seine Schwingungen«, was bedeutet, »dass ein Ton niemals unabhängig von der Umgebung betrachtet werden kann, in der er entsteht; er stellt einen dreidimensionalen, materiellen Vorgang dar, der im Prinzip nicht reproduziert werden kann« (zit. nach Plantinga 2013, 51). Deshalb strebt das Akustische in Richtung eines Ambientes, einer Umgebung, ohne die es gar nicht erfasst werden kann. Nach Michel

Chion bildet es ein »son-territoire« (vgl. Iversen 2013, 167), das Zusammenspiel und -klingen verschiedener Töne, die teilweise aus dem Off, als Hintergrundgeräusche und sogenannte »Atmo« einen eigenständigen Aussageraum herstellen. In Analogie zur Totalen im Film, die einen Gesamtüberblick auf ein Geschehen liefert, würde ich von einer *Off-Totalen des Tons* sprechen. Komplementär dazu können so genannte »akustische Nahaufnahmen« (Iversen, 168) definiert werden, also Handlungen, Verrichtungen und Stimmen, die dem/der ZuhörerIn auditiv sehr nahekommen, obwohl sie nicht im Bild zu sehen sind. So berühren uns im Dokumentarfilm oft Stimmen aus dem Off, die Situationen persönlich kommentieren, und tragen so erheblich zur Authentifizierung eines Ereignisses bei.

Drittens hat diese Situation zu einigen einflussreichen Begriffsbildungen geführt, die sich vor allem auf den Off-Ton beziehen, also die Geräusche, deren Quellen zunächst nicht sichtbar sind. Michel Chion hat dafür den Begriff des »Akusmatischen« geprägt. Bleibt der Ton grundsätzlich undefinierbar, ist also keiner Quelle zuzuordnen, spricht er vom »acousmêtre« (Chion 2003, 129–130). Gilles Deleuze hat diese Eigenständigkeit des Tons gegenüber dem Bild als »akustische Kadrierung« bezeichnet, wobei diese ›cadrage‹ nicht für eine konkrete Rahmung steht, die ja für den Ton unmöglich ist, sondern für die Möglichkeit, dem Ton einen eigenen Äußerungsraum zu geben, der sich grundsätzlich unabhängig vom Bild, wenn auch in möglicher Ko-Präsenz zu diesem modelliert (Deleuze 1991, 309 ff.). Während der *son-territoire* die materiale Eigenständigkeit des Tons bezeichnet, steht die akustische Kadrierung für eine ästhetische »Einstellung«, die ebenso eine Welt entwirft, wie ein Bild das tun kann.

Viertens setzen sich auch diese Theorien vorrangig mit der Frage der Indexikalität auseinander. Da etwa die Stimme direkt von einem menschlichen Körper ausgeht, ist eine klare Verursachung oftmals genau zu lokalisieren. Doch weisen sowohl Rick Altman als auch Carl Plantinga darauf hin, dass der Ton im Film immer mehr und anders ist als eine bloße Reproduktion. Anders als das Filmbild war der Ton von Beginn an, also ab den frühen 1930er Jahren, ein hoch manipulierbares Medium, das immer schon mit Blick auf Reproduktionstreue ›verbessert‹ wurde und daher die Frage nach seinem indexikalischen Wert provozierte. Rick Altman fragt: »Warum sollte man das Echo *aufnehmen*, das in großen Räumen mit gemauerten Wänden entsteht, wenn man es ganz einfach später hinzufügen konnte? Während der gesamten 1930er Jahre führten Parallelentwicklungen in den Bereichen der Elektronik und des Filmtons zur Entwicklung einer Myriade von Geräten (wie beispielsweise elektronische Schaltungen, die in der Postproduktion Nachhall zur Aufnahme hinzufügten), die es erlaubten, einen Filmton zu erzeugen, der sich radikal von dem Tonmaterial unterschied, das ursprünglich am Set aufgenommen worden war.« (Altman 2013, 47, kursiv i. Original) Von daher ist erneut die bedeutende Rolle des Direkttons zu verstehen, die Comolli hervorhebt. Auch wenn der Synchronton zeitweise eine gewisse Authentizität befördern konnte und immer noch kann, so ist zugleich davon auszugehen, dass er ebenso zum Experimentieren mit der Tonspur und der akustischen Postproduktion einlud, statt auf eine genaue Wiedergabe der Außenwelt im Film zu achten. Diese ist bestenfalls ein Gestaltungselement unter anderen und damit auch Teil der Modulationen und Eingriffe, die ein Dokument erst formen.

Aus diesem Grund wäre Plantinga darin zu folgen, dass der Ton eher ikonisch-expressiv als indexikalisch zu begreifen ist. Zwar ist die *angenommene* Indexikalität des Tons in Dokumentarfilmen wichtig, wie etwa in *The Thin Blue Line* von Errol Morris (USA 1988), in dem es um ein reales Geständnis geht, das durch den Dokumentarfilm bewirkt wurde. Oft jedoch dominieren, so Plantinga, Ähnlichkeitsbeziehungen, die sich zwischen ursprünglichem und aufgenommenem Ton durch Tonhöhe, Lautstärke und physikalische Dauer bestimmen lassen. Einige physikalische Eigenschaften des Originaltons werden reproduziert, andere jedoch verstärkt und manipuliert, um den akustischen Effekt zu konservieren und zu optimieren, also etwa »Abruptheit, Klangfarben und Anschwell- und Abklingzeit [...] Auch wenn der aufgenommene Ton wie der ursprüngliche Ton klingen kann, gibt es keine *Garantie* dafür, dass er das auch wirklich tut [...].« (Plantinga 2013, 52–53, kursiv i. Original) Der Ton ist, ähnlich wie das Filmbild, eine Modulierung aus indexikalischen und ikonischen Beziehungen. Denken wir an das »Kikeriki«, das vom Hahn stammt (Index), aber als phonetischer Ausdruck auch immer selbstähnlich ist (Ikon). Das gilt für den Ton ganz besonders, da im Grunde jeder Körper, der Klänge emittiert, seine eigene Klangstruktur hat, unabhängig davon, ob es sich um einen Menschen, ein Tier, ein Klavier oder eine Sirene handelt.

Fünftens weisen alle diese Eigenschaften des Tons darauf hin, dass dieser in ganz verschiedenen, ja konträren Funktionen dokumentarisch eingesetzt werden kann. Am besten lässt sich das am *voice-over* demonstrieren, das in vielen Dokumentationen und Reportagen eingesetzt wird. Das *voice-over*, das fast immer männlich ist, vermittelt Autorität und eignet sich durch die vom Körper abgetrennte Stimme offenbar besonders für die glaubwürdige Verkündung von Objektivität und Wahrheit. An welche konkrete Person sollte man auch den Zweifel richten? Sieht man jedoch einen Journalisten, der sich inmitten von Streiks, Demonstrationen oder in Krisengebieten aufhält, sind seine Aussagen leichter anzuzweifeln, da sein Körper und seine Stimme *lokalisierbar* sind und nicht mehr dieselbe objektivierende, vom Zufall bereinigte Ausstrahlung haben können, wie sie sie als körperlose gleichsam ›(des)inkarnieren‹. Umgekehrt kann ein personalisiertes *voice-over* genau den gegenteiligen Effekt haben, da es ein Geschehen mit der individuellen Stimme authentifiziert. Jean-Louis Comolli geht sogar so weit, das klassisch männliche *voice-over*, das Neutralität und Gewissenhaftigkeit vermitteln soll, letztendlich als anti-dokumentarisch zu kennzeichnen, da es der Szene die Mehrdeutigkeit nimmt. »Die vom Körper gelöste Stimme trägt in sich die Trennung von Körper und Welt fort. Die Stimmen, die vom Bild eines Gesichts oder eines Körpers, die diese tragen müssten, abgetrennt sind, sind aus diesem Grund, noch vor jeglicher Nachbearbeitung im Tonstudio, mit einer bestimmten Künstlichkeit, ja sogar Unwirklichkeit behaftet.« (Comolli 2013, 236)

Vielleicht steht das *territoire* der Stimmen und Geräusche noch stärker für Polyphonie und Mehrschichtigkeit als das Bild, das eher Gefahr läuft, als fester Bedeutungsträger, symbolischer Ausdruck oder gar als Stereotypie eingeordnet zu werden. Die körperlose Stimme hingegen, die Bill Nichols als »expository mode« bezeichnet (siehe folgendes Kapitel), reduziert die Komplexität dieser Äußerungsformen, indem sie sie abstrahiert und einem allgemeinen Sprechakt unterwirft.

Hier setzt Rey Chows Theorie ein, die viele der aufgeführten Beobachtungen zusammenführt.[38] Ton im Film stellt für Chow eine Herausforderung für die Indexikalität dar, da Geräusche nicht das Da-Sein betonen, sondern die Flüchtigkeit, das Vorbei- und Vorüberziehende:

> »Selbst wenn wir eine bestimmte Ursache oder Quelle ausmachen können, nehmen wir den Ton in der Regel in einem doppelten Prozess des Einsammelns und Zerstreuens wahr, als ob er aus einem allgemeinen Raumklang käme und wieder dorthin verschwände. Als Phänomen, dessen Hauptmerkmal seine Flüchtigkeit ist, sein Herausgehen aus sich selbst bzw. seine Bewegung durch die Zeit, verursacht das Akustische Eindrücke, die im Hinblick auf Stabilität, Räumlichkeit oder Oberfläche das

Gegenteil von einem Aufbewahrungsort der Sinne sind: In dem Moment, wo man den Ton erfasst (hört), ist er schon wieder weg, aufgeschoben und an einen anderen Ort verwiesen.« (Chow 2013, 196)

Chow fokussiert also ähnlich wie Engell die Bewegung und hebt ohne Verweis auf Peirce eine gewisse Eigenzirkularität des Akustischen hervor. Den Index verortet sie jedoch eher im Bild als im Ton. Während der Index für das Bild auf Evidenz deutet, steht der Ton eher für Resonanz, also für Nachhall und Widerhall. Chow geht davon aus, dass der Ton immer schon akusmatisch ist und nicht nur, wenn die Quelle im Filmbild nicht zu sehen ist. Damit kommt ihm eine wichtige Rolle im Dokumentarfilm zu, besonders dort, wo dieser sich gegen sein Prinzip wendet, also im »unechten Dokumentarfilm« (*faux documentaire*) oder im Nicht-Dokumentieren. Was versteht Chow darunter?

Im Jahr 1959 sollte Marguerite Duras gemeinsam mit Alain Resnais einen Dokumentarfilm über den Atombombenabwurf von Hiroshima konzipieren. Beide kamen zu dem Schluss, dass eine Dokumentation angesichts des geschehenen Grauens unangemessen wäre. Hiroshima entzieht sich dem Dokumentieren, es lässt sich nicht in Bilder fassen. Schon Alain Resnais' Film über die Konzentrationslager *Nuit et Brouillard* (*Nacht und Nebel*, F 1956) ging an eine Grenze des Darstellbaren. Aus dieser Negation des Dokumentierens entstand einer der wichtigsten Filme des modernen Kinos, *Hiroshima mon amour* (Alain Resnais, F 1959, Drehbuch: Marguerite Duras), ein unechter Dokumentarfilm, der die Unmöglichkeit, die Ereignisse von 1945 sichtbar zu machen, zum Thema hat. Lange Sequenzen des Films bestehen aus dem Gespräch einer Französin (nur als »Elle« bezeichnet) und eines Japaners (»Lui«), eng umschlungen im Bett, in dessen Verlauf sie behauptet, sie habe das Grauen von Hiroshima in Ausstellungen, Museen, Wochenschauen, also in verschiedenen dokumentierenden Formaten gesehen, während er immer wieder dagegenhält, dass sie nichts gesehen habe. Ihre eigene Geschichte verbindet sich insofern mit Hiroshima, als sie selbst einen deutschen Soldaten liebte, dafür aus Frankreich fliehen musste und in Nevers (was die Franzosen wie das englische »never« aussprechen und das auf die Vernichtung Hiroshimas zurückweist), ihrem Heimatort, entehrt wurde. Die Stimmen der beiden werden zu einem widerstreitenden Resonanzeffekt gebündelt, der um die Frage des Sichtbaren und Nicht-Sichtbaren kreist, mithin darum, was etwa als Dokument in Museen und Filmen gelten kann und was es überhaupt zur Anschauung bringt. Der Japaner antwortet seiner Gefährtin in vielen Rollen, wie Chow ausführt, »als gegenwärtiger Liebhaber, Zuhörer, Antwortender, Therapeut und ehemaliger Liebhaber« (Chow, 204), wobei seine Stimme die Besonderheit aufweist, dass der Schauspieler Eiji Okada kein Wort Französisch sprach. Im Film ahmte er die französischen Laute einfach nach, so dass er, wie Chow feststellt, im wahrsten Sinne zum Fremdkörper wurde, der den französischen Klängen seine Stimme lieh. Die Stimme wird also zu ihrem eigenen *acousmêtre*, einem konstitutiven Außerhalb (des eigenen Körpers), obwohl sie zugleich auch sehr konkret und materiell ist. Daher folgert Chow, dass die Figur »eine Singularität erlangt, die zugleich eine irreduzible Pluralität ist. In den Disjunktionen und Konjunktionen dieser verschiedenen Ton-Bruchstücke, die durch phonetisches Nachahmen, dramatischen Dialog und audiovisuelle Hermeneutik sowohl innerhalb des Plots als auch nichtdiegetisch entstehen, ist die Stimme des japanischen Schauspielers, so könnte man sagen, zu einer akusmatischen Assemblage geworden.« (Chow, 204)[39]

Hiroshima mon amour gehört zu den Filmen, die das Dokumentarische definieren, indem sie es fiktional bearbeiten. Der Ton, so legt es die Auseinandersetzung Chows nahe, sichert das Dokumentarische nicht ab, indem er das (indexikalische oder ikonische) Band zwischen Realität und filmischer Übertragung verstärkt, sondern im Gegenteil, indem er viele Fäden zwischen Realität und Repräsentation knüpft und damit ihre dynamische Vielstimmigkeit, die nicht *ein-fach* dokumentiert werden kann, darlegt. Die Nachbearbeitungen und Verschiebungen machen den Film zu einem unechten, aber nicht unauthentischen Dokumentarfilm, da er die flüchtigen Möglichkeiten des Dokumentierens, die Maskierungen und Rollenspiele, die Verflechtungen und Brüche der historischen Realität einsammelt. Es wird also deutlich, dass angefangen mit dem Synchronton (Comolli), aber auch über diesen hinaus Ton und Stimme dokumentarische Schichten freilegen, die in den Repräsentationen von Realität oft verborgen bleiben. Auch wenn es sich bei *Hiroshima mon amour* streng genommen um einen Spielfilm handelt, so ist doch gerade dieser Film in der Lage, das Dokumentarische als operative Ebenen des Wissens um bestimmte Ereignisse (Hiroshima) herauszustellen.

7. Modi und Funktionen im Dokumentarfilm: Michael Renov, Bill Nichols

Blieb die filmwissenschaftliche Beschäftigung mit dem Dokumentarfilm lange eher eine Randtätigkeit, die nur vereinzelt auf theoretische Anstrengungen traf, wie die vorherigen Kapitel gezeigt haben, setzte in den 1990er Jahren vor allem in den USA eine intensive Diskussion ein, die den Dokumentarfilm als wissenschaftliches Objekt systematisch zu erfassen versuchte. Zu den wichtigsten AutorInnen zählen Brian Winston, Philipp Rosen, Trinh T. Minh-ha, Michael Renov, Bill Nichols, Vai Vaughan[40] und Carl Plantinga. In der Erarbeitung einer Systematisierung der Verfahren des Dokumentarfilms sind insbesondere Bill Nichols' und Michael Renovs Schriften einflussreich. Beide bemühen sich vor dem Hintergrund der Geschichte des Dokumentarfilms um eine Sortierung der wichtigsten dokumentarischen Verfahren. Diese haben sich, um den Begriff von Nichols aufzugreifen, als einzelne Modi, also Aussageweisen, stabilisiert, so dass sie als Grundgerüst der dokumentarischen Welterschließung verstanden werden können.

Michael Renov (*1950) formuliert eine Reihe von verallgemeinerbaren Regeln, die er als Schritte zu einer »Poetik« des Dokumentarfilms versteht. Eine solche steht jedoch nicht ein für alle Mal fest, sondern bildet historisch wandelbare Austragungsfelder heterogener diskursiver Strömungen, wie Renov im Anschluss an

Gérard Genette, Roland Barthes, Tzvetan Todorov, Michel Foucault und Jean Clifford feststellt. Die Poetik unterscheidet sich daher von der Fixierung auf die mediale Spezifik des filmischen Bildes, wie sie etwa Kracauer entworfen hatte, und bezieht die dichte Praxis dokumentarischer Redeweisen ein, die sich als veränderbare »conditions of existence« (Renov 1993, 13) der Gattung bis zu den 1990er Jahren etablierten. Renov benennt vier wesentliche Merkmale, welche die Existenzbedingungen des Dokumentarfilms ausmachen und eine Poetik begründen könnten:

1. *To record, reveal, or preserve*: Darunter versteht Renov die für alle Dokumentarfilme basale Tätigkeit der Aufzeichnung, Wiedergabe oder Enthüllung, die Ereignisse und Erinnerungen bewahrt und in künftigen Zeiten re-diskursiviert.
2. *To persuade or promote*: Dokumentarfilme, auch wenn sie es nicht offensichtlich zeigen, befördern immer auch implizite Überzeugungen, wenn sie nicht ohnehin darauf aus sind, die Rezipienten zu der dargestellten Realität zu ›überreden‹. Einer der verschiedenen Anfänge des Dokumentarfilms lag, wie in Kapitel 1 gesehen, in Propaganda und Marketing. Renov geht davon aus, dass sich nahezu alle Dokumentarfilme der Annahme verschreiben, dass sie (eine) Wahrheit präsentieren und daher auch von ihr überzeugen wollen.
3. *To analyze or interrogate*: Die Befragung von Realität und der kritische Diskurs sind wesentliche Aufgaben von Dokumentarfilmen. Dabei mobilisieren sie Methoden wie Befragung und Interview und setzen ihre Zeige- und Enthüllungsfunktion ein. Sie richten sich ebenso auf die visuellen Codierungen der eigenen Gattung: Auf welcher Grundlage sind ZuschauerInnen bereit, bestimmten filmischen Wirklichkeiten Glauben zu schenken, welche Zeichenprozesse untermauern diese, welche materiellen

Prozesse (Drehbedingungen, Filmmaterial, verwendete Apparate) sind involviert?
4. *To express*: Eine nach Renov unterschätzte Existenzbedingung des Dokumentarfilms ist der mehr oder weniger offenkundige Einsatz filmischer Mittel. Sichtbar werden diese, wenn Filme sie zentral einsetzen wie Vertovs *Der Mann mit der Kamera*, Luis Buñuels *Las Hurdes* oder auch Wim Wenders' 3D-Film *Pina* (D 2011). Auch wenn solche Filme dem experimentellen Dokumentarfilm zuzuordnen sind, setzen Dokumentarfilme immer expressive Mittel ein, selbst wenn diese in die Registrier- und Beobachtungsfunktion eingebettet sind (vgl. Renov, 25–35).

Die dokumentarischen Verfahrensweisen oder Modi stehen sich nicht isoliert gegenüber, sondern durchdringen einander in der konkreten filmischen Praxis wechselseitig. Sie bilden eine Art variierbares Regelset, das sich zwar vorläufig verfestigt hat, aber auch neu aufgestellt werden könnte und damit auf eine historisch begründbare Ordnung verweist, in die bestimmte Realitätsauffassungen hineinpassen und andere nicht. Die Darstellung der Realität im Dokumentarfilm könnte es beispielsweise auch als Bildgedicht oder als Stummfilm geben, welche sich aber eben nicht als vorrangige Modi durchgesetzt haben. Der animierte Dokumentarfilm hingegen hat in den letzten Jahren an Bedeutung gewonnen und könnte eine Verschiebung der dokumentarischen Verfahren bewirken.[41] Die filmische Wirklichkeit des Dokumentarfilms korrespondiert also mit einer Vorstellung von Realität, die sich als filmische und kulturelle Praxis konsolidiert hat. Daher liegt Dokumentarfilmen auch ein nicht immer explizites Streben zu dieser Realität hin (und zu keiner anderen) zugrunde, wie Renov unterstreicht: »These four functions operate as modalities of desire, impulsions which fuel documentary discourse.« (Renov, 21) In Erinnerung an Bazins Auffassung der filmischen Aufzeichnung als »Ontologie des fotografischen Bildes« (siehe Kapitel 3) beschreibt Renov einen »mimetic drive« (Renov, 22) des Dokumentarfilms, der den unter anderem durch die Erfindung des Films eigens perpetuierten Wunsch nach Beobachtung des Realen verstärkt. Der Dokumentarfilm erfüllt also eine kulturelle Funktion, indem er Selbstverständigung und Selbsterhalt der Gesellschaft über Vorstellungen von Realität diskursiv ordnet und dennoch für Modifizierungen offenhält: »I would argue that while the instinct for cultural self-preservation remains constant, the markers of documentary authenticity are historically variable.« (Renov, 23) Folgt man Renov, dann korrespondiert die Etablierung des Dokumentarfilms mit dem Bedürfnis der Gesellschaft nach diskursiver Verständigung und Stabilisierung von Vorstellungen hinsichtlich Objektivität, Wahrheit und Realität. Daher spielen gesellschaftlicher Selbsterhalt und mimetischer Drang eine entscheidende Rolle. Die Vorstellung von Realität ist nicht ›objektiv‹ oder realistisch in einem neutralen Sinne, sondern unbewusst wunsch- und interessegeleitet. Dokumentarfilmen liegt oft der Wunsch nach Überreden und Überzeugen zugrunde, auch wenn sie sich als sachlich und vorurteilslos inszenieren. Im Anschluss an Walter Benjamin und Alexander Kluge ließe sich dies weiter ausführen. Benjamin begriff künstlerische und mediale Realität als das schockartige Zusammentreffen von Gegenwart und Vergangenheit, Kluge beschreibt die Fantasie(n), wie sie sich etwa in medialen Dokumenten wie Gemälden, Zeichnungen, Tagebüchern und Comics niederschlagen, als Kräfte der – allerdings oft unterdrückten – Konstituierung von Realitätsvorstellungen.[42] Kurz, Dokumentarfilme sind nicht nur danach zu befragen, welche Realität sie zeigen, sondern welchen Wunsch von anderen, verdrängten oder zurückgelassenen Realitäten sie dabei mitprojizieren.

Ähnlich wie Renov fragt auch Bill Nichols (*1942) »why we trust« und damit nach den offenen und verborgenen Bedürfnissen und Wünschen, die die Attraktivität und den Erfolg des Dokumentarfilms bedingen. Dass der *truth claim* bei jedem Film wieder von Neuem funktioniert, hat nach Nichols damit zu tun, dass der Dokumentarfilm ein notwendiges und fundamental anderes Bedürfnis erfülle als der Spielfilm. Letzterer gebe ein allegorisches Bild der Wirklichkeit, also eine bereits in vorvermittelten Bildfiguren ausgedachte Interpretation, die zwar großes Vergnügen machen könne und auch Einsichten über die Welt vermittele, aber sich doch immer in bereits durch fiktionale Anschauungen vorgedachten Weltentwürfen bewege. Der Dokumentarfilm hingegen, so Nichols, setze die Zuschauer in ein ganz anderes Weltverhältnis, weil er direkt in der historischen Welt, die wir selbst unmittelbar bewohnen, angesiedelt sei: »The logic of organizing a documentary film supports an underlying proposal, assertion, or claim about the historical world. With documentaries, we expect to engage with films that engage the world. This engagement and logic frees the documentary from some of the conventions relied upon to establish an imaginary world.« (Nichols 1992, 63)

Die zentrale Unterscheidung liegt für Nichols also zwischen der historischen und der imaginären Welt. Und obwohl diese ausgedacht und nur vorgestellt ist, besitzt der Dokumentarfilm, der sich an der Realität orientieren muss, mehr ›Freiheiten‹ als der Spielfilm, da bei diesem der Einsatz der filmischen Mittel viel stärker konventionalisiert ist. Dokumentarfilme folgen nicht zwangsläufig den Regeln, die zur Schaffung einer diegetischen und fiktionalen Welt gehören: Akteure dürfen in die Kamera schauen, ein *voice-over* kann beliebig eingesetzt werden, der Wechsel zwischen ganz verschiedenen historischen Zeiten und Räumen stellt kein Problem dar. Und auch wenn der Dokumentarfilm im Laufe seiner Entwicklung verschiedene Stile herausgebildet hat, so unterliegt er doch keiner so strengen formalen Methode wie dem *continuity editing*, also dem für den Spielfilm zur Aufrechterhaltung der zeitlichen und räumlichen Fiktion nötigen Montagegesetz des unsichtbaren Schnitts. Spielfilme können zwar mit den Konventionen, etwa innerhalb der Genres, brechen, aber genau das manifestiert wiederum die Macht ihrer Regeln.

Mit Blick auf die Montage folgen Dokumentarfilme dem von Nichols so bezeichneten »evidentiary editing« (Nichols 2010, 169), das sich an der Notwendigkeit orientiert, eine (nicht ›die‹) Logik der historischen Welt zu präsentieren. Der Unterschied zum Spielfilm wird also dadurch markiert, dass die historische Welt im Rahmen einer *evidentiellen Logik* thematisiert wird, wie Nichols folgert: »We tend to assess the organization of a documentary in terms of the persuasiveness or convincingness of its representations rather than the plausibility or fascination of its fabrications.« (Nichols 2010, 26) Überzeugung und Überredung werden vor allem durch logische Argumentation, also durch Aufrufen von Zeugen, wissenschaftlichen Aussagen und Evidenzen wie Karten, Diagrammen, Statistiken etc. erreicht sowie durch narrative (aber nicht fiktionale) Einbettungen in Geschichten (Nichols, 103). Daher sind Dokumentarfilme auch keine Reproduktionen, sondern Repräsentationen, weil sie sich zwar mit faktualen Aspekten der Welt beschäftigen, zu denen ZuschauerInnen einen Bezug haben, aber diese auf die besondere Weise, wie der Film sie vorstellt, erst sichtbar machen. Dokumentarische Repräsentation grenzt sich also von bloß aufzeichnender Reproduktion und von der fiktionalen Allegorie des Spielfilms ab. Nichols gelangt anhand dieser Eigenschaften zu folgender Definition des Dokumentarfilms:

»Documentary film speaks about situations and events involving real people (social actors) who present themselves to us as themselves in stories that convey a plausible proposal about, or perspective on, the lives, situations, and events portrayed. The distinct point of view of the filmmaker shapes this story into a way of seeing the historical world directly rather than into a fictional allegory.« (Nichols, 14)

Diese Deutung ist durchaus voraussetzungsreich: Es reicht nicht, nur »reale« Menschen zu zeigen. Diese müssen sich auch als soziale Akteure ausweisen und in Geschichten präsentiert werden, die schlüssige Vorschläge zu Leben und Ereignissen darstellen sollen, so dass erst dadurch ein direkter Blick auf die aktuelle (bei Nichols: historische) Welt möglich wird. Das Vertrauen, sich durch Dokumentarfilme auf diese Welt einzulassen, ist demnach nicht a priori vorhanden, sondern muss durch die Filme erst geschaffen werden. Dem liegt der Wunsch zugrunde, überhaupt etwas über die historische Welt erfahren zu wollen, wie es *nicht auch* durch den Spielfilm erfahrbar sein kann. Nichols sieht den entscheidenden Mehrwert des Dokumentarfilms im Verhältnis zum Spielfilm darin, dass »documentary claims to address the historical world and to possess the capacity to intervene by shaping how we regard it« (Nichols, 38). Dokumentarfilme unterscheiden sich von Spielfilmen also auch darin, dass sie der von Nichols so genannten »epistephilia« (Nichols, 40), dem »desire to know«, also dem Bedürfnis unterstehen, sich wissend in der Welt zu bewegen, während sie beurteilt wird.

Die *epistephilia* und der *mimetic drive* zeigen die gegenüber dem Spielfilm grundsätzlich *andere Einstellung*, die Dokumentarfilme und ihre Rezeption antreibt. Dies heißt natürlich nicht, dass Spielfilme solche Ziele nicht auch verfolgen können, aber zum Verständnis von Dokumentarfilmen sind sie unentbehrlich. Es wird also deutlich: Dokumentar- und Spielfilme unterscheiden sich durch die Einstellung, die ihnen entgegengebracht wird und die wiederum Rückwirkungen auf den Einsatz und *die Wahrneh-*

mung der filmischen Mittel hat. Der/die RezipientIn tritt dem Dokumentarfilm mit dem Willen zum Wissen entgegen, der jedoch niemals eine vorurteilsfreie Sicht auf die Realität darstellen kann. Mit Michel Foucault ließe sich diese These vertiefen. Wenn Dokumentarfilme vor allem die historische Wirklichkeit anvisieren, dann stehen die Diskurse zum Leben und Lebendigen im Zentrum, die besonders in der modernen Wissenschaftsgesellschaft unter eine »Logik der Begierde und des Begehrens geraten«[43] sind.

Nichols führt weiter aus, dass Dokumentarfilme meistens eine niedrigere Diskursschwelle aufweisen als Spielfilme. Sie sind trotz ihrer seltener an Konventionen gebundenen und damit freieren Erzählhaltung weniger rätselhaft oder interpretationsbedürftig als Fiktionen, die oft mehrdeutige Botschaften aussenden, um Auslegungsspielräume anzubieten. Kurz, Spielfilme eröffnen einen Raum der Möglichkeiten, Dokumentarfilme fokussieren die Wirklichkeit. Diese kann natürlich auch mehrdeutig sein, man tritt ihr aber nicht (nur) mit Interpretation, sondern mit Urteilen entgegen: »Documentary represents the world of individual responsibility and social action, common sense and everyday reason.« (Nichols 1992, 115) Nichols orientiert sich an dem von ihm so bezeichneten »Golden age of documentary«, das er in den 1980er Jahren ansiedelt, in dem sich Dokumentarfilme als relevante Diskursformen des öffentlichen Lebens gefestigt hatten. Nach Nichols beruht die Kultur des (vorwiegend US-amerikanischen) Dokumentarfilms auf der Gründung einer Stimme (*voice*), die von einem Film ausgeht und nur teilweise das tatsächliche *voice-over* meint. Die Stimme bezieht sich auf die soziale Intervention eines engagierten Akteurs, der eine Perspektive vertritt, die ein Thema exponiert und die ZuschauerInnen zu überzeugen versucht. Die Stimme steht also im übertragenen Sinne für den Ausdruck der »social engagement and distinctive vision«

(Nichols 2010, 2) im Dokumentarfilm, gleichsam als Einmischung, die subjektiv und epistemisch zugleich gültig ist und insofern eine Stimme *erhebt und platziert*. In bestimmten Fällen fallen diese auch mit den konkreten Stimmen der RegisseurInnen in eins, wie Nichols anhand aktueller Beispiele wie *Super Size Me* (Morgan Spurlock USA 2004), *Fahrenheit 9/11* und *Sicko* (Michael Moore 2004 und 2007) ausführt: »The spoken voices of filmmakers [...] remind us that these filmmakers maintain their distance from the authoritative tone of corporate media in order to speak to power rather than to embrace it. Their stylistic daring – the urge to stand in intimate relation to a historical moment and those who populate it – confounds the omniscient commentary of conventional documentary and the detached coolness of television news.« (Nichols, 6)

Auf den ersten Blick steht diese Position im Kontrast zu den Ausführungen zum Ton im vorangegangenen Kapitel. Statt die Vielfalt der Stimmen in den leiblichen und institutionalisierten Multiresonanzräumen von *Hiroshima mon amour* aufzuspüren, hebt Nichols die Stimme einzelner AutorInnen hervor. Dennoch meint die Stimme auch bei Nichols mehr als das: Sie ist ein Ort der Sammlung gesellschaftlicher Bedürfnisse und Wünsche, die nicht in Konventionen und Coolness versanden, sondern durch die Stimme des Films eine Bündelung der ihr zugrunde liegenden Kräfte erfahren und den öffentlichen Diskurs prägen.

Dies zeigt sich auch in den verschiedenen Modi, die Nichols aus den Entwicklungen des Dokumentarfilms bis zur Gegenwart detektiert. Sie können als hervorgehobene Verfahrensweisen – Stimmen – verstanden werden, die Dokumentarfilmen eine eigenständige ästhetische Gestalt geben, »ways of using the resources of the cinema to make documentary films« (Nichols, 30). Nichols definiert sechs Modi, wobei die Systematik ihre Vorläufigkeit und Erweiterbarkeit zugesteht. In seinem ersten Hauptwerk zum

Dokumentarfilm wurden erst vier Modi definiert (Nichols 1992), während dann 2010 in einer weiteren Publikation zwei weitere hinzukamen (Nichols 2010). Diese sechs Modi sollen kurz aufgeführt werden (vgl. Nichols 1992, 32 ff., und Nichols 2010, 172 ff.).

Der *poetic mode* unterstreicht visuelle, rhythmische und formale Zugänge zum Dokumentarischen, wie sie beispielsweise in den bereits genannten Avantgardefilmen der 1920er Jahre von Dziga Vertov, Walter Ruttmann, Alberto Cavalcanti und Jean Vigo und im Experimentalfilm dominieren.

Der *expository mode* beruht auf dem – sehr oft – männlichen Kommentar und der Kraft der sprachlichen Argumentation und Erklärung, wie sie etwa auch den Nachrichten in der Wochenschau und im Fernsehen eigen sind. Die Asymmetrie der repräsentierten Geschlechter verweist auf die patriarchalen Wurzeln der westlichen Gesellschaften (man denke hier nur an die Stimme bei Sport- und insbesondere Fußballübertragungen, die nach wie vor fast immer männlich ist).

Der *observational mode* steht für die reine, vermeintlich objektive oder unvermittelte Beobachtung von Ereignissen, aus denen sich die FilmemacherInnen weitgehend herauszuhalten versuchen, ähnlich wie es im direct cinema und dem „fly-on-the-wall-Prinzip« folgend geschieht.

Der *participatory mode* präferiert die Interaktion zwischen der gefilmten Welt und den FilmemacherInnen. Diese sind oft vor der Kamera als AkteurInnen sichtbar, treten im Film auf und sind ein wichtiger Bestandteil der entstehenden Dokumentation. Werke von Jean Rouch, Agnès Varda, Marcel Ophüls, Werner Herzog oder Michael Moore sind berühmte Beispiele für eine solche Praxis.

Der *reflexive mode* thematisiert das filmische Dokumentieren im Film, befragt Konventionen und Regeln und produziert ein Reflexionswissen der filmischen Verfahren. Beispielhaft dafür sind essayhafte Auseinandersetzungen wie etwa bei Chris Marker, Alexander Kluge, Ulrike Ottinger oder Harun Farocki.

Der *performative mode* schließlich weist die Möglichkeit einer »realitätsgetreuen« Dokumentation am entschiedensten zurück. Das filmische Material, das nur im Rahmen bereits geregelter, diskursiver Praktiken aufgerufen werden kann, wird laufend reflexiv interpoliert und depositioniert, wie es Trinh T. Minh-ha ausdrückt (Trinh Thi 2006, 292), deren Film *Surname Viêt Given Name Nam* (USA 1989) schon durch den Filmtitel ein signifikantes Beispiel für den *performative mode* darstellt.

Diese Modi sind mehr als die Existenzbedingungen, die Renov definiert hatte. Sie sind an ästhetische Verfahren gebunden und bilden die individuelle Stimme eines kraftvollen Dokumentarfilms. Die Verfahren bilden in Form einzelner Modi oder ihrem »mix and match« (Nichols 2010, 32) die dokumentarische Repräsentation, die sich vom Dokument einerseits und vom Spielfilm andererseits abgrenzt: »Documentaries are not documents. They may use documents and facts, but they always interpret them. They usually do so in an expressive, engaging way. This lends documentaries the strong sense of voice that nondocumentaries lack. This voice distinguishes documentary films. We sense a voice addressing us from a particular perspective about some aspects of the historical world.« (Nichols, 147)

Renov und Nichols nähern sich dem Dokumentarfilm über eine Terminologie der Poetik und Repräsentation, die aus der Analyse fiktionaler Texte bekannt ist. Zugleich unterstreichen sie, dass das Streben nach Wahrheit und Erkenntnis wunschgesteuert und von impliziten Rhetoriken der Überzeugung getragen ist. Wenn der *truth claim* des Dokumentarfilms an Poetik, Stimme und Repräsentation gebunden ist, stellt sich die Frage nach der Objektivität umso dringender. Kann überhaupt für Objektivität und Wahrheit als Operationen, die sich nicht als Äußerung zugrunde liegender Stimmen, Wünsche und Begehrensprozesse äußern, plädiert werden? Diese Frage stellt sich im folgenden Kapitel, in dem weitere Positionen, die besonders auf Nichols ausführlich Bezug nehmen, zur Sprache kommen.

8. Wahrheit und Objektivität: Noël Carroll und Dirk Eitzen

In diesem Kapitel stehen mit Noël Carroll und Dirk Eitzen zwei US-amerikanische Filmwissenschaftler im Zentrum, deren Beitrag in einer Präzisierung der Definition des Dokumentarfilms liegt. Zunächst soll Noël Carrolls Position diskutiert werden, im Anschluss daran die von Eitzen. Noël Carroll (*1947) ist nicht nur Filmtheoretiker, sondern auch Philosoph und hat das Aufeinandertreffen von Film und Philosophie verschiedentlich zum Thema gemacht.[44] In einem Text zum Dokumentarfilm setzt Carroll zur Kritik der von ihm so bezeichneten »postmodernen Skepsis« gegenüber dem Dokumentarfilm an, die er bei den Autoren Michael Renov, Bill Nichols und Brian Winston identifiziert (Carroll 2006). Carroll vertritt die Position, dass der Dokumentarfilm einen prinzipiellen Anspruch auf Objektivität nicht aufzugeben brauche, solange präzise definiert werden könne, was darunter zu verstehen sei.

Ein erstes Argument, dem sich Carroll widersetzt, behauptet, dass der Dokumentarfilm nicht objektiv sein könne, weil ihm stets eine bestimmte Selektivität zugrunde liege. Diese ziehe gleichzeitig eine Tendenzhaftigkeit nach sich, denn Einstellungen und Perspektiven würden geplant, beim Schnitt ausgewählt und damit eben auch weggelassen. Selektivität liegt jedoch, argumentiert Carroll, schlicht jedem Handeln zugrunde, das einen Wahrheitsanspruch führt, gerade auch den Wissenschaften. Ohne Selektivität, also etwa die Entscheidung der RegisseurInnen für oder gegen eine Einstellung, ist Handeln nicht möglich. Schwerer wiegt das Argument, dass dabei Tendenzhaftigkeit gefördert werde. Carroll wendet ein, dass diese durchaus möglich ist, in manchen Fällen sogar begünstigt wird, aber nicht notwendigerweise gegeben sein muss. Tendenzhaftigkeit, so Carroll, tritt nicht zwangsläufig auf, nur weil Informationen aus einem bestehenden Spektrum ausgewählt werden. Natürlich besteht die Gefahr der Färbung von Fakten durch Selektionen, aber es gibt Korrekturmechanismen, etwa durch die Diskursgemeinschaft, die mögliche Verfälschungen jeweils relativieren und entkräften können. Das gilt für haltlose Behauptungen in der Wissenschaft ebenso wie im Dokumentarfilm, meint Carroll:

»Das heißt, wenn Selektivität Tendenzhaftigkeit ermöglicht oder sogar begünstigt, ist es ebenso möglich, sich dessen bewußt zu sein und Vorsichtsmaßnahmen gegen tendenziösen Einfluß zu treffen – auf der Ebene des individuellen Forschers ebenso wie auf der Ebene der gesamten Forschungsgemeinschaft. Selbsterkenntnis kann zu Selbstregulierung führen. Wissenschaftler, Historiker, Journalisten und selbst Dokumentaristen können den Standard von Objektivität zum Prüfstein für andere Forscher machen, um festzustellen, ob Tendenzhaftigkeit die aufgestellten Behauptungen verfälscht hat oder nicht. Und wenn wir die Tendenzhaftigkeit anderer kritisieren und korrigieren, deutet sich an, daß wir dies auch bei uns selbst tun können.« (Carroll, 35)

Daraus folgt für Carroll, dass Selektivität mit Objektivität vereinbar ist. Zwar kann diese manchmal scheitern und Objektivität in Richtung Tendenzhaftigkeit ausschlagen, aber dies geschieht nicht *zwangsläufig* und kann daher nicht als Argument für grundsätzlich mangelnde Objektivität herhalten. Natürlich erreichen nicht alle nicht-fiktionalen Filme einen angemessenen Standard an Objektivität, woraus aber nicht folgt, dass *diese nicht möglich ist*. Die Entscheidung darüber ist keine der Begriffsanalyse, sondern eine empirische, muss also anhand eines einzelnen Films überprüft werden (Carroll, 36).

Während Carroll die Argumente der Selektivität und Tendenzhaftigkeit vor allem in der Auseinandersetzung mit einem Text von Michael Renov darstellt, entwickelt er seine Definition von Objektivität im Kontrast zur Beweisführung von Bill Nichols. Nichols zweifelt an der Möglichkeit, dass ein Dokumentarfilm objektiv sein könne. Was sind seine Kriterien dafür? Erstens müsse ein objektiver Blick eine Darstellung des Geschehens aus der Perspektive der dritten Person zeigen, im Kontrast zur First-Person-Perspektive, die nur subjektiv wäre. Zweitens müsse der objektive Blick den ZuschauerInnen gestatten, eigene Schlüsse aus dem Gezeigten ziehen zu können. Und drittens müsse der objektive Blick frei von allen Interessen sein. Aus diesen drei Kriterien für Objektivität leitet Nichols ab, dass der Dokumentarfilm eher nicht objektiv ist, da er ihnen nicht folgt.

Er begründet das so: Gegen den ersten Aspekt führt Nichols aus, dass Dokumentarfilme stets einen subjektiven Blick mitführen, da der Standpunkt der AutorInneninstanz niemals ganz zurückgedrängt werden kann – und auch nicht soll! Zur Erinnerung: Nichols hatte die »Stimme« des Films als eine Art Einstellung und auktoriale Instanz bestimmt, so dass Dokumentarfilme vielleicht keine First-Person-Filme sein müssen, aber eben auch nicht die Neutralität von Third-Person-Filmen aufweisen (vgl. Kap. 7). Carroll wendet nun aber gegen dieses erste Kriterium ein, dass objektive Positionen Gültigkeit besitzen, unabhängig davon, von wem sie ausgesprochen werden. Ein mathematischer Beweis etwa ist auch dann gültig, wenn er nicht in der dritten Person formuliert ist.

Dem zweiten Argument, dass ZuschauerInnen eigene Schlüsse aus gezeigten Sachverhalten ziehen können, steht Nichols mit Blick auf den Dokumentarfilm ebenfalls skeptisch gegenüber. Er glaubt, dass Dokumentarfilme nicht ohne ein Mindestmaß an Rhetoriken des Überredens und Überzeugens auskommen und die Bindung an die AutorInneninstanz eine Perspektivgebundenheit mit sich bringt. Daher ist es auch für ZuschauerInnen kaum möglich, davon vollkommen unabhängige Schlüsse aus den im Film vorgetragenen Sachverhalten zu ziehen. Carroll erwidert darauf, dass Objektivität keine Frage des Standpunkts, sondern der Logik oder des Arguments ist. Deshalb ist auch keine Offenheit der Entscheidung notwendig: »Ein Theorem, dessen Aufbau vollständig explizit und gerechtfertigt ist, führt zu einer Schlußfolgerung, die – zumindest vom Standpunkt der Logik betrachtet – dem Leser keine Möglichkeit zu abweichenden Meinungen überläßt. Dennoch ist es objektiv.« (Carroll, 51) Entsprechend verwechselt Nichols, laut Carroll, die Kategorien, denn Meinungsbildung darf nicht mit Objektivität im epistemischen Sinn verwechselt werden, »sie ist ein ethischer Standard und kein epistemischer« (Carroll, 51).

Folgt man den Argumenten von Nichols und Carroll, schleicht sich der Verdacht ein, dass beide verschiedene Begriffe von Objektivität zugrunde legen. Dies wird im dritten Argument offensichtlich. Nichols geht davon aus, dass Objektivität Interesselosigkeit benötigt, die aber im Dokumentarfilm – und in Institutionen überhaupt – kaum gegeben ist. FilmemacherInnen sind in ein Netz persönlicher Vorlieben, historisch gewachsener Konventionen und institutioneller Vorgaben eingebunden, die einen Blick, der von diesen sich bewusst oder unbewusst artikulierenden Interessen frei wäre, unmöglich machen. Caroll fasst sein Argument zusammen:

»Objektivität verdeckt in diesem besonderen Falle den besonderen Standpunkt (point-of-view) der institutionellen Autorität selbst. Man findet hier nicht nur die unvermeidliche Sorge um Legitimation und Selbsterhalt, sondern auch historische und themenabhängige Formen von Eigeninteresse, die häufig nicht eingestanden werden, sondern sich sehr viel wirkungsvoller als Neigungen und Voraussetzungen verkleiden.« (Carroll, 52; vgl. Nichols 1992, 196 ff.)

Carrolls Einwand hierzu ähnelt nun denen, die schon in Argument eins und zwei vorgebracht wurden. Warum, fragt Carroll, sollte Eigeninteresse grundsätzlich Objektivität ausschließen? Kann man, wenn man die oben genannten Formen von Eigeninteresse empirisch auffindet, automatisch davon sprechen, dass die gewonnenen Erkenntnisse nicht objektiv sind? Wohl kaum, meint Carroll:

»Offensichtlich glaubt Nichols, daß jede institutionelle Praxis, wie sie von Wissenschaftlern, Historikern, Journalisten, Dokumentaristen usw. angewandt wird, um eine objektive Forschung zu ermöglichen, zwangsläufig in ihrem Anspruch auf Objektivität scheitern muss, weil jede einzelne dieser Praktiken ihre eigenen Interessen verfolgt. Nichols scheint zu glauben, daß die Prämissen von Institutionen wie der Physik eigene Interessenlagen mit sich bringen. Aber es ist schwierig zu begreifen, warum die Ansicht, daß nichts schneller ist als die Lichtgeschwindigkeit, als Eigeninteresse zu betrachten sei.« (Carroll, 53)

Natürlich fehlt in Carrolls Argumentation auch nicht der Hinweis auf einen Selbstwiderspruch, der allen postmodernen Theorien seit Jean-François Lyotards These vom Ende der großen Erzählungen und Jean Baudrillards Ausrufung des Zeitalters der Simulation entgegengehalten wird.[45] Was passiert, wenn die vorgetragenen Postulate auf die Aussagen der Theoretiker selbst zutreffen? Ist das Ende der großen Erzählung nicht selbst eine große Erzählung (Lyotard)? Trifft die Diagnose, alles sei Simulation, nicht auch auf den zu, der sie äußert (Baudrillard)? Bezogen auf den Dokumentarfilm: Wenn Nichols' Gedanke des Eigeninteresses aller vorgeblich objektiven Äußerungen zutrifft, dann muss bestritten werden, dass »Nichols' Theorie irgendeinen tauglichen Anspruch auf objektive Erkenntnis erhebt« (Carroll, 53). Damit verbunden und gewichtiger ist wohl der Einwand Carrolls, dass Nichols nicht gewillt ist, Eigeninteresse und Objektivität überhaupt voneinander zu unterscheiden. Nach Carroll muss die Idee der Objektivität nicht aufgegeben werden, weil das Eigeninteresse eine Rolle spielt. Sie muss aber dann als Missbrauch gekennzeichnet werden, wenn die Eigeninteressen die Logik, das Argument und die allgemeingültigen Regeln der Handhabung eines Problems manipulieren.

Der Subtext dieser Debatte offenbart einen lange währenden Konflikt zwischen analytischer angelsächsischer Philosophie und poststrukturalem, diskursanalytischem Denken, das sich im Anschluss an Jacques Lacan, Michel Foucault, Jacques Derrida, Julia Kristeva, Roland Barthes und Gilles Deleuze formiert hat. Nichols' Position drückt den grundlegenden Zweifel an Objektivität aus, insofern sie als eine Art herrschaftsfreier Diskurs, dessen Regeln vollkommen kontrolliert und begriffen werden können, gedacht wird.[46] Die in institutionellen Diskursen wirkenden Machtverhältnisse sind jedoch nicht nur sozial und ökonomisch, sondern gleichsam auch *mikropolitisch* zu verstehen. Macht ist in Verhaltensweisen, Aussagen und Körper eingelagert, so dass Vorstellungen von Objektivität nicht nur auf die davon abgelöste Ebene der Sprachanalyse bezogen werden dürfen, sondern als Folge der Bearbeitung, Verwaltung und Produktion des gesellschaftlichen, institutionellen und individuellen Lebens analysiert werden müssen, wie sich im Anschluss an Michel Foucault argumentieren lässt.[47]

Folgt man dieser These, dann gibt es in jeder scheinbar objektiven Aussage immer auch eine abschöpfbare Mitproduktion von Leben, die aber nicht auf einzelne Akteure oder Machtoperationen zurückführbar ist, sondern Interessen der Institutionen und des Staates befördert. Das kann nicht einfach als ein von Objektivität gesondertes Eigeninteresse separiert werden. Nichols vertritt die Position, dass solche Interessen in Form der ›Stimme‹ oder des Begehrens in dokumentarischen Aussagen mitschwingen. Die Dokumentation von Repressionsverhältnissen, die sich an Körpern, Architektur, Sprachbeherrschung und Aussagezuteilungen aufzeigen lassen, sind ein ureigenes Terrain des modernen Dokumentarfilms.[48] Daher muss Carroll auch Extrembeispiele wählen, etwa physikalische Berechnungen, deren Objektivität ›an sich‹ kaum angezweifelt werden kann, um Nichols' Position infrage zu stellen. Nichols zielt aber wohl weniger auf mathematische, sondern auf soziale und politische Zusammenhänge, die häufig Gegenstand in Dokumentarfilmen sind. Diese sollen gar nicht objektiv im exakt-wissenschaftlichen Sinne sein, sondern im Gegenteil: Durch ihre »Voice« stellen sie einen vernehmbaren und notwendigerweise subjektiv geprägten, aber dennoch allgemeingültigen Zwischenruf dar.

Der Konflikt zwischen Carroll und Nichols lässt sich also aufgrund der unterschiedlichen Anforderungen an den Begriff der Objektivität und der Prämissen der theoretischen Argumentation nicht letztgültig klären, bietet aber exzellente Anschauung für unterschiedliche Wissenschaftskulturen innerhalb der Geistes- und Filmwissenschaft. Darüber hinaus ist Carrolls Beweisführung aufschlussreich, da sie Kriterien für die Objektivität eines Dokumentarfilms artikuliert, die durchaus geeignet wären, diesen präziser zu definieren. Begründung von Selektionen, Vermeidung von Tendenzhaftigkeit und exakte Unterscheidung zwischen Eigeninteresse und begründet-objektivierbarem Beweis: Dies sind Merkmale, die Dokumentarfilmen jedoch eher selten eigen sind, denn sie folgen, legt man den historischen Blick zugrunde, eher dem subjektiven perspektivgebundenen Blick (der Stimme) im Sinne von Bill Nichols. Dies spricht dafür, dass die Wahrheit des Dokumentarfilms nicht mit Objektivität oder dem faktualen Geschehen, das sie abbilden soll, in eins fällt. Der Wahrheitsbegriff des Dokumentarfilms ist anscheinend komplexer, vielschichtiger, wie anhand der Theorien des Dokumentarfilms in den folgenden Kapiteln ausgeführt werden wird.

Carroll und Nichols sind sich immerhin darin einig, dass der Dokumentarfilm einen anderen Zugang zur Realität darstellt als der Spielfilm. Da die Abgrenzung zum Spielfilm aber nicht in absoluten, sondern in graduellen Kategorien verläuft, stellt sich nicht mehr die Frage: *Was* ist ein Dokumentarfilm, sondern: *Wann* ist ein Dokumentarfilm? Dies ist der Beitrag von Dirk Eitzen in seinem gleichnamigen Text (Eitzen 1998, vgl. auch Hohenberger 2010, 25). Zur Beantwortung dieser Frage setzt Eitzen beim Alltag der ZuschauerInnen an. Er geht davon aus, dass Dokumentarfilme nicht in der Einstellung eines naiven Realismus aufgenommen werden, also dem Glauben daran, dass sie die materielle Realität umstandslos in den Film übersetzen können. Dennoch muss die Theorie die »praktische Relevanz der Alltagsunterscheidungen zwischen Fiktion und Wahrheit erklären« (Eitzen, 15). Was bringt die RezipientInnen zu dieser Unterscheidung, die nach Eitzen weder durch den Einsatz spezifischer Stilmittel noch durch die Berufung auf die Intentionen des/der AutorIn befriedigend geklärt werden kann? Selbst das Mittel der präzisen Definition hilft nicht unbedingt weiter: »Es mag möglich sein, die Spezies ›Schnabeltiere‹ genau zu definieren, indem man festlegt, daß sich der Begriff auf eine bestimmte, eindeutig begrenzte empirische Kategorie bezieht. Das ist beim Dokumentarfilm nicht der Fall. Die Frage, ob die Nachstellung einer Entführung in der Fernsehserie *A current affair*[49] dokumentarisch ist oder nicht, würden die meisten Zuschauer eben nicht mit einem klaren Ja oder Nein, sondern mit ›Na ja ...‹ beantworten.« (Eitzen, 16)

Es kommt also nicht darauf an, ob ein Dokumentarfilm tatsächlich objektiv ist oder die Wahrheit sagt, sondern ob er so *wahrgenommen wird*, als sage er die Wahrheit. Der Unterschied liegt nicht darin, dass ein Film einen objektiven Sachverhalt ausdrückt, sondern ob die ZuschauerInnen ihn so verstehen. Wie aber kann man das wissen? Indem die Frage umgekehrt wird: »Ein Dokumentarfilm ist jeder Film, jedes Video oder jede Fernsehsendung, dem prinzipiell unterstellt werden kann, es sei gelogen.« (Eitzen, 26) Wenn die Frage nach der Lüge überhaupt gestellt werden kann, dann befindet man sich auf dem Terrain des Dokumentarischen, denn im Spielfilm macht sie keinen Sinn.

Um diese These zu begründen, setzt Eitzen sich genau wie Carroll mit Argumenten von Bill Nichols und zusätzlich von Carl Plantinga auseinander. Nichols behauptete, dass sich der Dokumentarfilm die historische Welt als Gegenstand nehme, die er, etwa im Rahmen der sechs im vorhergehenden Kapitel dargelegten Modi, als Fallbeispiele oder als Argumente behandele. Der Spielfilm hingegen beziehe sich allegorisch (oder auch metaphorisch) auf die historische Welt, nicht aber *auf diese als sie selbst*. Nach Nichols lässt sich also zwischen einer historischen und einer allegorischen Realität differenzieren, eine Unterscheidung, die Eitzen jedoch für unpräzise hält, wie er an einem Beispiel verdeutlicht: Warum sollte die letzte Sequenz im berühmten Dokumentarfilm *High School* (Frederick Wiseman, USA 1968), in der ein Lieferwagen mit der Aufschrift »Penn Maid Products« gekennzeichnet und aus dem Radio Otis Reddings Song »Sittin' on the dock of the bay, wasting time ...« zu hören ist, nicht auch metaphorisch sein (denn der Song lässt sich auf die »wasting time« in der Schule beziehen), selbst wenn der Film in der historischen

Realität angesiedelt ist (Eitzen, 20)? Mit anderen Worten: Auch wenn viele Einstellungen in Dokumentarfilmen die historische Welt zum Gegenstand haben, so kann doch ihr Bezug zur Welt immer wieder auch allegorisch und metaphorisch sein, wie auch umgekehrt viele Spielfilme Szenen der historischen Welt in fiktionale Sequenzen einbauen, um ihren allegorischen Zugang zu durchbrechen.

Können die Bezugsweisen zur Welt denn überhaupt etwas über die Unterscheidung zwischen dem Dokumentarischen und dem Fiktionalen aussagen? Carl Plantinga argumentiert für eine solche Differenzierung, da Dokumentarfilme eine behauptende Haltung zur Welt einnehmen würden, während die Fiktion dies nicht tue. Er zitiert den Philosophen Nicholas Wolterstorff, der ausführt: »Wenn man gegenüber einem Zustand eine fingierende Haltung einnimmt, *behauptet* man weder, daß dieser Zustand wahr sei, noch *fragt* man, ob er wahr ist, noch *fordert* man, daß er wahr werde, noch *wünscht* man, daß er wahr sei. Es ist lediglich die Einladung, einen Zustand in Betracht zu ziehen.« (zit. in Eitzen, 21) Anders der Dokumentarfilm, so Plantinga, der eine behauptende Haltung (*assertive stance*) erkennen lasse, die auf der Wahrhaftigkeit einer Aussage über die Welt insistiere. Fiktionale Filme könnten zwar eine Wahrheit im allgemeinen künstlerischen Sinne behaupten, aber eben nicht, dass sich die Ereignisse in der repräsentierten Welt auch so zugetragen haben, wie sie im Dokumentarfilm auftauchen. Diese Position steht zunächst im Einklang mit der Definition Eitzens, da hierbei die Frage, ob etwas gelogen ist, gestellt werden kann.

Doch dann weist Eitzen auf eine wichtige Verschiebung hin: Entscheidend für die Bestimmung des Dokumentarfilms ist nicht nur die historische Welt (Nichols) und die Behauptung (Plantinga), die sich auf diese bezieht, sondern die Wahrnehmung der ZuschauerInnen. Ist die Nachstellung einer Entführung (etwa in *Current Affair*) ein Dokumentarfilm? Das komme darauf an, sagt Eitzen: »Es kommt nicht darauf an, ob diese Szene Behauptungen oder Argumente aufstellt. Es kommt nicht darauf an, ob sie ›die Wahrheit sagt‹ oder nicht. Es kommt darauf an, ob sie in einer Weise wahrgenommen wird, daß die Frage ›*Könnte* das gelogen sein?‹ Sinn macht.« (Eitzen, 26, kursiv i. Original) Das ist der springende Punkt. Es geht den ZuschauerInnen im Dokumentarfilm nicht darum, ob *einzelne Behauptungen* korrekt sind, sondern ob sie annehmen können, dass *der Film* wahrheitsgetreu ist. Und diese Treue zur Wahrheit kann mit ganz verschiedenen Methoden anvisiert werden, auch solchen, die man nicht unbedingt mit Dokumentarfilmen in Verbindung bringen würde. So kann selbst ein melodramatischer Einsatz von Bild und Ton die Wahrheitstreue eines Dokumentarfilms untermauern. Als Beispiel führt Eitzen *The Civil War* (Ken Burns, USA 1991) an, eine Dokumentation des US-amerikanischen Bürgerkriegs. Dort wird eine Passage aus dem Liebesbrief eines Soldaten zitiert, der kurz nach dem Verfassen des Briefes gefallen war. Dazu erklingt melancholische Musik, der Film zeigt Einstellungen von Soldaten mit ihren Frauen, ein Gedicht wird rezitiert. Gerade diese melodramatische Wirkung, so Eitzen, welche die Gefühle der ZuschauerInnen beeinflusst und manipuliert, ruft den stärksten dokumentarischen Eindruck hervor. Die Behauptung oder das Argument spielen dabei eine geringere Rolle als die emotionale Tiefenwirkung, die »implizite Annahme, der Film sage die Wahrheit, authentisiert zudem die emotionalen Reaktionen« (Eitzen, 25).

Während sich Carroll, Nichols und Plantinga darum bemühen, *truth claims* für die Aussageform des dokumentarischen Textes zu definieren: den der Objektivität (Carroll), der historischen Welt (Nichols) oder der Behauptungen (Plantinga), setzt Eitzen also auf die Zuschreibung durch die ZuschauerInnen.

Diese schwebt natürlich nicht im luftleeren Raum, sondern ist gerahmt und beeinflusst von vorgegebenen Interpretationsumgebungen und metatextuellen Kennzeichen. Hinweise aus Programmheften sind ebenso wichtig wie der ästhetische Einsatz von Handkamera oder Archivmaterial, um die Kontexte der Rezeption von vornherein nicht unbestimmt zu lassen. Aus ihnen kann aber nicht abgeleitet werden, dass es sich wirklich um einen Dokumentarfilm handelt. Dieser entsteht nicht durch formale Gesichtspunkte oder solche der Repräsentation, sondern eher aus »eine[r] Kombination aus den Wünschen und Erwartungen, die die Zuschauer an einen Text richten«, oder anders ausgedrückt: »Die Frage: ›Könnte das gelogen sein?‹, die Dokumentarfilme von anderen Filmen unterscheidet, wird von den *Zuschauern* gestellt, nicht von den Texten. Resultat: Unter Dokumentarfilm sollte man nicht eine bestimmte Textsorte, sondern eine ›Lesart‹ verstehen.« (Eitzen, 31, kursiv i. Original)

Diese Lesart lässt sich, so Eitzen, nicht durch den Einsatz bestimmter filmischer Mittel determinieren. Im Gegenteil, Dokumentarfilme setzen zur emotionalen Steuerung der ZuschauerInnen gezielt manipulative oder melodramatische Stilelemente ein. Das Dokumentarische ist dann nicht Wahrheit, sondern ein *Wahrheitseffekt*, der sich nur bedingt an die historische Realität halten muss. Darin besteht auch eine Gefahr, die mit gegenwärtigen Fake-Videos offensichtlich wird. Liegt der Dokumentarfilm im Auge des/der BetrachterIn und können Kontexte so manipuliert werden, dass Menschen etwas für wahr halten, das aus Sicht vieler anderer offensichtlich gefälscht ist, wird die reine Fokussierung auf die Lesarten problematisch.

Eitzens Text aus dem Jahr 1998 kann zu einer aktuellen, durch die Digitaltechnik begründeten Post-Truth-Debatte noch nichts sagen, aber er macht deutlich, dass die Frage nach dem Fake an den Ursprung der Theorie des Dokumentarfilms gehört. Denn auch wenn ZuschauerInnen sich manipulieren lassen, wenn sie etwas für wahr halten (möchten), so reagieren sie doch verständnislos, wenn sie reingelegt werden. *The Civil War*, der einen starken dokumentarischen Eindruck hinterlassen hatte, wurde, wie Eitzen berichtet, schon anders bewertet, als herauskam, dass der dort verlesene Brief kein Original, sondern die Abschrift eines längst verschollenen Originals war. Dies untermauert allerdings Eitzens Argument, da die ZuschauerInnen dem Film zunächst einen Wahrheitsanspruch unterstellt hatten. Die Aufdeckung der ›kleinen Lüge‹ oder Manipulation führt also durchaus zu Problemen. Allerdings muss man für diese Aufdeckung doch wieder zum Text des Films zurückkehren. Die Lüge kann nämlich nur dort nachgewiesen werden, nur am Ort der Manipulation. Roger Odin, selbst ein wichtiger Vertreter der pragmatischen Filmtheorie, hat Filme daher substanziell an den Text zurückgebunden, denn der dokumentarisierende Modus – also die Lesart von Dokumentarfilmen – bedarf der »Konstruktion eines realen Enunziators, der hinsichtlich seiner Identität, seines Tuns und seiner Wahrhaftigkeit befragbar ist« (Odin 2019, 82). Unter dem realen Enunziator versteht Odin das tatsächliche Aussagesubjekt, das befragbar sein muss, also eine/n RegisseurIn oder Institutionen wie Fernsehsender oder Produktionsfirmen. Deshalb ist ein Dokumentarfilm vielleicht doch nicht nur, wie Eitzen behauptet, eine Lesart, die Wahrheitstreue unterstellt und für den Einsatz zahlreicher filmästhetischer (etwa melodramatischer) Aussageweisen offen ist. Der Dokumentarfilm muss zugleich die Befragung der Text- und Äußerungsinstanz ermöglichen, die sich – im Gegensatz zum Spielfilm – jederzeit rechtfertigen muss.

Kommen Zweifel an der ›Wahrheitstreue‹ auf, ist es aber oft nicht mit der Aufdeckung der ›Lüge‹ getan. Wann genau eine Lüge des Dokumentarfilms auftritt, ist manchmal schwer zu bestimmen. Bedeutet eine offensichtliche Lüge wie die von Michael Moore in seinem Film *Roger & Me* (USA 1989), in dem er behauptet, dass er Roger Smith, den Chef von General Motors, vergeblich zu treffen versuchte (obwohl das nachweislich nicht stimmt, denn er hatte ihn bereits 1987 interviewt), dass der Dokumentarfilm selbst eine Lüge darstellt? Oder handelt es sich um eine Inszenierung, die notwendig ist, um die wahre (und gerechte) Sache, nämlich das Niederwirtschaften von Moores Heimatstadt Flint, anschaulich zu beschreiben (wie Moore behauptet)? Wahrheit und Lüge scheinen sprachlich gut separierbar zu sein, aber gilt das auch für die Realität? Zeigen Dokumentarfilme nicht lebendige Realität als genau die Disambiguierbarkeit von Wahrheit und – ja was? – Lüge, Inszenierung, Manipulation oder gar Fälschung? Realität im Dokumentarfilm, so scheint es, wird weder nur vorgefunden, noch wird sie vollständig erfunden. Die Konsequenzen aus dieser Erkenntnis ziehen weitere Theorien des Dokumentarfilms, die in den folgenden Kapiteln dargestellt werden.

III BEZEUGEN/BEWAHREN

9. Partizipieren: Jean Rouch, cinéma vérité, Klaus Wildenhahn

Neben dem *direct cinema*, das in Kapitel 5 bereits als Auslöser für mehrere wegweisende Veränderungen des Dokumentarfilms beschrieben wurde, ist das *cinéma vérité* die zweite neuartige Ausrichtung des Dokumentarfilms seit den 1960er Jahren. Es fußt auf den gleichen technischen Voraussetzungen, also der Nutzung von Handkamera, Synchronton und lichtempfindlichem Material, etabliert aber andere Verfahren und Konzepte zur Dar- und Herstellung dokumentarischer Wirklichkeit. Während das direct cinema die Kamera direkt ins Geschehen versetzt, spontan und improvisatorisch wirkt und meistens ohne *voice-over* und Eingriff der RegisseurInnen auskommt, verfolgt das cinéma vérité einen genau gegenteiligen Ansatz: Es setzt zwar auch auf Handkamera und das unmittelbare Filmen auf der Straße, doch wird diese Direktheit in einem reflexiven Modus vermittelt, der die Stellungnahme der FilmemacherInnen in diesem Prozess, die Interventionen und Interaktionen mit den sozialen AkteurInnen zum Teil der dokumentarischen Wahrheitsproduktion macht. Ein wesentliches Merkmal des cinéma vérité ist also die Einmischung der RegisseurInnen ins Geschehen, die besondere kommunikative Situationen erzeugt.

Wie das direct cinema mit *Primary* (siehe Kapitel 5) hat auch das cinéma vérité einen prototypischen Film vorzuweisen, nämlich *Chronique d'un été* (F 1961) von Jean Rouch und Edgar Morin. Der Ethnologe Rouch und der Soziologe Morin sind zu Beginn des Films im Dialog zu sehen. Sie besprechen ihr Experiment, das vorsieht, Personen verschiedener sozialer Schichten aus Paris im Laufe eines Sommers vor die Kamera zu bringen, ihre Probleme, Ansichten und individuellen Geschichten. Dazu sollen die ProtagonistInnen laufend von den beiden befragt und interviewt werden und sich auch in Gruppengesprächen zusammenfinden. Höhepunkt dieses Projekts ist das Ende des Films, wenn die Porträtierten mit Rouch und Morin in einem Kino über die entstandenen Aufnahmen diskutieren, insbesondere über Fragen der Authentizität und Glaubwürdigkeit des eigenen Auftretens sowie das der anderen. Der Film erinnert an einen Querschnittfilm, wie ihn Balázs in den 1930er Jahren definierte (Kapitel 2), da er ganz verschiedene Techniken miteinander kombiniert. Zugleich hat er Züge einer Bestandsaufnahme des sozialen *Querschnitts* der französischen Gesellschaft zu Beginn der 1960er Jahre. Er ist daher auch, anders als die Filme des direct cinema, improvisatorisch, es fehlt an innerer Struktur, die Montage ist sprunghaft.[50] Man merkt dem Film an, dass er mehrere AutorInnen hat, darunter auch die ProtagonistInnen, die von Rouch und Morin ermuntert werden, die Kamera selbst in die Hand zu nehmen und PassantInnen zu befragen, z.B. ob sie glücklich seien. Die Realität und die Suche nach der Wahrheit werden auf diese Weise zum »unebenen« Experiment mit offenem Ausgang.[51]

Da direct cinema und cinéma vérité sich in den technischen Ausführungen ähnlich sind, werden die Begriffe in der wissenschaftlichen Literatur nicht immer genau getrennt. Für die fortlaufende Diskussion ist der Unterschied jedoch bedeutend und soll daher auch in der Argumentation dieses Bandes terminologisch ausdifferenziert bleiben, ohne dabei in ›Schubladendenken‹ zu verfallen. So folgen die Filme von Frederick Wiseman eindeutig dem direct cinema, weil Wiseman einerseits Situationen im Stil des *direct* filmt, sich andererseits aber als Autor und Stimme niemals direkt bemerkbar macht. Dass er durch die Wahl von Ausschnitten, die Führung der Kamera und durch Montage einen persönlichen Stil zur Analyse von institutionellen Funktionsweisen ausgebildet hat, er also als ›Autor‹ erkennbar ist, bleibt davon unbenommen. Filme hingegen von Klaus Wildenhahn, Pierre Perrault, der mit *Pour la suite du monde* (CAN 1963) einen herausragenden Film des cinéma vérité geschaffen hat, später von Marcel Ophüls, Michael Moore, Agnès Varda, Eduardo Coutinho und gegenwärtig Philip Scheffner, die sich in die Verfertigung der in ihren Filmen erarbeiteten Wahrheiten aktiv einmischen und den Prozess des Dokumentierens selbst zum Gegenstand des Films machen, sind eher der Richtung des cinéma vérité zuzuordnen. Viele FilmemacherInnen verkörpern beide Richtungen gleichzeitig, je nach Film, wie etwa Chris Marker und Harun Farocki, während ein aktuell bedeutender Regisseur wie Sergei Loznitsa eher einem Stil des *direct* folgt.

Jean Rouch war Ethnologe und hatte mit seinen ethnografischen Filmen in den 1950er Jahren die Grenze zwischen Dokument und Fiktion bereits als unhaltbar ausgewiesen, indem er ein grundlegendes Problem der ethnografischen Forschung zum Thema gemacht hatte.[52] Dieses besteht darin, dass der/die EthnographIn nicht voraussetzungslos die Lebensweisen von ihm/ihr fremden Völkern untersuchen kann, ohne die eigenen Prägungen, Überzeugungen und Vorurteile mehr oder weniger bewusst in diese Forschungen einzubeziehen. Die Unmöglichkeit eines neutralen, vorurteilslosen Blicks auf fremde Kulturen[53] thematisierte Rouch in einer postkolonialen Argumentation avant la lettre, indem er die unhintergehbaren wechselseitigen Einflüsse zwischen afrikanischen und westlichen Kulturen erkannte. So geben sich in einem seiner wichtigsten Filme, *Moi, un noir*

(*Ich, ein Neger*, F 1957), drei aus dem Niger stammende Protagonisten in einer ironisch-spielerischen Umkehrung die Namen westlicher Filmhelden wie Edward G. Robinson, Tarzan und Eddie Constantine. Der Film hat indes ihre schwierigen Lebensbedingungen als Gelegenheitsarbeiter in Treichville an der Elfenbeinküste zum Gegenstand. Die Kommentare werden weitgehend von Oumarou Ganda, der später selbst ein bekannter Filmregisseur wurde, eingesprochen, teilweise auch von Rouch selbst.[54]

Im cinéma vérité müssen also gar nicht erst die Postsynchronisation, die trotz Direktton weiter genutzt wurde, oder die Montage aufgerufen werden, um den Eingriff ins dokumentarische Material zu bestätigen, vielmehr sind bestimmte erzählerische Perspektiven von vornherein Teil des Konzepts. Die fiktionalen Selbstzuschreibungen von Identitäten, wie in *Moi, un noir*, kann man darunter fassen, ebenso wie Interviews, die, wie in *Chronique d'un été*, bestimmte Aussagen und Selbsteinschätzungen der Personen erst provozieren. So sagt Pierre Perrault über seinen Stil: »Nichts ist wirklicher als ein alter Mann, der ein Ereignis erzählt, das er erlebt hat. Oft mögen die Fakten selbst keinen Wert haben, aber das Erzählen davon hat einen Wert.« (zit. nach Roth 1982, 20) Damit wird ein wichtiger Unterschied im Verhältnis zum direct cinema markiert: Die Aufzeichnung aus dem unmittelbaren Geschehen heraus wird keinesfalls negiert, ist aber nur als Bezugnahme zu anderen, teils fiktionalen Ebenen, die der Film eröffnet, erkennbar.

Das Sujet dieser Filme ist also nicht die abbildungstreue Dokumentation einer bestimmten außerfilmischen Situation, sondern die Aufzeichnung von Begegnungen und ihrem Kommunikationsgeschehen, die Betrug und Scheitern einschließt. Das Zuhören, die Antwort, das Überreden und Überzeugen, aber auch die Maskerade und das Rollenspiel der GesprächspartnerInnen werden für den Film erst produziert und finden auch nur in ihm ihre Wahrheit. Rouchs Co-Autor Morin sieht daher Parallelen zur Analyse der modernen Gesellschaft, deren Gesicht sich gerade nicht in der zugewandten, sichtbaren Seite allein zeigt, sondern in ihren Zwischenspielen und Finten der Rede und Zusammenkünfte:

»We wanted to get away from spectacles, to enter into direct contact with life. But life itself is also a comedy, a spectacle. Better (or worse) yet: each person can only express himself through a mask, and the mask, as in Greek tragedy both disguises and reveals, becomes the speaker. In the course of the dialogues, each one was able to be more real than in daily life, but at the same time more false.« (Morin, 471)

Folgt man den Positionierungen Perraults, Rouchs und Morins, dann beruht Realität nicht zuletzt auf Fingieren, Verstellen und Legendenbildung. Daher ›verhält sich‹ diese Realität auch kritisch gegenüber der Vorgabe des direct cinema, durch die Unmittelbarkeit der Handkamera und des Direkttons einen scheinbar unverstellten Einblick in die physische und soziale Realität zu geben. Das cinéma vérité stellt die Frage nach der Wahrheit radikaler als das direct cinema, da es die Produktionsinstanz – die AutorInnen, die Kamera, aber auch den Zufall und die Spontaneität des Gesprächs – als Teil der Erzeugung von Realität und ihrer je spezifischen Wahrheit begreift. Das Dokumentarische des cinéma vérité stellt sich nicht nur als flüchtig und beweglich dar, wie etwa im direct cinema, sondern setzt auch auf Interaktivität zwischen Film und Zuschauer und begreift Wahrheit entsprechend als unverfügbar, als potenziell vielfach identifizierbar. Der Dokumentarfilm agiert hier ganz anders als der Spielfilm, der sich viel klarer in der Fiktion verorten kann, denn selbst wenn er dokumentarische Momente aufnimmt, bleibt er doch, trotz aller Improvisation, Bestandteil einer künstlerischen Ordnung. Der Dokumentarfilm kann dies nicht in gleicher Weise, denn er bleibt der Realität verpflichtet, die er aber in der filmischen Wirklichkeit nicht umstandslos abbilden kann, sondern im Verlauf eines Films vielfach bestimmt. Realität im cinéma vérité gründet sich auf eine heterogene Identifizierung, die erst in der Zusammensetzung und Begegnung dieser Identifikationen ihre/eine[55] potenzielle Wahrheit herausbilden kann. Allerdings bleibt auch das direct cinema von dieser Ansicht nicht unberührt. So lassen sich die Plansequenzen langer Dialoge zwischen Personen in den Filmen Frederick Wisemans oder die vielfältigen Entsprechungen zwischen Mensch und Affe in seinem Film *Primate* (USA 1974) als Stellungnahmen des Filmemachers deuten, die gegebenenfalls wie ein visueller Kommentar zur Beobachtung verstanden werden können, auch wenn Wiseman sich nicht persönlich einmischt.

In Deutschland kann Klaus Wildenhahn als wichtiger Vertreter des cinéma vérité gelten. Er hat sich in seinen »Lesestunden« – theoretische Ausführungen, die die dokumentarische Arbeit reflexiv begleiten – von diesem Begriff zwar aufgrund von dessen Unverbindlichkeit distanziert, sein Verständnis durch seine Filme aber dennoch weiterentwickelt (Wildenhahn 2010, 118). Aufschlussreich sind vor allem die Beschreibungen der Produktionsabläufe seiner Filme, die zugleich das Vorgehen des Dokumentierens bestimmen. Wildenhahn widmet sich seinen Projekten für einen bestimmten, nicht zu knappen Zeitraum, der es ermöglicht, Menschen und Orte kennenzulernen. In *In der Fremde* (D 1967) zeichnet er mit seinem Tonmann Herbert Selk und dem Kameramann Rudolf Körösi zehn Wochen lang den Bau eines Silos in Norddeutschland auf. In *Emden geht nach USA* (D 1975/76) beschreibt er filmisch über mehrere Wochen die Lage von VW-Arbeitern, deren Werk in die USA verlegt werden soll. In

Was tun Pina Bausch und ihre Tänzer in Wuppertal? (D 1982) beobachtet er dauerhaft die Proben des bekannten Tanztheaters. Dabei gibt er kurze Stellungnahmen zu den Drehsituationen, kommentiert Begegnungen mit Orten und Protagonisten, schildert Situationen, die in dem Zusammentreffen von Filmteam und Menschen vor Ort entstehen, bedient sich aber ebenso der Mittel des direct cinema, indem die Kamera Arbeitsprozesse und Gesprächssituationen aufzeichnet. Produktionssituation und zeitlicher Ablauf sind hierbei von besonderem Wert:

»In der dokumentarischen Arbeit wird die Plattform den Protagonisten übergeben. Es ist nicht mehr die Stimme des Filmemachers, welche die Führung übernimmt. Sicher, er entscheidet über die Aufnahme, und er macht die abschließende Montage. Aber die Erzählung wird von den aufgenommenen Protagonisten vorgetragen, den in ihre Auseinandersetzungen, ihre Aktualität verwickelten Helden unseres Alltags. Ihre kollektiven Stimmen berichten [...]. Dieser Unterschied zwischen journalistischer Berichterstattung und dokumentarischem Film, zwischen Wochenschau und Kinoauge, ist grundsätzlich und eine erste Stufe filmischer Produktionsweise, die wir festhalten. Kinoauge-Arbeit erfordert ein langfristiges Engagement vor Ort. Der kurzatmige Überblick ist von Übel.« (Wildenhahn, 119)

Wildenhahn geht also davon aus, dass der Filmemacher vom Initiator eines Dokumentarfilmprojekts zu einer Art Moderator wird und als solcher den Eigenverlauf des Ereignisses begleitet. Dabei kommt unter Bezugnahme auf Dziga Vertov (»Kinoauge«) der Montage eine entscheidende Bedeutung zu. Denn das Material wird durch drei »Montageteile« in Zusammenhang gebracht: zunächst durch die Beobachtung und das Vertrautwerden (mit) der Situation, dann durch die verschiedenen Filmaufnahmen und schließlich in der endgültigen Montage. Maßgeblich ist hier, wie in anderen Ausführungen des cinéma vérité, die

Bandbreite der dokumentarischen Identifizierung, der von Wildenhahn so bezeichneten »kollektive(n) Stimmen«, die sich aus verschiedenen Stilmitteln und unterschiedlichen Erzählungen zusammensetzen. Wildenhahn grenzt den Dokumentarfilm einerseits scharf vom Journalismus und andererseits ebenso deutlich vom Spielfilm ab. Dem Journalismus fehlt schlicht Zeit, er kann die Entwicklungen und langfristigen Zusammenhänge einer Situation nicht erfassen, denn diese stellen sich dem Beobachter erst durch den dauerhaften Aufenthalt vor Ort dar. Das *Aufhalten* von Zeit ist ein wesentlicher Faktor des Dokumentarfilms.

Den Spielfilm wiederum bezeichnet Wildenhahn als »synthetischen Film« (Wildenhahn, 115). Dieser ist grundsätzlich lösungsorientiert, das heißt, er bietet eine vorgefertigte Perspektive an, die ein/e KünstlerIn für ein Publikum und die Gesellschaft aufbereitet. Für eine solche Perspektive steht paradigmatisch der Detektivfilm, der mit der Eröffnung eines Problems beginnt und dann im Laufe des Films die Lösung genau dieses Falles offeriert. Auch dieses Schema kann nach Wildenhahn gesellschaftliche Reflexionen auslösen, unterscheidet sich aber fundamental vom Dokumentarfilm, denn: »Jeder synthetische Film befindet sich einen Schritt hinter der Entwicklung der Gesellschaft, für die er gemacht wird.« (ebd., 115) Der Dokumentarfilm dagegen nimmt die Haltung und den Gestus eines Augenzeugen ein, beobachtet die arbeitsbedingten und kollektiven Zusammenhänge, ohne dabei eine formale Harmonisierung anzubieten, und lässt Betroffene zu Wort kommen, um die RezipientInnen in die Filmsituation zu integrieren (ebd., 142). Das dialogische Prinzip, das etwa auch *Chronique d'un été* bestimmt, verallgemeinert Wildenhahn, indem er dafür plädiert, auf »Glättungen, formale Überanstrengung und Rundungen« (ebd., 123) zu verzichten, den Film mithin als »Sammlung von Splittern her« (ebd.) zu denken:

»Denn darum geht es: den Empfänger einzubeziehen. Insofern bietet die Unebenheit des Dokumentarfilms dem Empfänger die offengebliebene Stelle einer Unterhaltung zwischen Filmmacher und Gefilmten an; insofern ist Dokumentarfilm ein Beginn und synthetischer Film eine Weiterführung; insofern ist Dokumentarfilm ein offenes Spiel und synthetischer Film ein geschlossenes Spiel.« (ebd., 123)

Partizipation der ZuschauerInnen und Transfer zwischen Film und Öffentlichkeit sind also ausschlaggebende Merkmale des Dokumentarfilms. Wildenhahns Text aus dem Jahr 1975 spiegelt die Diskussionen eines emanzipierten Filmschaffens und einer basisdemokratischen Debattenkultur wider, welche den Alltag der Menschen, insbesondere der arbeitenden Bevölkerung, sichtbar machen und in Form eines Gegenkinos der breiten Diskussion öffnen wollten.[56] Dokumentarfilme erfüllen damit eine gesellschaftliche Funktion, denn der (nur) so entstehende offene, rückgekoppelte Kommunikationsraum bildet eine Kopräsenz zwischen Realität und (filmischer) Wirklichkeit. Diese wird im cinéma vérité durch die Filme, aber auch durch die Moderationen und Auftritte der RegisseurInnen vermittelt. Der Blick in die eigenen und fremden Gesellschaften bezieht notwendigerweise anthropologische und historiografische Gesichtspunkte ein. Nicht zufällig steht mit Jean Rouch ein Ethnograf am Beginn der Begründung des cinéma vérité. Der ethnografische und historiografische Blick des Dokumentarfilms soll daher in den nächsten beiden Kapiteln im Zentrum der Darstellung stehen. Zunächst geht es aber um die Dokumentation von Geschichte, die spätestens seit den 1980er Jahren in Filmen und Fernsehsendungen, in Deutschland noch befeuert durch den breit diskutierten Historikerstreit[57], eine essenzielle Bedeutung für den Dokumentarfilm gewann. Auf die Wichtigkeit des Faktors Zeit hatte Wildenhahn schon hingewiesen, denn der langfristige Aufenthalt vor

Ort sorgt nicht nur für eine detaillierte Sicht auf das Geschehen, sondern macht den/die DokumentarfilmerIn auch zum/zur ChronistIn: »In jeder Gesellschaft findet eine grundlegende Informationsbildung statt, die vor der Legende beginnt: das Herstellen einer Chronik.« (Wildenhahn, 116) Während die synthetische Erzählung der gesellschaftlichen Entwicklung hinterherhinkt, fängt der/die ChronistIn diese durch seine Augenzeugenschaft direkt ein und bringt sie ›in Form‹. Die Chronologie folgt der Absicht, Geschehnisse der Vergangenheit für die Gegenwart möglichst genau nachvollziehbar zu machen. Aber auch der Dokumentarfilm hinkt bei aller Aktualitätsbezogenheit der Gesellschaft hinterher, da jedes Ereignis immer erst nachträglich dokumentiert werden kann. Geschichtswissenschaft und Film sind beide Dispositive der Postproduktion. Selbst die Aktualität des Fernsehens erreicht die gesellschaftliche Wirklichkeit als Verspätung, wie Philip Rosen anhand der Ermordung John F. Kennedys festhält. »With the notion of film as providing indexical traces of a real past, we approach the arena not only of history, but of documentary, or the convergence of documentary and cinema and historiography.« (Rosen 1993, 63) Geschichte und Film bzw. audiovisuelle Medien sind direkt miteinander verbunden. Bezeugen und Bewahren sind daher nicht nur Bestandteile des Dokumentierens, sondern elementare Teile des Dokumentarischen überhaupt.

10. Erinnerung dokumentieren: Claude Lanzmann, Jacques Rancière, Linda Williams

Die Darstellung von historischen Ereignissen spielt sowohl im Spiel- als auch im Dokumentarfilm eine wichtige Rolle. Mythisch aufgeladene Monumentalfilme entstanden in der Frühzeit des Films mit *Quo vadis?* (Enrico Guazzoni, I 1913), *Birth of a Nation* (David Wark Griffith, USA 1915), *Die Nibelungen* (Fritz Lang, D 1924) oder *Napoléon* (Abel Gance, F 1927). Wochenschauen und Dokumentarfilme hatten zunächst aktuelle Ereignisse zum Gegenstand und unternahmen Ausflüge in die Geschichte vor allem zu propagandistischen Zwecken, prominent etwa bei Leni Riefenstahl in *Triumph des Willens* (D 1934) und *Olympia* (D 1938), aber auch in der Serienproduktion *Why We Fight* (unter der Regie von Frank Capra, USA 1942–45), die jedoch, anders als Riefenstahl, nicht nur auf visuelle und ideologische Überwältigung setzte, sondern zugleich argumentative Überzeugungsarbeit leistete.[58] Einen wesentlichen Einschnitt bedeuteten der Zweite Weltkrieg und der Holocaust. Beide stehen für eine Zäsur in der Darstellung von Geschichte, nicht nur weil Ausmaß und Planung der Vernichtung von Völkern und der Ermordung von Menschen einzigartig waren und sind, sondern auch weil sie, zumindest teilweise, filmisch festgehalten wurden.

Der Zweite Weltkrieg hinterließ schon direkt nach Kriegsende aufwühlende Bilder in Filmen wie *Die Mörder sind unter uns*

(Wolfgang Staudte, D 1946) und *Germania anno zero* (*Deutschland im Jahre Null*, Roberto Rossellini, I 1948), die beide gleichsam auf den Trümmern der unmittelbaren Nachkriegsgesellschaft entstanden. Die Folgen des Krieges wurden in den darauffolgenden Jahren immer wieder zum Gegenstand filmhistorischer Darstellung, allerdings nicht der Holocaust, die Ermordung von mehreren Millionen Juden in den Konzentrationslagern und in den Gaskammern von Auschwitz, Treblinka, Belzec und Sobibór. Erst im Zuge der massiven Thematisierung der deutschen Verbrechen in der bundesrepublikanischen Öffentlichkeit in den 1960er Jahren wurde die Judenvernichtung zum öffentlichen Thema – der Eichmann-Prozess 1961 in Jerusalem und die Auschwitz-Prozesse 1963–65 in Frankfurt spielten dabei eine wichtige Rolle. Dennoch blieb der systematische Genozid der Nazis auch in den folgenden Jahren ein schwer vermittelbares Thema. Nur so ist es zu erklären, dass gerade Filme und Fernsehsendungen, trotz aller Gegenwärtigkeit von Gedenktagen und offizieller Erinnerungsarbeit, zunächst immer wieder Schockwellen auslösen, Betroffenheit verursachen und Diskussionen nach sich ziehen konnten, wenn sie den Holocaust audiovisuell und narrativ darstellten und auch die Ermordungen und unvorstellbaren Grausamkeiten ins Bild setzten. Der erste Dokumentarfilm, der den Genozid explizit thematisierte und internationale Aufmerksamkeit erhielt, war Alain Resnais' Dokumentation *Nuit et Brouillard* (*Nacht und Nebel*, F 1956), deren Aufführung in Cannes die deutsche Bundesregierung vergeblich zu verhindern suchte.

Tiefe Bestürzung löste 1979 die US-amerikanische Serie *Holocaust* des Senders NBC aus, die mit über zwanzig Millionen ZuschauerInnen mehr als ein Drittel der westdeutschen Bevölkerung erreichte. Der Historiker Frank Bosch geht so weit, die Ausstrahlung der Serie als eines der historischen – nicht nur *film*historischen – Schlüsselereignisse der Gegenwart zu bezeichnen (Bosch 2019, 263–394). Zwar waren die dokumentarischen Aufnahmen aus den Konzentrationslagern seit der Re-Education nicht unbekannt,[59] doch lösten sie, wie auch dokumentarische Aufzeichnungen von Massenerschießungen in *Holocaust* verbunden mit der fiktional erzählten Geschichte der Familie Weiß, besondere Bestürzung aus.[60] Was aber hatte sich mit *Holocaust* verändert? Bosch fasst es prägnant zusammen:

> »Die Serie war [...] Katalysator und Ausdruck von generellen Veränderungen in der Geschichtskultur. So steht sie erstens für einen Blick auf die Geschichte, der sich auf die Opfer konzentriert und individuelle Erfahrungen in den Vordergrund rückt. Zweitens repräsentierte sie eine zunehmend medialisierte und kommerzialisierte Geschichtskultur, die nicht auf elitäre Bildung, sondern stärker auf Emotionen und große Reichweite setzt. Drittens zeigt die Debatte um die Serie *Holocaust* den Wandel im Umgang mit historischer Erfahrung und Schuld: Die gesellschaftliche Anerkennung und Aufarbeitung von Verbrechen entwickelte sich zu einer moralischen Verpflichtung, die das Selbstverständnis und die außenpolitische Akzeptanz zunehmend prägte. Schuld und Leid wurden dabei zugleich individualisiert und universalisiert. Und schließlich markiert die Serie den Beginn des Erinnerungs- und Geschichtsbooms in vielen Bereichen der Gesellschaft, der weit über den Judenmord hinausreichte und bis heute anhält.« (Bosch 2019, 364)

Alle vier Aspekte sind für die theoretische Debatte des Dokumentarfilms in gleicher Weise gültig, der als mediale Vermittlung von Geschichte selbst Teil der neuen Aufmerksamkeit für die Darstellung von Geschichte und des Holocaust wurde. In dieser Hinsicht stellen die Dokumentarfilme *Der Prozess* (Eberhard Fechner, D 1983) und vor allem Claude Lanzmanns (1925–2018) Monumentaldokumentation *Shoah* (F 1985) eine Zäsur dar, denn sie gehören zu den ersten Dokumentarfilmen, die konsequent die Perspektive der Opfer ins Zentrum stellen und diese mit jener der TäterInnen kontrastieren. Die teilweise melodramatische Zuspitzung, die *Holocaust* und *Schindlers Liste* (Steven Spielberg, USA 1994) vorgeworfen wurde – ohne die beide Filme jedoch keineswegs die besonders breite Aufmerksamkeit erreicht hätten –, führt zu der Frage, welcher Grad von Medialisierung Geschichtsdarstellungen zuzumuten ist. Lanzmanns Entscheidung war sehr dezidiert, denn er forderte den Verzicht auf jegliche Archivbilder und fiktive Nachstellungen und setzte nur auf Augenzeugenberichte, die in Gesprächen mit ihm selbst hervorgerufen wurden. Lanzmann beharrte sogar darauf, dass sein Film keine Dokumentation sei, weil die AugenzeugInnen die Geschichte in der gesprochenen Erzählung noch einmal zur Darstellung brächten und damit vielmehr zu SchauspielerInnen würden: »Es ist ihre eigene Geschichte, die sie erzählen. Doch es reicht nicht aus, sie nur zu erzählen. Sie mussten sie spielen, das heißt, sie irreal machen. Der Akt des Irrealisierens definiert das Imaginäre.« (Lanzmann 1985, 3; vgl. auch Koch 2016, 195) Unabhängig davon, ob man Lanzmann darin zustimmt, dass der Film keine Dokumentation sei, trifft dieses Postulat einen wichtigen Punkt: Geschichte kann nicht einfach angeschaut werden. Ihre Rekonstruktion ist auf Techniken und Verfahren angewiesen. So bringt Lanzmann die AugenzeugInnen an bestimmte Orte, an denen Gespräche geführt werden und Erzählungen entstehen sollen. Die beeindruckendsten Szenen aus Lanzmanns Film sind eben solche erzählerischen Erzeugungen von Historie, etwa wenn Simon Srebnik, der als Junge knapp der Ermordung entging, vierzig Jahre später in die Gegend von Chelmo zurückkehrt und vom Schicksal der jüdischen Menschen berichtet. Ähnlich erschütternd ist die Geschichte von Abraham Bomba, der als Friseur in Treblinka den Gefangenen vor dem Eintritt in die Gaskammer die Haare schneiden musste. Für seinen Bericht hatte Lanzmann im Film eigens einen Friseursalon angemietet.[61]

Geschichte und Erinnerung haben also, nicht nur bei Lanzmann, mit Orten zu tun, an denen »durch die mühsame Hervorbringung einer Erzählung das Schweigen hörbar [wird]« (Keilbach 2008, 158). Damit wird ein Erinnern im Freud'schen Sinne bewirkt, als Wiederholen, Durcharbeiten und kathartische Befreiung (vgl. Thiele 2015, 80). Lanzmanns Weigerung, Geschichte durch Reenactment und Archivbilder zugänglich zu machen, eine Haltung, die sich etwa auch gegen *Nuit et Brouillard* richtet, markiert eine Position in der komplexen Frage, wie Geschichte audiovisuell darstellbar werden kann. In Fernsehdokumentationen unterliegt sie oftmals einer stark dramaturgischen Logik und ist daher suggestiv und emotional im buchstäblichen Sinne eingefärbt. Bild- und Tonmaterial werden reißerisch verwendet, auch wenn dafür argumentiert werden kann, dass damit Aufmerksamkeit für wichtige historische Themen generiert wird.[62] Darüber hinaus zirkulieren Bild- und Tondokumente oft frei auf digitalen Plattformen, was neue Fragen an Distribution und Archivierung stellt (vgl. Rothöhler 2016).

Dass die Debatte um die Darstellbarkeit des Holocaust in den 1980er und 1990er Jahren so intensiv aufflammte, mag überraschen, lag das Kriegsende zu dieser Zeit doch bereits mehr als vierzig Jahre zurück und war spätestens seit Ende der 1960er Jahre die Aufarbeitung der Geschichte des Nationalsozialismus in Deutschland in vollem Gange. Doch wird meistens übersehen, dass nicht *der Krieg* verdrängt wurde, nicht einmal die Frage nach der Schuld der Deutschen, die im Nachkriegsfilm durchaus präsent war, auch wenn sich die deutsche Nachkriegsbevölkerung in der Mehrzahl wohl als Opfer der Ereignisse verstand. Verdrängung der historischen Ereignisse gab es: Sie bezog sich aber besonders ausgeprägt auf den Holocaust, die systematische Tötung ganzer Bevölkerungsgruppen. Ein Grund dafür, warum dies noch weniger zum Thema wurde als der Krieg, mag auch darin liegen, dass es dafür keine (Vor)Bilder gab. Wie stellt man etwas in dieser Grausamkeit Einzigartiges, wie stellt man den Holocaust mit den Mitteln des Films dar? Bagger, die ausgemergelte tote Körper vor sich herschieben – eine der häufig gezeigten Filmaufnahmen der Alliierten nach der Befreiung der Konzentrationslager, die vielen aus dem Schulunterricht in Erinnerung blieb –, entbehren nicht einer gewissen Obszönität und Respektlosigkeit den Toten gegenüber. Lanzmanns Entscheidung, auf Bilder zu verzichten, steht gleichsam gegen das erzählerische Konzept, diese Bilder auch noch in fiktionale Szenen einzubetten. Sein Ansatz, wie auch der von *Holocaust*, war in den 1980er Jahren noch immer ungewohnt und musste als Sehweise erst erprobt werden, obwohl es keine Gewöhnung an diese Bilder und Erzählungen geben kann. Anhand der Darstellung des Holocausts wird deutlich, dass die Frage nach der Geschichtsdarstellung in audiovisuellen Medien von der tieferliegenden Problematik des Verhältnisses von Geschichte und Film überhaupt herrührt. Dazu sind inzwischen verschiedene Debatten geführt worden.[63] Hier muss sich die Erörterung auf drei prominente Positionen, und zwar die von Philip Rosen, Jacques Rancière und Linda Williams, beschränken, die den Dokumentarfilm mit Blick auf die Gemeinsamkeiten von Filmtheorie und Historiografie untersuchen.

Der US-amerikanische Filmwissenschaftler Philip Rosen geht, wie bereits am Ende des vorangehenden Kapitels zitiert, davon aus, dass jedes audiovisuelle Dokument, das Spuren der Indexikalität aufweist, also Filmaufnahmen oder Fotografien eines Ereignisses, Teil eines historischen Wissens ist. Selbst Bilder von aktuellen Ereignissen, die durch das Fernsehen sehr schnell verbreitet werden, erfahren schon durch die Ausstrahlung eine Rahmung, die sie als vergangen und als ›geschichtlich‹ bestimmt. Für Dokumentarfilme, die zwar oft nicht tagesaktuell, aber doch ge-

genwartsbezogen sind, gilt das Gleiche. Damit bewegt sich der Vorgang des Dokumentierens immer schon auf dem Feld der Historiografie. Beiden Verfahren geht es darum, Spuren der Vergangenheit zu erkennen, sie zu kontrollieren (Rosen 1993, 65), um ihnen schließlich die Autorität des Realen zuzuschreiben. Daraus folgt für Rosen, dass der historiografische Vorgang nur als Dokumentwerdung beschrieben werden kann, da ein Dokument stets in einen mehrstufigen Prozess der Identifizierung, Bestätigung, Anordnung, aber auch der Chronologisierung und Sequentialisierung, die Rosen zusätzlich nennt, eingebunden ist. Der Dokumentarfilm ist daher nicht selbst das Dokument, sondern beschreibt oder erarbeitet seine Entstehung, setzt sie in Szene: ein Prozess, den Rosen als Konversion beschreibt und mit der Schreibweise »document/ary« (Rosen, 65) zum Ausdruck bringt:

> »If shots as indexical traces of past reality may be treated as documents in the broad sense, documentary can be treated as a conversion from the document. This conversion involves a synthesizing knowledge claim, by virtue of a sequence that sublates an undoubtable referential field of pastness into meaning. Documentary as it comes to us from this tradition is not just ex *post facto*, but historical in the modern sense.« (Rosen 71, kursiv i. Original)

Der Dokumentarfilm organisiert also die Konversion, den Übertritt des Dokuments in Bedeutung. Er hält sich dabei an Regeln des Historiografischen, die sich, wie Friedrich Balke festhält, einer »Ästhetik des Fragments und einer hartnäckigen Befragung des Dokuments (verschreiben), aus dessen Verwendung und Bearbeitung der Dokumentarfilm die Autorität des Realen ableitet« (Balke 2020, 4).[64] Für Rosen ist jeder Dokumentarfilm zunächst einmal ein historiografisches Unterfangen, da er den allgemeinen

Regeln der Identifizierung von Spuren, der Indexikalität, der Beglaubigung und dem Versuch, Autorität über ›das Reale‹ zu erlangen, folgt. Damit kann Rosen auch erklären, warum der Dokumentarfilm erst mit John Griersons berühmter Formel des »creative treatment of actuality« und durch Flahertys *Nanook of the North* seinen Anfang nehmen konnte, denn der Film folgt formal einem historiografischen Projekt, das Fakten einfängt, einordnet und sequentialisiert. Dagegen haben die Filme der Brüder Lumière und die Gebrauchs- und Werbefilme des Films bis etwa 1918 zunächst keine historiografische Wirkung entfalten können (was sich aber durch die Frühfilmforschung, siehe Kapitel 4, ändern kann). Die historiografische Funktion des Dokumentarfilms steht nach Rosen jedoch vor ›neuen‹ Herausforderungen. Der Anfang der 1990er Jahre gegründete Fernsehsender CNN stellt die Konversion von Aktualität in Historiografie vor neue Probleme, da Bilder seiner auf »Echtzeit« zielenden Programmstrategie entsprechend nun schneller und direkter als Dokumente identifiziert werden müssen. Diese Problematik greift auch Linda Williams auf, deren Ansatz weiter unten diskutiert wird.

Zunächst sollen jedoch Thesen von Jacques Rancière (*1940) in den Blick genommen werden, der, ähnlich wie Rosen, eine tief verankerte Verbindung von Geschichte und (Dokumentar)Film beobachtet. Moderne Geschichte richtet sich, so Rancière, nach drei Funktionen: Erstens ist sie eine »Sammlung von erinnernswerten Fakten« (Rancière 2003, 231). Zweitens verknüpfen sich historische Ereignisse mit der »Macht des gemeinsamen Schicksals«, das heißt, dass historische Entwicklungen eine menschliche Gruppe, etwa eine Nation, an eine Entwicklung in der Zeit koppeln, die ihrem Handeln Sinn verleiht. Drittens ist Geschichte aber immer auch die »ursprüngliche Einrichtung der Elemente der Fiktion« (Rancière, 232). Geschichte behandelt also Erinnerung, Teilhabe an einer gemeinsamen Geschichte (Deutschlands, Europas etc.) und die Etablierung von Modi der Darstellung (was Rancière als »Einrichtung von Fiktion« bezeichnet). In diese drei Aspekte des Geschichtlichen, die zunächst von den klassischen Künsten in Form von sprachlichen und visuellen Mythendarstellungen (Literatur, Malerei, Theater) getragen wurden, schreibt sich der Film ein: »Die Art der Intrige (gemeint ist die Handlung, »intrigue« ist im Französischen ein anderer Begriff für den *plot*, OF), aus der der Film besteht, die Funktion der Erinnerung, die er erfüllt, und die Art und Weise, in der er eine Teilhabe am gemeinsamen Schicksal bezeugt.« (Rancière, 232–233)

Während aber die klassischen Künste Geschichte oft auf große Momente zusammengezogen haben, etwa im Historiengemälde, fügt der Film diesen drei Elementen das der systematischen »Unter-Determinierung« (Rancière, 233) hinzu. Das heißt, die Bilder und Töne eröffnen im Bewegungsbild eine sinnliche Dimension, die nicht einfach in Bedeutung aufgelöst werden kann. Und dies gilt verstärkt für den Dokumentarfilm, der nicht in gleicher Weise wie der Spielfilm eine Kontrolle der Repräsentation über das repräsentierte Material ausübt oder ausüben sollte. Zwar bestehen auch Spielfilme aus diesen »a-signifikativen Momenten« oder »lyrischen Sequenzen« (Rancière, 234), wie Rancière sie nennt, aber im Dokumentarfilm entfalten sie sich leichter, weil die Kamera sich der Realität eher überlässt. Rancière sieht in dieser Unter-Determinierung des Materials, die den Film im Allgemeinen, den Dokumentarfilm aber besonders kennzeichnet, einen wesentlichen Unterschied zu den anderen Künsten (Rancière, 236).

Es ist nun aber nicht so, dass der Film einfach sinnlicher und weniger auf Bedeutung und intelligible Erfassung aus ist. Er etabliert vielmehr ein anderes Verhältnis von Materie und Geist, von Sinnlichem und Intelligiblem, und hebt diese Gegensätze in gleichzeitigen und untrennbaren Ausdrucksbewegungen auf. Rancière beruft sich bei dieser Deutung sowohl auf die Philosophie der Romantik als auch auf die französische Filmtheorie der 1920er Jahre, vor allem Elie Faure und Jean Epstein. Letzterer hatte den Film als grundlegend neue »lyrosophische Erfahrung« verstanden, durch die Subjekt- und Objekterfahrungen in einer neuen Verschmelzung des sinnlich-intelligiblen Lebens fortgerissen würden.[65] Diese neue Erfahrung, »das Dispositiv einer anderen *psyche* und einer anderen *physis*« (Rancière, 237), findet sich aber bereits vorformuliert, so Rancière, nämlich in der deutschen Romantik, und kann als »ästhetisch« bezeichnet werden. Filme sind also nicht nur intelligibel, wie es in der klassischen Repräsentation der Fall wäre, indem das sinnliche Material auf Bedeutung hin verstanden werden soll. Sie sind aber auch nicht rein sinnlich, nur auf das Material und die Ebene des Ausdrucks bezogen. Der Film unterläuft exakt diese Trennung, welche die alten Künste noch definiert hatte. Deshalb lehnt Rancière die Trennung von klassischem und modernem Film ab, schließlich tendiert auch der Hollywoodfilm, eigentlich die klassische Repräsentation, dazu, Subjekt- und Objekterfahrungen, Zeichen und Bedeutung durcheinanderzuwirbeln (Rancière 2006).

Die spezifisch ästhetische Erfahrung des Films äußert sich nach Rancière also in der Entkopplung und offenen Resonanz der Zeichenmaterie. Anders gesagt: Ein Bild oder ein Ton im Film bezeichnet keinen festen, bestimmbaren (intelligiblen) Sinn, sondern koppelt diesen jedes Mal neu an die sinnliche Materie. Film ist in dieser Perspektive eine Kunst, deren Programm bereits im 19. Jahrhundert von der Romantik geschrieben wurde, das aber erst mit der Erfindung des Kinematographen seine Form gefunden hatte. Die Folge: Mit dem Film setzt »die Idee einer anti-repräsentativen Kunst ein, einer Kunst, die die Aufzeichnung der Gedanken durch ›Stromstöße‹ oder die Radiographie des Gefühls in Ultraviolett (wie es Epstein definierte, OF) den Ausdruckscodes der repräsentativen Tradition entgegensetzt« (Rancière, 239). Dadurch entsteht eine neue Geschichtlichkeit, die einen »neuen Modus des In-der-Gemeinschaft-Seins definiert und gemeinschaftliche Lebensformen errichtet« (ebd.).

Hatte Rosen gezeigt, dass der Film Dokumente erst erschließt und sich dazu an bestehende historiografische Verfahren andockt, beschreibt Rancière die Entstehung eines neuen Verständnisses von Geschichte überhaupt. Film reorganisiert Geschichtswissen durch eine stets mögliche Neuordnung des sinnlich-intelligiblen Materials, das durch die kinematografische Medialität der direkten Einschreibung von Bewegung die festen Zuordnungen von Geist und Materie durchstreicht und durch relationale, korrespondierende Zeichenelemente ersetzt. Rancière führt dafür verschiedene Beispiele an. Humphrey Jennings' Film *Listen to Britain* (GB 1941) ist ein Film über das Leben der Soldaten im Zweiten Weltkrieg, der aber nicht den Krieg repräsentiert, sondern schweigsame, bedeutungsarme »Momente der Aussetzung« (Rancière, 234) in Szene setzt, die aber gerade dadurch an die gemeinsame Aufgabe des britischen Volkes im Krieg erinnern. In ähnlicher Weise wird die Unmöglichkeit, das historische Denken von den sinnlichen Ebenen der Bilder und Töne abzulösen, in den *Histoire(s) du cinéma* von Jean-Luc Godard (F 1988) und in *Level Five* (Chris Marker, F 1997) vorgeführt.[66] Auch *Shoah* entfaltet ein filmisches Verständnis von Geschichte, das sich von der klassischen Historiografie entfernt. Die Weigerung Lanzmanns, auf Archivbilder zurückzugreifen, entzieht dem intelligiblen Verstehen den Boden und bindet es an die Ebene des Ausdrucks, die Sprache der Zeugen, die Begehung der Orte, die Konversationen zwischen Lanzmann und seinen Gesprächspartnern zurück.[67] Film eröffnet also für Rancière nicht nur spezifisches Wissen, sondern auch eine andere Praxis von Geschichte, die den begreifenden Verstand und den davon untrennbaren sinnlichen Mitvollzug *zugleich und untrennbar voneinander* adressiert. Dadurch kann Geschichte nicht einfach ›gedeutet‹ werden, weil sich die sinnlich-intelligible filmische Ausdrucksmaterie dem kognitiven Verständnis gleichzeitig entzieht. Hierbei kommt dem Dokumentarfilm eine entscheidende Rolle zu: »Denn aufgrund seiner (des Dokumentarfilms, OF) Bestimmung übertritt er die Normen der fiktionalen Repräsentation zweifach, einmal auf Seiten der mechanischen Treue zur Realität des Sehens und zum andern, umgekehrt, auf Seiten der freien Anordnung der Zeichen durch den Verstand eines Künstlers.« (Rancière, 242)

Während der Spielfilm in die Gefahr einer gewissen Erstarrung der Zeichen in narrativen Verfestigungen und Klischees gerät, vertraut der Dokumentarfilm den – automatisch aufgenommenen – uneindeutigen und nicht-signifikanten Zeichen, lässt sie in Korrespondenz treten und gewinnt daraus im besten Fall einen nicht-determinierten Blick auf die historische Realität, der dennoch nicht beliebig ist. Denn der Film ist deshalb inhärent historiografisch, weil er für die Verstrickungen in die eigenen Zeichen sensibel bleibt. Dies beobachtet Rancière nicht nur bei Autoren wie Godard und Marker, sondern auch in Hollywoodfilmen, wobei er hier – wieder ganz der Romantik verpflichtet – ein gewisses Faible für Künstler wie Fritz Lang, Anthony Mann und Nicholas Ray hat (vgl. Rancière 2001, 105 ff.).

In gewisser Hinsicht lässt sich Linda Williams' Beschäftigung mit dem Dokumentarfilm »Spiegel ohne Gedächtnisse« aus dem Jahr 1993 (dt.: Williams 2003) trotz unterschiedlicher theoriegeschichtlicher Herkunft gut an Rancière und Rosen anschließen. Auch Williams beobachtet den Dokumentarfilm mit Blick auf das Aufkommen von instantanen Fernsehbildern (Stichwort CNN) und Amateurvideos, etwa des berühmten Rodney-King-Videos.[68] Die Darstellung der Wahrheit gerät hier in eine postmoderne Krise, die einen Zwiespalt offenlegt: »Die Widersprüche sind aufschlussreich: Einerseits scheint die postmoderne Bilderflut nahe zu legen, daß es a priori keine Wahrheit des Referenten geben kann, auf die das Bild verweist; andererseits ist es innerhalb der gleichen Bilderflut immer noch das bewegte Bild, das die Kraft hat, Zuschauer zu einer neuen Beurteilung der zuvor unbekannten Wahrheit zu bewegen.« (Williams 2003, 25) Diese Kennzeichnung der Lage des Dokumentarischen gilt nicht nur für den Beginn der 1990er Jahre, sondern hat bis heute Gültigkeit. Die CNN-Übertragung mit Peter Arnett, der im Januar 1991 im Raketengewitter auf dem Dach des Hotels Raschid in Bagdad den Beginn des zweiten Golfkriegs erklärt (!), bildet eine Gründungsszene des dokumentarischen Bildeinsatzes, der Aufnahmen von allen Ereignissen möglich macht, zugleich aber die Zweifel an der Wahrheit der Bilder nährt, auf deren Beglaubigungskraft (und -macht) aber doch nicht verzichtet werden soll. Williams konstatiert daher – ähnlich wie Rancière, aber auf die Postmoderne bezogen – eine Vervielfältigung der Zeichenbeziehungen, die es schwierig erscheinen lässt, feste Kopplungsbeziehungen zwischen Zeichen und Bedeutung zu stabilisieren, wodurch die dokumentarische Wahrheitsfindung problematisch wird. Ihre Antwort lässt sich vereinfachend in der Formel »Was früher ›Spiegel mit Gedächtnis‹ war, kann heute nur noch einen anderen Spiegel reflektieren« (Williams, 25) zusammenfassen.

Was meint Williams damit? Sie analysiert so verschiedene Dokumentarfilme wie *Shoah*, Errol Morris' aufsehenerregendes Werk *The Thin Blue Line* (USA 1988) und Oliver Stones *JFK* (USA 1992), der sich als historische Rekonstruktion des Mordes an John F. Kennedy versteht. *The Thin Blue Line* ist ein Dokumentarfilm über einen Justizirrtum, der als einer der ersten Filme nachgestellte und dokumentarische Szenen vermischt. Der Film deckt einen Justizirrtum auf, der zunächst dazu führte, dass Randall

Adams zu Unrecht für einen Mord verurteilt wurde. Morris entlockt dem tatsächlichen Mörder David Harris ein Geständnis, das justiziabel ist und nur durch die Manipulationen und Tricks des Films hervorgebracht werden konnte.

Hat der Film damit der Wahrheitsfindung geholfen? Teilweise ja, meint Williams, weist aber darauf hin, dass zwar *eine* Wahrheit, die juristische, also die Schuldfrage, durch den Film geklärt wurde, aber *nur durch Verzicht* auf andere Wahrheiten, etwa die psychologische Frage nach den Motiven und persönlichen Hintergründen der beteiligten Personen. Morris geht, wie Williams feststellt, in »bester cinéma vérité-Tradition« (Williams, 30) vor, indem er die Wahrheit durch Lenkung der Gespräche und Kunstgriffe hervorbringt, aber den Film eben in den Dienst einer von vielen, ebenfalls möglichen Wahrheiten stellt. Jean-François Lyotard, auf den sich Williams bezieht, hatte das postmoderne Wissen so definiert, dass dieses, anders als die Episteme der klassischen Moderne, auf einen einzigen Wahrheitsanspruch verzichtet, da eine Wahrheit stets auf Kosten einer anderen, die eventuell die gleiche Berechtigung haben könnte, errungen werde.

Williams beschreibt diese postmodernen Bedingungen mit der Metapher von Spiegelverhältnissen. Das Bild oder der Film ist nicht mehr Spiegel, also Widerspiegelung der Wahrheit, sondern Spiegel ohne vorheriges Gedächtnis, *korrespondierender Spiegel*, dem kein eindeutig zu identifizierender Referent gegenübersteht. Wahrheit ist ein Spiel zwischen diesen wechselseitigen Reflexionen ohne eindeutigen Ursprung, die Suche nach ihr gleicht dem Gang durch ein Spiegelkabinett ohne Ausgang. Daraus folgt für Williams: »Anstatt uns zwischen dem idealistischen Glauben an die dokumentarische Wahrheit und der zynischen Zuflucht zur Fiktion aufzureiben, sollten wir den Dokumentarfilm nicht dem Wesen nach als wahr begreifen, sondern als eine Reihe von Strategien definieren, aus denen man vor dem Hintergrund relativer und kontingenter Wahrheiten auswählen kann.« (Williams, 32–33) Leicht ließe sich Williams' Begriff der Relativität falsch verstehen, nämlich so, dass Wahrheit *immer* relativ sei, also durch jede andere Wahrheit ersetzt oder eben relativiert werden könne. Aber das meint sie nicht. Mit Blick auf den bereits in Kapitel 8 thematisierten Film *Roger & Me* (Michael Moore, USA 1993) kritisiert sie den Regisseur, weil er Ereignisse, die vor der Massenentlassung von Arbeitern bei General Motors stattgefunden hatten, so darstellte, als wären sie deren Folge. Moore rechtfertigte sich, indem er die Rolle des objektiven Berichterstatters zurückwies und behauptete, auch in der Verfälschung der Chronologie und unter Vernachlässigung von Details wahrheitsgetreu darüber zu berichten, wie sich der Niedergang seiner Heimtatstadt Flint in den 1980er Jahren (durch die sozialen Umstände und Folgen der Entlassungen in der Autofabrik) vollzogen habe. Der Unterhaltungsfaktor, der auch durch Moores Präsenz in seinen Dokumentarfilmen entsteht, diene also gleichsam der Wahrheit, auch wenn sie nicht objektiv berichtet werde.

Diese Positionierung von Moore, aber auch die simple Denunzierung der verfälschenden Darstellung als Lüge führen nach Williams zu der falschen Alternative, zwischen »der langweiligen, schwerfälligen Tatsache und der unterhaltsamen Fiktion zu wählen, die zwar dem Wesen, nicht aber im Detail der historischen Wahrheit entspricht« (Williams, 37). Stattdessen erkennt sie eine relative und kontingente Wahrheit darin, »eine definitive Unzugänglichkeit von Verbrechen, Gewalt und Traumata, die unwiederbringlich der Vergangenheit angehören« (ebd.), anzuerkennen. Morris in *The Thin Blue Line* und Lanzmann in *Shoah* erkennen in ihren Filmen den Abstand zur Vergangenheit an, den sie wie »aufdringliche Rechercheure« (ebd.) bearbeiten, »sie stellen die Vergangenheit nicht dar, sondern reaktiveren sie mit Bildern der Gegenwart«: »Indem sie Herstellungsprozesse,

Mythen und konkrete Momente der Produktion von Sündenböcken offenlegen, bei denen einfache fiktionale Erklärungen von Traumata, Gewalt und Verbrechen gegen komplexere ausgetauscht werden, spielen sie weder einfach die Wahrheit gegen die Lüge aus noch einen Produktionsprozess gegen einen anderen; statt dessen zeigen sie, wie Lügen sowohl für die Agenten als auch für die Zeugen historischer Traumata als Teilwahrheiten funktionieren.« (ebd.)

Williams verwirft also die zu einfache Dichotomie von Wahrheit und Fiktion oder Lüge. Dass Wahrheit nicht durch einfache Rekonstruktion von Fakten oder Widerspiegelung gefunden werden kann, ist für sie kein Grund, Dokumentarfilme als Fiktion zu bewerten und sie Spielfilmen gleichzustellen. Dokumentarfilme sind im besten Fall eine »sorgfältige Konstruktion, eine Intervention in die Politik und die Semiotik der Repräsentation«. Williams wendet sich damit auch gegen die von ihr so genannten »schädlichen Fiktionen« (Williams, 42), die Wahrheit zu einfach konstruieren, die Tür für Verschwörungstheorien öffnen und im schlimmsten Fall zur Vernichtung ganzer Völker führen können. Wahrheit ist also nicht als einzelnes Ereignis zu haben, sondern nur als »Summe ihrer Umschreibungen«, und, hier kommt Williams Rancière begrifflich sehr nahe, als »Korrespondenz(en)« (Williams, 39). Rancière hatte insbesondere dem Dokumentarfilm die »Macht der Korrespondenz, durch die Zeichen verschiedener Natur in Resonanz und Dissonanz treten« (Rancière, 234), zugesprochen. Wahrheit ist niemals eindimensional, sondern eine Korrespondenz von sich teilweise widersprechenden Aussagen und Aussageweisen, deren Kontrastierungen in Dokumentarfilmen deutlich werden sollten. Mit Williams lässt sich resümieren: »Die Lehre (der Postmoderne, OF) liegt eher darin, daß dem Begriff der Wahrheit historische Tiefe zukommen kann – nicht die Tiefe der Ausgrabung einer kohärenten und einheitlichen

Vergangenheit, sondern die Tiefe der Korrespondenzen zwischen Vergangenheit und Gegenwart. Wenn es keine zuverlässigen Wege zur Wahrheit der Vergangenheit gibt, wenn Fotografien und Filme keine Spiegel mit Gedächtnissen, sondern eher, wie Baudrillard meint, Spiegelkabinette sind, dann läge unsere beste Antwort auf diese Krise der Repräsentation darin, genau das zu tun, was Lanzmann und Morris tun: So viele Seiten dieser Spiegel wie möglich in Anschlag zu bringen, um die Verführungskraft von Lügen zu enthüllen.« (Williams, 43) – Ein Satz, der umstandslos auf die mediale Gegenwart des Internets übertragen werden kann.

11. Ethno-Fiktion: Catherine Russell, Gilles Deleuze, David MacDougall

Im Anschluss an die Erkundung des Verhältnisses von Dokumentarfilm und Geschichte wirft die Frage nach dem Fremden und dem Anderen ein weiteres zentrales Thema der dokumentarischen Darstellung auf. Die filmische Ethnologie ist eng mit der Gründerfigur des cinéma vérité, Jean Rouch, verbunden, der in *Chronique d'un été* (F 1961) den Blick auf die Erkundung des Anderen vor allem im eigenen Land richtete (Kapitel 9). Diesem Beispiel folgen andere, insbesondere Frederick Wiseman, der in der Mehrzahl seiner Filme, anders als Rouch, auf eine ruhige, beobachtende, ›sachliche‹ Kamera, z.B. im Blick auf die Abläufe in gesellschaftlichen Institutionen, setzte. Doch auch die scheinbar teilnahmslose filmische Beobachtung ist keineswegs neutral.[69] Die Kamera kommentiert ein Geschehen bereits durch die Auswahl des Aufnahmewinkels und die Selektion der Bilder. So scheint ein Film wie *Primate* (Frederick Wiseman, USA 1974) ohne große Anteilnahme den Ablauf von Forschungen an Gehirnen von Primaten in einem US-amerikanischen Forschungslabor zu zeigen. Doch ruft nicht eine solche Erfassung des Geschehens Anteilnahme erst hervor? Bei Wiseman ist jede Einstellung und jeder Montageschritt ein Aufruf an das Imaginäre, an Vorstellungsbilder, die mit den Forschungen auf ganz verschiedene Weisen korrespondieren, sie moralisieren, zu Empathie und Empörung führen und doch nur auf normale, sehr alltägliche Vorgänge einer respektablen, westlichen Forschungseinrichtung zurückweisen. Der Hinweis auf die Menschenähnlichkeit der Affen, ihren Schmerz angesichts der Experimente und der Einsperrung, aber auch die wie von selbst aufgerufenen Anspielungen auf den »mad scientist« oder den »Affen im Weltraum« (N. Brinkmann 2009, 173 ff.), die gerade durch die kommentarlosen und nicht durch Musik zweckgesteuerten Bilder der Institution bewirkt werden, rufen Sachzwänge, soziale Regeln, Interaktionen zwischen Menschen, Mensch und Tier respektive Tieren untereinander auf sowie humanitäre, ökonomische und soziale Entwicklungspotenziale, die nicht explizit thematisiert werden, aber alle im scheinbar statischen, interventionslosen Kamerablick aufgehoben sind. In Anlehnung an die von Williams und Rancière beschriebenen Korrespondenzverhältnisse kann mit Blick auf solche Filme mit Heinz B. Heller vom *Transitorischen* des neueren Dokumentarfilms gesprochen werden. In den Beobachtungen Wisemans spielen verschiedene Wahrnehmungs- und Vorstellungsregister eine Rolle, die kaum voneinander zu trennen sind: »Statt dokumentarischen Registrierens von Fakten werden nunmehr Erkundungen der in der Wirklichkeit eingelagerten und sie mitkonstituierenden Vorstellungsbilder und -welten unternommen; im bewussten Widerspiel von Wahrnehmungs- und Vorstellungsbildern das Imaginäre zu entbinden und sinnlich anschaulich erfahrbar zu machen – in diesem Horizont wird das Transitorische des Dokumentarfilms manifest.« (Heller 2001, 24)

Wisemans Filme stehen am Beginn einer Erforschung der alltäglichen institutionellen Abläufe in den westlichen Gesellschaften, die mit Margrit Tröhler als »Ethnografisierung der Gesellschaft« (Tröhler 2004, 164) bezeichnet werden kann. Diese erfährt eine verstärkte Verbreitung durch »das heutige partizipative Medienangebot und die erhöhte Mobilität von Individuen und Daten«, womit »das Dokumentieren des Gegenwärtigen und des Alltäglichen zu einer generalisierten medialen Erfahrung geworden [ist], in der das Eigene in gewisser Weise immer auch zu einem Anderen wird« (Tröhler, 164). Dieses im postkolonialen Diskurs als »Othering« oder »Becoming the Other«[70] bezeichnete Distanzieren und Fremdwerden des eigentlich oder vermeintlich Bekannten stellt einen performativen Prozess dar, der nicht auf fixierbare Methoden hin generalisiert werden kann, sondern die jeweils konkrete Auseinandersetzung mit Lebensräumen, Kulturen und den dort zirkulierenden Anschauungen erfordert. Dabei werden keine (end)*gültigen* Bilder geschaffen, sondern diese sind selbst fragile Mittel in der Oszillation von Distanznahme und Annäherung, »die *von innen heraus* die Skepsis oder die Verunsicherung über den Status der Bilder schür[en] und ihre Aussagen im imaginären Bereich zwischen Fiktion und Nichtfiktion situier[en]« (Tröhler, 165, kursiv i. Original).

Die Skepsis gegenüber den Bildern, der sichtbaren Realität und ihren Repräsentationen führt zu einer »experimentellen Ethnographie«, wie sie Catherine Russell vorschlägt (Russell 1999). Sie betont, dass Otherness nicht nur eine produktive Kategorie der Anerkennung des Anderen darstellt, sondern dass sie eigentlich aus der kolonialen Tradition stammt, in der die »Anderen« als minderwertig oder rückständig eingestuft wurden. Dieser fest installierte Gestus der Überlegenheit, der zugleich die Unsicherheit und Angst gegenüber fremden kulturellen Erscheinungen beinhaltet, korrespondierte mit Unterwerfungsfantasien und -begehren. Die kulturellen Aneignungen und Respondenzen des Kolonialismus wirken in den kolonisierten und den kolonisierenden Gesellschaften bis in die Gegenwart fort, wobei die Anerkennung der fragmentierten Identitäten durch Migration und Globalisierung stärker in den Fokus rückt. Dies konfrontiert die westlichen Kulturen mit einer Infragestellung tiefgreifender Prägungen, die nach Russell zunächst in eine Bildkritik münden muss. Viele visuelle Repräsentationen von Realität sind von der sich überlegen glaubenden Blickermächtigung eines weißen und oft männlichen Subjekts geprägt sowie von patriarchalen und kolonialen Vorurteilen, Wünschen und Fantasien durchsetzt. Aus diesem Grund formuliert Russell eine Absage an den vermeintlich realistischen Blick: »The failure of realism to present evidence of the real is the radical possibility of experimental ethnography [...]. ›The ›real‹ conceived as history differs from ›the real‹ of referentiality in that it includes the spectator and the filmmaker in its scope. Beyond the limits of representation exist other realities of experience, desire, memory, and fantasy. These realities are historical and produce real effects, especially in the institutions and practices of colonial culture.« (Russell, 24)

Die Terminologie der »experimentellen Ethnographie« ist in dieser Perspektive ein Pleonasmus, da Ethnografie dokumentarfilmisch immer über die hergebrachten Subjekt- und Abbildrealitäten, die mit dem Medium Film einhergehen, hinausgelangen muss. Ethnografisches Filmen ist daher auch nicht auf eine Methode reduzierbar, weshalb Russells Zugang nur durch Beispiele aus verschiedenen Filmepochen und unter Berücksichtigung unterschiedlicher kultureller Voraussetzungen verständlich werden kann. Blicken wir, als Auswahl aus Russells Text, auf Luis Buñuels *Las Hurdes* (F 1933) und Peter Kubelkas *Unsere Afrikareise* (F 1973). In diesen Filmen geht es darum, den vorherrschenden kolonialen Blick (*colonial gaze*) auszustellen und zur Sprache zu bringen, also die hegemonialen Konstruktionen von Otherness aufzudecken, um sie gleichzeitig zur Otherness der Filmerfahrung selbst werden zu lassen.

Las Hurdes wurde bereits in der Einführung als ein Gründungsakt des Dokumentarfilms beschrieben. Der Film kann als frühe ethnografische Studie gelesen werden, die für den Betrachter rasch als Reflexion des Dokumentarfilmers auf seine eigene Voreingenommenheit zu erkennen ist, wenngleich sie als objektive Reportage kaschiert wird, die vorgeblich mit aufklärendem Gestus über Armut und Rückständigkeit berichtet. Kubelkas zwölfminütiger Film basiert auf Footage-Bildern von Afrika-Safaris, die aber ständig mit dem Blick der Einwohner kontrastiert werden. Besonders auffällig ist die Inszenierung der afrikanischen Frauen, die mal von außen mit entblößter Brust gezeigt, dann wieder durch den Film resubjektiviert werden, indem sie in Großaufnahme zurückblicken und damit den Filmemacher mit seinen männlich-kolonialen Wunschfantasien konfrontieren, die mit der offen gezeigten Erlegung von Giraffen und Zebras in Zusammenhang gebracht werden. Russell weist auf diese pornografische Seite des ethnografischen Blicks hin:

> »The disappearance of subjectivity casts the cinematic gaze adrift in Africa without support and without release, forcing the viewer to confront the Other in all her nakedness and to meet her gaze. Although the film relies on montage and the aesthetics of collage for its effects, Kubelka uses travel footage that adds an ›aura‹ of having been there. It is this ›evidentiary‹ quality that it shares with pornography and ethnography, both of which imply the presence of the filmmaker at the scene.« (Russell, 127)

Durch die blutigen Szenen der Erschießung der Tiere, die ständigen Gewehrsalven auf der Tonspur und die offenbar beiläufig gefertigten voyeuristischen Aufnahmen der Touristen mutieren die Beobachtungen zum Horror, der die ›arglosen‹ Realitäten des Safarialltags scheinbar nebenbei, tatsächlich aber in der Hauptsache prägt. Der Film kann so als Exemplifizierung der zwei Seiten von Otherness gelten, sowohl als kolonial-ökonomische und sexuelle Ausschlachtung wie auch hinsichtlich der dekonstruktiv zu lesenden Dimension der Blickstruktur, die beide durch die Montierung der Footage-Aufnahmen offengelegt werden.

Otherness zielt bei Kubelka auf den kolonialen Blick, der oftmals zugleich sexistisch ist. Daher ist die Thematisierung von Geschlecht ein entscheidender Gegenstand der Ethnografie, etwa in der radikalen Perspektive von Trinh T. Minh-ha. Ihre Filme *Rassemblage* (USA 1983) und *Surname Viêt Given Name Nam* (USA 1989) verweben die Erfahrung von Weiblichkeit zwischen Tradition und Gegenwart in Vietnam mit Kriegsereignissen und der Emigration von vietnamesischen Frauen in die USA. In *Surname Viêt Given Name Nam* entsteht eine Bricolage aus Bildern, Liedern, Stimmen und Tönen, ohne dass subjektive oder kulturelle Identifizierungen tatsächlich greifen können. Dies zeigt sich auch in der formalen Gestaltung: Interviews werden von Schauspielerinnen gesprochen, die Autorin äußert sich selbst durch fünf verschiedene Frauenfiguren, so dass jeder Rückbezug auf Authentizität irreführend wird, obwohl durchaus ›echte‹ Footage-Aufnahmen zum Einsatz kommen. Die Autorin »bleibt unerkannt, dezentriert, keineswegs allwissend; ohne ihre Subjektivität ins Zentrum zu stellen, fügt sie sich in ein Netz von Beziehungen, in dem die Positionen aufeinander antworten und sich widersprechen, ein Netz, das symbolische wie diskursive Macht brüchig werden lässt« (Tröhler, 162). Diese an die Filme Chris Markers und Alexander Kluges angelehnte Erzählweise gewinnt dennoch an Authentizität, weil Trinh T. Minh-ha vietnamesische Wurzeln hat und in den USA lebt. Vor diesem Hintergrund einer zugeschriebenen Erfahrungskompetenz wird die Fragmentierung und De-Subjektivierung glaubhaft. Trinh T. Minh-ha bezeichnet ihre Autorinnenposition als »speaking nearby«[71]. Das bedeutet, dass sie die Erfahrungen, die sich in den teilweise auf echten Aufzeichnungen beruhenden nachgesprochenen Äußerungen widerspiegeln, nachvollziehen, ihnen eine Stimme geben und sie gleichsam begleiten kann, ohne sich letztgültig mit ihnen zu identifizieren. Trinh T. Minh-ha setzt sich, genau wie Russell, von vorgeblich objektiv auftretenden Positionen des Dokumentarfilms ab: »Die Realität ist phantastischer, auf eigentümliche Weise manipulativer und macht einen verrückter als die Fiktion. Wenn man das versteht, erkennt man die Naivität, die hinter der Entwicklung einer filmischen Technologie steht, die einen immer unmittelbareren ›Zugang‹ zur Realität verkündet.« (Trinh T. Minh-ha 2006, 285) Ethnografische Zugänge misstrauen also besonders den technischen Bildaufzeichnungen, denen eine von kulturellen Vorurteilen beladene Realitätsauffassung inhärent ist, wie sie etwa auch Wiseman in seiner Ethnografie der Institutionen hervortreibt. Mit Gilles Deleuze (1925–1995) und David MacDougall (*1939) sollen nun zwei weitere Perspektiven auf den ethnografischen Dokumentarfilm dargestellt werden.

Deleuze geht, wie Russell und Trinh T. Minh-ha, davon aus, dass der Gegensatz zwischen Realem und Fiktionalem, in dem der Dokumentarfilm auf der einen und der Spielfilm auf der anderen Seite lokalisiert wird, keine Grundlage einer Theorie des Dokumentarischen darstellen kann. Denn wenn die Fiktion Oberhand gewinnt, also die Annahme, dass die Wahrnehmung des Anderen durch die Künstlichkeit des Filmens und des subjektiven Zugangs durch den Filmautor dominiert wird, dann ist damit nur eine neue Wahrheitsbehauptung eingesetzt, die zuvor dem Abfilmen der Realität galt. Die dem Filmbild innewohnende Temporalisierung und die Beweglichkeit des Kamerabildes sorgen dafür, dass Wahrheit ohnehin nicht fixiert werden kann, sondern sich im Bewegungsbild in jedem Moment wieder entzieht. Daher koppelt Deleuze die Frage nach der ›*Wahr*heit‹ an eine Art mobile und relationale Zeit, in der verschiedene *Wahr*nehmungen und Erzählungen miteinander in Beziehung gesetzt werden. Diese Verkettung zeitlich heterogener Aussagen, die

Deleuze als »Werden« bezeichnet, führt zu einer laufenden Verschiebung von Identitätsbildungen. »Die Person ist untrennbar mit einem Vorher und einem Nachher verbunden, das sie im Durchgang von einem zum anderen Zustand vereinigt.« (Deleuze 1991, 198) Die Suche nach eindeutiger Identität wird durch »Legendenbildung« ersetzt, die vorfindliche Wahrheiten re-perspektiviert oder -modelliert und letztendlich im Akt der Erzählung neu erschafft, denn »dem Kino geht es nicht um die Identität einer – realen oder fiktiven – Figur, indem es deren objektive und subjektive Aspekte erfaßt. Was es erfassen muß, ist das Werden einer realen Person, die der Film ›auf frischer Tat‹ beim ›Fingieren‹, beim ›Legendenbilden‹ ertappt.« (Deleuze, 198)

Dieses Fingieren nennt Deleuze »Fabulation«, ein Begriff, den er im Anschluss an Pier Paolo Pasolinis Aufzeichnungen zur sogenannten freien indirekten Rede gewinnt. Pasolini geht davon aus, dass die Äußerungen einzelner Personen, etwa in konventionellen Interviews, nur in subjektiver Rede bestehen können.[72] Der Film ist aber weder subjektiv noch (kamera)objektiv, sondern beides zugleich. Er muss zu einem anderen, mehrfach vermittelten Aussagemedium werden, das die falsche Dichotomie von Objektivität und Subjektivität überwindet. Die freie indirekte Rede ergibt sich daher in Korrelationsverhältnissen von Aussagen, Umgebungen und Umwelten und der Positionierung des/der AutorIn, wie Pasolini selbst in seinen Interviews zum Film *Comizi d'amore* (I 1965) vorführt. Daraus entwickelt sich kein einheitliches Bild und keine Repräsentation, sondern Wahrheit als Effekt von entstehenden Erzählungen und Legendenbildung, eine Art erweitertes cinéma vérité. Die Rede, vermittelt durch Aussagen von Menschen und Kameraperspektiven, bleibt *indirekt*, da sie sich von Dogmen der Wahrheitsfindung befreit, die »objektiven und subjektiven Bilder verlieren nicht nur ihren Unterschied, sondern auch ihre Identität in einem neuen Kreislauf, in dem sie sich im Ganzen ersetzen, sich entweder kontaminieren oder zersetzen oder wieder zusammensetzen« (Deleuze, 196).

Berühmte Beispiele für einen solchen anthropologischen Zugang zur dokumentarischen Realität sind für Deleuze neben den Filmen Rouchs die Werke von Pierre Perrault, der der einflussreichen Québecer Dokumentarfilmschule der 1960er Jahre angehörte. Sein bereits erwähnter Film *Pour la suite du monde* (CAN 1963) begibt sich auf die Suche nach der Identität der Menschen auf der Isle-aux-Coudres, einem Inselstreifen in Québec. In den ständigen Diskussionen über kulturelle Herkunft behauptet die Kamera an keiner Stelle, eine vorfindliche, originäre Wahrheit ausfindig machen zu wollen, sondern lässt Wirklichkeiten in den widerstreitenden Bildern und Reden, aber auch im Singen und Feiern kontrastieren. Julia Bee, die dieses Kino als *cinéma vécu* (»gelebtes Kino«) bezeichnet, hebt hervor, dass das, was in *Pour la suite du monde* vorrangig geschieht, »die Teilnahme der verschiedenen Charaktere an gerade entstehenden kulturellen Erzählungen ihrer Gruppe [ist], die ja tatsächlich durch das vom National Filmboard Canada unterstützte Filmprojekt einsetzt: ein In-Kontakt-Treten zur eigenen Vergangenheit, die zugleich im Begriff steht, legendenhaft zu werden und als lebendig, gestaltbar, im Fluss erlebt wird« (Bee 2018, 107). Auf diese Weise wirkt der Film selbst mit an der Gestaltung der Vergangenheit, Film und Kultur verändern sich sozusagen koextensiv. Ursprungserzählungen und auf Eindeutigkeit zielende Wahrheitsdiskurse hingegen haben die Tendenz, abweichende Erzählungen zu ignorieren. Es sind daher nicht die hegemonialisierbaren Minoritätendiskurse, etwa einer weißen Mittel- und Oberschicht, die stellvertretend für eine ganze Kultur stehen, sondern, folgt man Deleuze, kollektive und serielle Erzählungen, die eine Nation oder ein Volk erst hervorbringen. Ihre Diversität, Responsivität und Entfaltung in der Dauer der Redeweisen bildet der Film nicht ab, sondern erschafft sie erst und erhebt den Dokumentarfilm damit zu einem politischen Medium.[73]

Eine weitere prägnante Position entwickelt schließlich auch der Anthropologe und Filmemacher David MacDougall. In seinen gemeinsam mit Judith MacDougall entstandenen Filmen dominiert oft der *observational mode*, das heißt die geduldige Beobachtung von sozialen Abläufen. David MacDougall, der seine Arbeit immer auch theoretisch begleitet hat, setzt bei dem ethnologisch relevanten Unterschied zwischen geschriebenem und visuellem Wissen an. Wissenschaft setzte lange Zeit auf das Primat der Schrift, wobei Fotografie als Begleitmedium eingesetzt wurde. MacDougall argumentiert im Anschluss an den von W. J. T. Mitchell beschriebenen *pictorial turn*[74], der zum Ziel hatte, Bilder nicht nur als Veranschaulichungen, sondern als genuine Orte des Wissens ins Zentrum zu rücken, für eine Exploration visueller Forschung, was bedeuten würde, »visual anthropology must learn to make anthropological films rather than films *about anthropology*« (MacDougall 1998, 76, kursiv i. Original). Dabei gelte es anzuerkennen, dass schriftbasierte und visuelle Anthropologie, so drückt MacDougall es aus, auf *zwei Seiten des Schlüssellochs* agierten, die zwar beide die gleiche Realität beobachten, aber mit verschiedenen Formen der Verarbeitung von Daten:

> »In a sense, *translation* is always to anthropology's advantage, for it channels data through the keyhole of language, producing a condensation of meaning and leaving most of the data behind. Photography, film (and now video) construct meanings, as it were, on the other side of the keyhole, for photographic images, however heavily coded in diverse ways, also contain analogues (rather than translations) of vision.« (MacDougall, 68–69, kursiv i. Original)

MacDougall begreift Schrift und Visualität demnach als zwei epistemologische Ordnungen, die nicht nur Unterschiede des von beiden beobachteten Gegenstands offenlegen, sondern ihre Referenten gleichsam »mitziehen« (»drag their referents with them«), wie er im Anschluss an Roland Barthes formuliert. Auch wenn die Medien komplementär sind, so bleiben sie doch auch heterogen, beziehen sich auf unterschiedliche Referenten, deren Erkenntnisse unterschiedlicher Natur sind. Film folgt dabei eher dem epistemologischen Modus der Bekanntschaft (»acquaintance«), während Schrift den der Beschreibung (»description«) befördert. Das anthropologische und transkulturelle Wissen des Films erfordert »a direct acquaintance with social moments, physical environments, and the bodies of specific social actors [...]. While anthropological writing is effective in speaking about human cultures in general, film, like the imaginative arts, can say much about how individuals live within (and transmit) a ›culture‹.« (MacDougall, 80) Film ist geeignet, die physischen und materiellen Dimensionen, interaktive Netzwerke und symbolische Beziehungen von kulturellen Gemeinschaften aufzudecken (nicht unbedingt abstrakte symbolische Ordnungen, die eher der schriftlichen Beschreibung zugänglich sind), welche auch genderbezogene, hierarchische und ideologische Positionierungen sowie ihre Ambiguitäten und Zwischentöne in der kontinuierlichen Beobachtung deutlich werden lassen. Jede Gesellschaft besteht, so MacDougall, aus verschiedenartigen Kräften der Koexistenz des Gesagten zum Ungesagten, die durch die »Bekanntschaft« mit den Akteuren und ihren Interaktionen dokumentierbar werden. Gegenüber der »descriptive knowledge« der Schrift trägt die »affective knowledge« (MacDougall, 81) des Films zur Analyse und Erklärung von Kulturen entscheidend bei und schärft den von Claude Lévi-Strauss in Erinnerung gerufenen Blick nach innen, »durch Identifizierung des Ethnologen mit der Gruppe, deren Leben er teilt, und durch die Bedeutung, die er – in Ermangelung anderer Informationsmöglichkeiten – den kleinsten Nuancen des psychischen Lebens der Eingeborenen beimessen muss« (Lévi-Strauss 2012, 45).

MacDougall verpflichtet die visuelle Anthropologie nicht auf filmische Richtungen, Stilmittel oder ästhetische Verfahren, die den visuell-anthropologischen Ausdruck eindeutig begründen könnten. Sowohl das cinéma vérité, das die Kamera und die FilmemacherInnen als partizipatorische Elemente in der Beobachtung mitführt, als auch die Beobachtung durch Plansequenzen und sehr lange Einstellungen, welche die Kamera sogar zu einer akzeptierten Akteurin machen kann, sind adäquate Methoden einer anthropologischen Epistemologie des Films. Die dialogischen Annäherungen von Jean Rouch (und Edgar Morin) erzeugen nicht weniger transkulturelles Wissen als Robert Gardners *Forrest of Bliss* (USA 1985), der sich auf die Themen Tod und Wiederauferstehung in der Pilgerstadt Benares (Varanasi) in Indien konzentriert, indem er, ohne Fokus auf bestimmte Personen, kulturelle Symbole und rituelles Alltagsgeschehen auf rein sinnliche Weise, durch Bilder, Farben und Klänge vor Augen und zu Ohren bringt. MacDougalls eigener Film *Schoolscapes* (AUS 2007) fokussiert in langen, beobachtenden Sequenzen den Alltag der Rishi Valley School in Krishnamurti (Indien), deren Erziehungsideal darin besteht, die Umwelt zunächst auf einfache und sanfte Weise zu beobachten. Beide Filme lassen sich, anders als die von Rouch, dem beobachtenden Film zuordnen, gehen jedoch »beyond observational cinema« (MacDougall, 125), indem die Kamera ein sich nach und nach eröffnendes Netzwerk an Zeichen aufruft, das die physische Präsenz der Kultur filmisch erfahrbar macht.[75]

Mit *Schoolscapes* ist die Argumentation wieder am Beginn des Kapitels angelangt, bei *Primate* von Frederick Wiseman. Der ethnografische Film ist keine Sparte des Dokumentarfilms, sondern im Sinne der von Margrit Tröhler beschriebenen ethnografischen Wende eine längst maßgeblich gewordene, die globale Gesellschaft als Verklammerung divergierender Kulturen und Identitäten erforschende Strömung. Die Konzepte der Otherness, des Transitorischen (Heller), des »speak nearby« (Trinh T. Minh-ha), der Fabulation (Deleuze) oder der »acquaintance« (MacDougall) zeugen von der Vernetzung ethnografischen und dokumentarischen Wissens, die in Kapitel 13 am Beispiel des an der Harvard-University angesiedelten Sensory Ethnography Lab noch einmal zur Sprache kommen wird.

12. Der Essay-Film: Eine Debatte, Agnès Varda und François Niney

In den 1970er Jahren etablierte sich die Videotechnik, die im Alltag und als künstlerisches Medium eingesetzt wurde. Das hatte Folgen für den Dokumentarfilm, der nicht mehr nur als Kino- oder Fernsehfilm existierte, sondern mit dem Video zum Medium der individuellen oder künstlerischen Mitteilung wurde. Diese Form kann als Essayfilm bezeichnet werden. Umstritten ist, ob dieser überhaupt eine eigene Gattung darstellt, die wesentliche Impulse nicht nur aus dem Dokumentarfilm, sondern auch aus dem Spiel- und Experimentalfilm erhält (Scherer 2011, 22), ob aus einer solchen Hybridisierung nicht ohnehin folgen müsste, dass der Sinn des Essayfilms genau darin liegt, die Gattungsgrenzen zu unterlaufen (Pantenburg 2010, 44–46), oder ob er unter der Bezeichnung »essayistischer Film« (Blümlinger/Wulff 1992, 7) zwar mit eigenem Attribut, aber letztlich doch zu schon bestehenden Filmformen hinzustößt. Diese Frage kann hier offenbleiben. Maßgeblich ist, dass der Essayfilm viele Berührungspunkte mit dem Dokumentarfilm aufweist. Die theoretische Erörterung des Dokumentarfilms seit den 1960er Jahren hat ohnehin die ständige Befragung des Dokumentarischen zum Thema gehabt, so dass der Essayfilm als eine weitere Stufe einer kritischen Medienpraxis verstanden werden kann, die mit Namen wie Chris Marker, Jean-Luc Godard, Harun Farocki, Johan van der Keuken, Alexander Kluge, Trinh T. Minh-ha und Ulrike Ottinger verbunden ist und gegenwärtig von Videoessayisten wie Kevin B. Lee (*Transformers: The Premake*, USA 2014) und Tony Zhou (*Every Frame a Painting*, USA 2014–2016, gemeinsam mit Taylor Ramos) geprägt wird.

Der Essay ist eine philosophische und literarische Gattung, die mit Michel de Montaigne und Francis Bacon einsetzt und schließlich seit dem 19. Jahrhundert und im 20. Jahrhundert historisch und theoretisch von Friedrich Nietzsche, Walter Benjamin, Georg Lukács, Theodor W. Adorno, Max Bense, Petra Gehring und Georg Stanitzek beschrieben wird, um nur einige namhafte AutorInnen zu nennen.[76] Der Essayfilm hingegen ist erst in den letzten Jahren, vor allem in Anthologien (Blümlinger/Wulff 1992, Kramer/Tode 2017) und durch Auseinandersetzungen mit einzelnen Filmautoren (Scherer 1999, Pantenburg 2008) intensiver untersucht worden.

Die theoretische Relevanz des Essayfilms soll hier in einer Zusammenschau der verschiedenen Positionen in zunächst sechs Punkten deutlich werden, bevor zwei Filme im Zentrum stehen, welche die theoretische Bedeutung des Essays auch durch Beispiele anschaulich machen sollen. Zugleich dient die Auseinandersetzung mit dem Essayfilm auch als Scharnier zum letzten Kapitel, in dem es um das Verhältnis von Digitalisierung und Dokumentarfilm gehen wird. Der Essayfilm ist durch Plattformen wie YouTube und Instagram zu einer vielfach praktizierten Form geworden, denn heutzutage kann jede/r ein/e Hobby-EssayistIn werden, indem er/sie mit dem Handy seinen Alltag filmt und diesen im Medium der Selbstdokumentation für andere verfügbar macht. Darin ist eine Verflüssigung der Gattungsgrenzen zu erkennen, in der Essay, Tagebuch, Blogeintrag und Meinungsäußerung zusammenfließen. Schon um diesen heterogenen Erscheinungsformen eine kritische Struktur zu geben, ist es wichtig, für die theoretische Debatte zentrale Merkmale des Filmessays zur Diskussion zu stellen.

Das erste Kriterium für die Definition des Essayfilms liegt darin, dass er quer zu den vorhandenen Gattungen Dokumentar-, Spiel- und Experimentalfilm liegt. Trotz dieser unbezweifelbaren Hybridität steht der Essayfilm dem Dokumentarfilm näher als dem Spielfilm, dessen Leitidee überwiegend darin liegt, eine narrativ-diegetische und keine dokumentierende Wirklichkeit aufzubauen. Der Essayfilm versteht sich als subjektive und kritische Intervention in eine bestehende historische Wirklichkeit, die durch eine Haltung oder Handschrift gekennzeichnet ist. Der Experimentalfilm hingegen ist, wie im letzten Kapitel im Sinne der »experimental ethnography« (Russell) beschrieben, ein unablässiger Begleiter des Dokumentarfilms, zielt jedoch präziser auf die apparativen Bedingungen der Filmherstellung und -aufführung. Der Essayfilm ist in den meisten Fällen eine Kreuzung aus Dokumentar- und Experimentalfilm, da er Realität aus individueller, sozialer oder medialer Perspektive problematisiert.

Ein zweites Kriterium des Essayfilms liegt in der Subjektivität. Oftmals spricht im Essay sehr direkt jemand zum/r ZuschauerIn, häufig die Person, die wir als AutorIn identifizieren. Manchmal ist diese Person sichtbar, oft aber auch nur als Stimme präsent. Entscheidend ist aber nun, dass diese Subjektivität im Widerstreit steht mit den Bildanordnungen und Produktionsbedingungen von Filmen. Wie Michel Foucault, Roland Barthes, Jacques Lacan, Gilles Deleuze und Félix Guattari herausgearbeitet haben, ist die Bindung eines Werks an eine/n spezifische/n AutorIn eine historisch bedingte Zuschreibungspraxis, die auf die/den Einzelne/n zurückführt, was tatsächlich jedoch eine oft willkürliche Zusammenfügung ganz verschiedener Diskurse und Auffassungen darstellt. Bilder, Erzählungen und Töne, aber auch deren politische, soziale und perzeptive Dimensionen übersteigen den/die AutorIn, der/die zudem in einen medialen Produktionsprozess eingebettet ist, der ihn/sie ökonomisch, sozial und technisch kontrolliert. Der/die AutorIn ist also eine heteronome Instanz, die nicht alle Produktions- und Bedeutungsprozesse souverän überblickt, sondern genauso von diesen durchdrungen und gesteuert wird. Diese *Auslieferung* an vorgegebene Signifikationen kann im Essayfilm aber reflexiv gewendet und thematisiert werden. Entsprechend charakterisiert Christina Scherer die Abkehr vom/von der AutorIn als eines seiner Merkmale: »Das ästhetische Ich steht nicht für eine eindeutig identifizierbare Person ein, und Subjektivität ist im Essayfilm nur als reflektierte, uneindeutige und wandelbare, vielfach ästhetisch gespiegelte und gebrochene Subjektivität zu haben.« (Scherer 2017, 145)

Sicherlich ist dem AutorInnen-Ich nicht ganz zu entkommen, wenn weiter von AutorInnen, Werken und Personalstilen gesprochen wird. Das Subjekt ist aber nur *eine* Instanz der Wahrnehmung, die gerade im Essayfilm Wahrheit und Wissen zur Disposition stellt und den Blick gegen vorherrschende, vorgeblich unbestreitbare und objektive Auffassungen richtet und sich durch diese subjektiv erhobene Stimme (»voice« im Sinne von Bill Nichols) für die Vielfalt der Wahrnehmungs- und Redeweisen exponiert.

Darin ist das dritte Kriterium der (Selbst-)Reflexivität bereits aufgehoben. Ein Essayfilm beherbergt die kritische Reflexion der eigenen Stellung und des eigenen Orts der Äußerung innerhalb der medialen Ordnungen, verbunden mit der Distanzierung von konventionellen Bildregimen oder »verobjektivierenden Diskursen« (Kramer/Tode, 23).

Die Bildordnungen bilden das vierte Kriterium. Da sich Essayfilme gegen vorfindliche, eingefahrene und stabile Erzähl- und Abbildungsformen richten, werden Bilder, Töne und Äußerungen als kontingente, wandelbare, herrschende Bildregime unterlaufende, mindestens aber kritisch kommentierende Darstellungen kenntlich gemacht. In der Kürze trifft diese Verfahrensweisen wohl weniges besser als Jean-Luc Godards Formulierung, »ce n'est pas une image juste, c'est juste une image« (Godard 1985, 348). »Dies ist kein richtiges Bild, sondern nur ein Bild«, wobei »juste« in der Doppelbedeutung von richtig und gerecht auf die politischen, moralischen, gar rechtlichen Konsequenzen der Verwendung von Bildern verweist. Wie zudem die Bildphilosophie der letzten Jahre herausgestellt hat, war das Bild historisch weitgehend der mündlichen oder schriftlichen Äußerung untergeordnet. Eine wichtige Pointe des *iconic* oder *pictorial turn* der 1990er Jahre (Böhm 2008, Mitchell 2008) bestand daher darin, Bilder als eigenständiges Äußerungsgeschehen ernst zu nehmen. Intensive Bildbefragung, Rekontextualisierung, Hybridisierung von Bildmedien wie Fotografie, Video und Film sowie der ständige Rückbezug auf Archivmaterial und *Found Footage*[77] sind herausgehobene Verfahren, die im Essayfilm ihren Ort finden und die Problematisierung von Dokumenten zum Thema haben.

Womit ein fünftes Kriterium aufgeworfen wird: Alexander Kluge, Harun Farocki, Chris Marker und Trinh T. Minh-ha verwenden neben eigenen Aufnahmen oftmals Archivbilder, die aber nicht als für sich selbst sprechende Dokumente verstanden werden sollen. Vielmehr verbindet sich mit ihnen eine spezifische Materialisierung und eine mediale Disposition zur Steuerung und Kontrolle von – scheinbar neutralen – Blicken, etwa durch Überwachungskameras oder sensorische Medien. Mit Blick auf Harun Farocki bemerkt Christa Blümlinger, dass das Archivbild nicht naiv, sondern »Teil eines Dispositivs der Herstellung und des Umlaufs von visuellem Material« ist (Blümlinger 2017, 259). Aufgrund der Zirkulation von großen Materialmengen, nicht nur in den Archiven des Fernsehens, sondern inzwischen auch durch Amateur-, Privat-, Gebrauchs- und Familienfilme, stellen sich besondere Anforderungen an den Essayfilm. Diese liegen zum einen darin, immanente Machtstrukturen, auch und gerade durch den Amateurfilm, aufzudecken. Ein beispielhafter Essayfilm dafür ist *A Song of Air* (Merilee Bennett, AUS 1988). Roger Odin arbeitet in einer feinen Analyse heraus, wie Bennetts Vater die Kontrolle der Kamera mit der Repression der Familie und der Tochter verband. *A Song of Air* stellt den essayistischen und bildkritischen Versuch Bennetts dar, sich aus dieser Unterdrückung herauszulösen (Odin 2019, 145-46).[78]

Zum anderen zeigt sich, dass der Archivbegriff auf verschiedene Weise ausgelegt werden muss. Michel Foucault hat in diesem Sinne die von Georges Canguilhem aufgeworfene Unterscheidung von Dokument und Monument aufgenommen. Das Archiv ist für Foucault nicht nur ein Speicher, der Ereignisse als Dokumente und Spuren der Vergangenheit aufbewahrt, sondern auch ein Aussagesystem, dessen Regeln es zu erforschen gilt. Dabei unterliegen die Dokumente einem regelhaften Diskurs, während die Monumente diesem entgehen. Durch die Monumente spricht etwas »direkt, was nicht von vornherein dazu bestimmt war zu bezeugen oder zu sprechen« (Blümlinger 2001, 135). Oder wie es in der Übersetzung von Blümlinger bei Jacques Rancière heißt: »Das Monument ist das, was ohne Worte spricht, was uns ohne die Absicht aufzuklären etwas vermittelt, was ein Gedächtnis in sich trägt allein durch die Tatsache, daß es sich bloß um seine Gegenwart gekümmert hat.« (Blümlinger, 135) Der Filmessay ist in solchen Formen eine unbestreitbare Ausprägung des Dokumentarfilms, da er den Dokumentbegriff befragt und Dokumente durch Konversionen im Sinne Philip Rosens (Kapitel 10) in Szene setzt und re-kontextualisiert.

In der digitalen Gegenwart des Streamens können Archive hingegen unter dem Begriff der materiellen Infrastruktur der Verteilung noch einmal ganz anders analysiert werden. So hat Simon Rothöhler kürzlich die gesamte Dynamik des Streamens von Archivmaterial unter besonderer Berücksichtigung der Shoah-Filme von Claude Lanzmann geprüft. Lanzmann produzierte deutlich mehr Aufnahmen, als in seinen Filmen montiert werden konnten. Er übergab das nicht verwendete Material an das United States Holocaust Memorial Museum in New York (USHMM), wo es über Streaming-Dienste einsehbar ist. Diese »outtakes« sind Teil der »digitalen Entgrenzung des Shoah-Films, [der sich] nicht auf den sorgfältig annotierten Multimediaraum des USHMM-Webarchivs beschränkt, sondern automatisch in angrenzende, mehr oder weniger valide einer sich im Netz konstituierenden public history aus[breitet]« (Rothöhler 2017, 344). Die zirkulierenden Dokumente bedürfen der Erfassung und Einordnung sowie einer Untersuchung ihrer mobilen Redistribuierungen. Der Essay- und Dokumentarfilm beschäftigt sich mit der Mobilität – oder soll man in Zeiten des Streamens von Volatilität sprechen? – des archivalischen Materials, das zunehmend als Monument genauso wie als Outtake oder auch dokumentierendes Making-of-Footage zugänglich ist, um Anordnungen auch außerhalb der klassischen wissenschaftlichen Erfassungen in Archiven und Museen zu erproben.

Das sechste Kriterium benennt am besten eine Formulierung von Friedrich Balke: »Sich zwischen die Bilder drängeln« (Balke 2020, 10). Balke setzt sich hier von Hans Richters Position aus den 1940er Jahren ab, die den Essay noch als Argumentation verstanden hatte, um »Gedanken, selbst Ideen allgemein verständlich zu machen« (Richter 1940, 197–198). Essayfilme der Gegenwart folgen aber, so Balke, eher der bereits bei Michel de Montaigne vorgeprägten Vorstellung, dass ein Zugriff auf das Ganze, also die vermeintlich objektivierende Rede, unmöglich sei.[79] Deshalb fange Montaigne bei sich selbst an, seine *Essais* verleugneten ihre Wissenslücken nicht. Der moderne Essayfilm relativiere zwar, wie oben bereits gesehen, den subjektiven Erkenntnismodus, ohne dabei aber auf ein konstruiertes, ästhetisches »Ich« der Aussage zu verzichten. Er konfrontiert vorgegebene Wahrheiten mit ihren »uneinlösbaren Wissensansprüchen« (Balke, 13), verweigert die »planvolle Synthese« (ebd., 12), wie Balke im Anschluss an Klaus Wildenhahn ausführt, und steht für eine »anti-objektivistische Wende des Dokumentarfilms« (ebd., 12). »Sich zwischen die Bilder drängeln, den ›reinen‹ Bildgenuss stören, Interpretationen geben, aber hastig getuschelt und damit die Macht des Wortes ›über‹ die Bilder (voice *over*) zurücknehmend.« (ebd., 11, kursiv i. Original) Essay- und Dokumentarfilm finden darin zusammen, dass sie den Blick herauslösen, sich in gewisser Weise wieder »naiv« (etymologisch auf die Geburt verweisend) oder monumental geben können. Sich assoziativ in einen Sehakt zurückzubegeben, aber zugleich in hohem Maße Wahrnehmungen reflexiv und verknüpfend, als Dokumente, anzuordnen, das charakterisiert die niemals festlegbaren Zwischenpositionen von Bildern.

Die dargestellten Kriterien sollen nun anhand von zwei Beispielen konkretisiert werden, wobei immer zu beachten ist, dass Essayfilme ein theoretisches Repertoire wie das beschriebene nicht bloß übernehmen, sondern mehr noch als andere Filmgattungen selbst als denkende Tätigkeit verstanden werden müssen. Agnès Vardas Film *Les glaneurs et la glaneuse* (*Die Sammler und die Sammlerin*, F 2000) kann wie Robert Kramers Film *Route One* (USA 1990) als Mischform aus Essay- und Dokumentarfilm verstanden werden. Vardas Film beginnt mit dem *voice-over* der Autorin, sie liest einige Definitionen vor. Währenddessen schlägt sie den Begriff »glaneur« in einem alten *Larousse* nach, Zeilen des Buches sind zu sehen – »glaner« heißt sammeln, »glaneur« und »glaneuses« bezeichnen die SammlerInnen, wobei es früher nur die »glaneuses« gab, die Sammlerinnen, denn das Ährenlesen wurde hauptsächlich von Frauen praktiziert. Dargestellt wurden sie in Enzyklopädien, gemalt von Jean-François Millet, einem der großen Maler des 19. Jahrhunderts. Das Original des Bildes *Die Ährenleserinnen* befindet sich im Musée d'Orsay: Der Film zeigt zunächst das Gebäude mit seiner eindrucksvollen Bahnhofsfassade aus dem 19. Jahrhundert, bevor das Gemälde in Großaufnahme erscheint. BesucherInnen schauen sich das Bild an, japanische TouristInnen schießen Fotos. Dann erfolgt ein Schnitt und zu sehen ist eine Bäuerin auf einem Feld, die berichtet, dass das Sammeln von Weizen und Reis früher eine alltägliche und existenzielle Tätigkeit gewesen sei. Während sie erzählt, erfolgt ein Schnitt auf alte Stummfilmaufnahmen, möglicherweise aus einer Wochenschau, die Frauen beim Sammeln zeigen. Danach spricht Varda selbst: über die Geste des Sammelns in der Überflussgesellschaft; vor Bildern von Menschen, die Reste auf den Straßen und Märkten auflesen, unterlegt von einem Rap-Song, der dasselbe Thema besingt. Sie berichtet weiter, dass es heutzutage auch Sammler gibt, nicht nur Sammlerinnen, und dass sie als Einzelne vorkommen, während sie früher immer in Gruppen dargestellt wurden. Die Ausnahme bildet das Gemälde von Jules Breton *La glaneuse*. Dort sieht man eine einzelne Ährenleserin mit einem Bündel auf der Schulter, würdevoll und in aufgerichteter Haltung.

Varda fährt ins Museum nach Arras, stellt sich mit einem Bündel Stroh neben das Bild von Breton und berichtet von der anderen Sammlerin, die im Titel des Films erwähnt wird: sich selbst. Kurz erstarrt sie zu einem *tableau vivant*, um dann das Reisigbündel fallen zu lassen und eine Kamera zu nehmen, durch die sie die ZuschauerInnen anblickt. Sie berichtet von den kleinen Kameras, die sie als Regisseurin nun verwendet, die fantastisch und digital sind und »stroboskopische, hyperrealistische und narzisstische Bilder« erzeugen. Wir sehen einige Aufnahmen der Agnès Varda, ihren Blick, ihren Körper, ihr Gesicht filmisch skizziert durch Anwendung einiger der neuen Bildeffekte. Beim Anblick ihrer Hände sagt sie, diese zeigten ihr an, dass »es bald zu Ende geht«. Dann kehrt sie zur Dokumentation zurück, in der sie in den folgenden achtzig Minuten den Komplex des Sammelns in verschiedenen Dimensionen befragt, etwa historisch (Was treibt die Menschen zum Sammeln an?), juristisch (Wer darf überhaupt etwas aufsammeln?) oder aus Sicht der Agrarproduktion (Welche Kartoffeln dürfen verkauft werden und wo landen die, die nicht gebraucht werden?), wobei der Film von Momenten des Nachdenkens über das Phänomen des Sammelns und Vardas eigene Existenz im Sammelsurium des Lebens unterfüttert wird.

Vardas Film ist Dokumentar- und Essayfilm zugleich. Die subjektive Äußerung durch Stimme und Positionierung vor der Kamera wird durch den Bezug auf offizielle und neutrale Quellen (Dictionnaire, Museum, Gemälde, Rap-Song) komplementiert, wobei patriarchale Einschreibungen sofort sichtbar werden. Der Glaneur ist männlich, auch der Plural leitet sich vom Maskulinum ab, obwohl die Bildgeschichte nur Sammlerinnen dokumentiert. In dieser wiederum sorgen anerkannte Maler (Millet, Breton) dafür, dass Frauen bei körperlicher Betätigung zum Bildobjekt werden. Varda nimmt als Filmemacherin die gleiche Körperhaltung wie die (namenlose) Ährenleserin von Jules Breton ein, indem sie als *die Glaneuse* aus dem Filmtitel posiert. Es geht also darum, weibliche Positionierungen zu individualisieren und selbst ins Bild zu setzen, was Varda mit dem Verweis auf die eigene Kamera – im Sinne eines persönlichen Mediums – auch tut. Nicht zuletzt ist dies ein Hinweis darauf, dass sie unter den oft genannten großen Nouvelle-Vague-Regisseuren wie Godard, Truffaut, Rohmer, Rivette und Chabrol die einzige und meistens weniger beachtete Frau war. Schließlich thematisiert sie die medialen Mittel, indem sie ihr Werkzeug, die neuartige Digitalkamera beschreibt (narzisstisch, fantastisch, hyperrealistisch) und zugleich ihren eigenen Körper ins Bild setzt. Der Verweis auf das Alter und die Hände personalisiert den Film, zeugt aber von einer körperlichen Intimität, die in Essays männlicher Autoren, auch großer wie Marker, Farocki oder Kluge, nicht vorkommt. Der Kommentar gilt dem eigenen Verfall, aber auch dem Verfall der Dinge und der Bilder. Varda setzt also ihre eigene Körperlichkeit und Subjektivität in Szene, um diese mit filmreflexiven Mitteln zu einem mehrschichtigen und für die ganze Gesellschaft repräsentativen Thema zu machen. Sie dokumentiert, um zu kommentieren, und kommentiert, um zu dokumentieren. Genauer könnte die Idee des Essayfilms kaum vorgeführt werden.

Abschließend wollen wir noch einen Blick auf den Film *Route One* werfen, der anhand der Interpretation François Nineys, neben Jean-Louis Comolli der einflussreichste Autor zum Dokumentarfilm in Frankreich, gelesen werden soll. Nineys Buch *L'épreuve du réel à l'écran. Essai sur le principe de réalité documentaire* (Niney 2002) versteht sich, wie der Untertitel zu verstehen gibt, selbst als Essay. Es handelt sich allerdings eher um ein in 18 Kapiteln entfaltetes, umfassendes Standardwerk zur Geschichte und Theorie des Dokumentarfilms. Folgt man Niney, dann situiert sich der Dokumentarfilm zwar zwischen dem Realen und dem Fiktionalen, begreift beide jedoch nicht als Gegensatz, sondern im Gegenteil: Die Fiktion, die künstliche Herrichtung der Aufnahmen und der Beitrag der Montage, wird nicht in den Film hinein ›gemogelt‹, sondern ist von vornherein Teil der dokumentarischen Wirklichkeit und hätte ohne sie keinen Sinn. Das filmische »principe de réalité« besteht aus der »Kopräsenz« *der Entstehung* von Fiktion und Realem im Film, sie entstehen gleichzeitig und untrennbar voneinander. Dies ist von Dokumentarfilmern wie Georges Franju, Alain Resnais und Chris Marker ebenso erkannt worden wie von den Filmemachern, die den Spielfilm zum Dokumentarischen geöffnet haben, wie Orson Welles, Jean-Luc Godard und John Cassavetes. Besonders auffällig realisiert sich diese Kopräsenz bei den iranischen Regisseuren Mohsen Makhmalbaf und Abbas Kiarostami. In Anspielung auf Kiarostamis Film *Und das Leben geht weiter...* (IRN 1992), der das Erdbeben im Norden des Irans um die Städte Manjil und Rudbar zum Thema hat, führt Niney aus: »De même que la vie continue à travers le film, le film continue à travers la vie«[80] (Niney 2002, 313). Makhmalbaf reichte zum Filmfestival in Cannes mit *Salaam Cinema* (IRN 1995) einen Film ein, der nur das dem Film vorausgehende Casting zum Thema hat. Damit bringt er die Grenzen zwischen Fiktion und Dokumentation gezielt durcheinander. »Es handelt sich nicht mehr um die Interpretation einer Rollenfigur, im geschlossenen Rahmen einer Fiktion, nicht einmal mehr um ein wahres *casting*, sondern um einen fiktiven Essay, der sich für die Personen, die daran teilnehmen und das Spiel mitspielen, vor unseren Augen in eine reale Prüfung, eine Lebenserfahrung verkehrt.« (Niney 2012, 205, kursiv i. Original) Es ist diese Wechselseitigkeit, die den Dokumentarfilm vor der falschen und betrügerischen Realität rettet, die nach Niney besonders im Reality TV verbreitet wird. Die Wahrheit siedelt sich nämlich nicht in der rohen Realität an, die ohnehin nur als Annäherung, in der Suche vermittelbar ist. Niney kommt daher zu einer verblüffend einfachen Definition der dokumentarischen Wahrheit: »Aber beinhaltet die Suche nach der Wahrheit nicht den Raum der Fiktion, den Zwischenraum zwischen dem, was ich bin/dem, was ich gerne sein würde/dem, was ich nach dem Willen der anderen sein soll?« (Niney 2012, 207). Ist es nicht das, was Agnès Varda tut? Sie ›castet‹ sich selbst und schreibt sich als kontingente Stimme, als Körper (Dokument) in schon vorhandene Bildwelten (Fiktionen) ein und nimmt nun selbst die Kamera in die Hand. Ein solches Verfahren der Kopräsenz oder der »Doublierung« (Niney) praktiziert auch Robert Kramer, dem Niney sein Buch gewidmet hat.

Route One ist eine Dokumentation über Kramer selbst, der nach mehreren Jahren im Ausland in die USA zurückkehrt und sechs Monate lang sein Heimatland von Cap Cod bis Key West durchquert, mit Menschen über Gemeinschaft, Religion und soziale Themen spricht. Doch anstelle von Kramer sehen wir auf der Tour sein Alter Ego, Paul Isaac, genannt Doc, halb Schauspieler, halb Kumpel des Regisseurs, wobei sich der die Kamera führende Kramer selbst nur gelegentlich über seine Stimme oder als möglicher Gesprächspartner von Doc einbringt. Nach Niney handelt es sich hier um einen Film in der ersten Person, aber ganz im Sinne des bereits definierten ästhetischen, gespiegelten Ichs. Niney führt aus: »En un sens, dit Robert Kramer, c'est vraiment mon semblable et mon frère, la biographie de Doc est à mi-chemin entre la biographie de Paul, la mienne et quelque chose de totalement fictif. Quelque part c'est une sorte de double.«[81] (Niney 2002, 310). Diese Verdopplung führt dazu, dass eine kohärente Identität zu erfassen unmöglich ist, und öffnet eine zusätzliche Dimension, jenseits von wahr und falsch (»une dimension supplémentaire, au-délà du vrai et du faux«[82], Niney, 310; »supplémentaire« kann aber sowohl mit »zusätzlich« als auch mit »ersetzend« übersetzt werden, denn beides trifft hier zu). Während des Drehens erschließen sich neue Markierungen der Wirklichkeit, die nach und nach als Schichtungen US-amerikanischer Realität hervortreten. Vietnamkrieg, Sezessionskrieg oder Gedächtnisspuren der Natives werden durch die immer nur verkoppelten, aber an keiner Stelle identischen Interventionen von

Doc und von Kramers Kamera wie temporale Formationen der Historie und Gegenwart zusammengetragen.

Der Dokumentarfilm trägt also die Doublette von Realem und Fiktionalem in sich. Man könnte sagen, dass letzteres dem Dokumentarfilm die Realität erst ›zurückgibt‹, da er sie auf *rohe* oder *direkte* Weise gar nicht herstellen kann. Wahrheit definiert sich also weder als erstes (rohes) noch als letztes, finales Prinzip, sondern als unhintergehbare Korrespondenz zwischen Sein (Dokument) und Sollen/Wollen/Können (Fiktion). Der Essay als reflexives Format macht diese Voraussetzung des Dokumentarfilms nur noch deutlicher. Niney notiert über Jean Rouch, Robert Kramer und Agnès Varda: »Ob die die Handlung vorantreibenden Protagonisten wirklich Einheimische wie bei Rouch sind, ob es ein Darsteller wie in *Route One* oder die Regisseurin selbst (Varda) ist – das Moment der improvisierten Fiktion dient dem Realen als Katalysator, das sie aufnimmt und das im Gegenzug jene überlagert hat und sie ins Dokumentarische umwandelt.« (Niney 2012, 58)

IV. BERÜHREN/BERECHNEN

13. Affekt und das Post-Dokumentarische

In den folgenden Kapiteln richtet sich der Blick auf aktuelle Diskussionen zum Dokumentarfilm in Zeiten digitaler Plattformen wie YouTube, Facebook und Instagram. Kameras sind heute überall, Produktion, Zirkulation und Rezeption von audiovisuellen Dokumenten vollziehen sich unter Echtzeitbedingungen. Die theoretische Auseinandersetzung erweitert sich damit auf verschiedene neue dokumentarische Formen. Fotografie, Film und Fernsehen bleiben wichtig, aber die Selbstdokumentation in den sozialen Medien ebenso wie die Beschäftigung mit dem Dokumentarischen in der Kunstwissenschaft (Hohenberger/Mundt 2016), in der Literatur, im Theater und in der Medien- und Bildtheorie verbreitern die Diskussion als »Documentary Across Disciplines« (Balsom/Peleg 2016). Dokumentieren wird unter Begriffen wie Vernetzung, Partizipation und Interaktion und unter digitalen Bedingungen als *networked documents* (Røssaak 2010), *liquid documentary* (van Wyngaarden 2014), *documentary ecosystems* (Nash/Hight 2014) oder in interaktiven Webdokumentationen (Wiehl/Gaudenzi 2016) als »Dokumentarismus der Vielen« (Dressler 2016, 218) neu vermessen.[83] Dokumente liegen nicht mehr nur als Artefakte in Archiven, Museen und Ausstellungen bereit, um studiert zu werden, sondern werden oftmals instantan erstellt, bearbeitet und distribuiert. Jede Online-Tätigkeit setzt sich in weiteren daten- und algorithmenbasierten Prozessen fort, die alltägliche Praxis ist in ein umfassendes, aber oft nicht bewusstes Dokumentieren eingebunden, so dass der von Suzanne Briet schon 1951 diagnostizierte »homo documentator« (Briet 1951), also das nicht nur dokumentierende, sondern auch durch Berechnungen dokumentarisch erfasste und modellierte Subjekt, unter gegenwärtigen Bedingungen digitale Realität geworden ist (Day 2014). Für die Arbeit mit und an den Dokumenten bedeutet dies, dass ein Dokument »nicht mehr etwas [ist], dessen Klassifikation, Zuschreibung, Bewertung, Lektüre, Kontextualisierung oder Interpretation festgelegt werden könnten«, sondern dass es sich in »performativen Interpretationen« (Dressler, 218) bildet.

Der Fokus der verschiedenen Disziplinen wendet sich also verstärkt der Frage zu, in welchen Zusammenhängen überhaupt von Dokumenten gesprochen werden kann, mit welchen Methoden, Interessen, Datenmengen, Auswertungen, Protokollen und in welchen Kontexten sie entstehen. Dieser Zustand einer prozessierenden Indexikalität, der sich von den klassischen Zuschreibungen von Dokumenten als Evidenzausweisungen von Realität entfernt,[84] kann als *post-dokumentarisch* beschrieben werden. Mit Blick auf audiovisuelle Dokumente bedeutet dies zweierlei: Erstens verdanken diese sich ganz heterogenen Aufzeichnungsprozeduren, nicht nur gängigen Praktiken des Dokumentierens in Film und Fernsehen, sondern auch solchen mittels Smartphones, Drohnen oder Überwachungskameras. Zweitens erschweren die multiplen Aufnahme-, Zirkulations- und Aneignungsmöglichkeiten gängige Zuordnungspraktiken, so dass insgesamt die Bestimmung des Dokuments als Dokument zu einer permanenten Aushandlungs- und Anpassungsleistung wird. Das Präfix »post« bezeichnet daher nicht das Ende des Dokuments, sondern nur das Ende einer *bestimmten* Verfasstheit, in der es auftrat, verbreitet und angeeignet wurde. Für die Theorie des Dokumentarfilms hat dies zur Folge, dass sie den Blick über den Dokumentarfilm hinauslenkt und sich mit den neuen audiovisuellen Formen beschäftigen muss, diese aber auch daraufhin befragt, wie sich Dokumentarfilme zu ihnen verhalten. Dazu sollen in diesem Kapitel exemplarisch einige Schlaglichter auf aktuelle dokumentarische Projekte, Filme und Debatten gelegt werden, die den Dokumentarfilm mit den digitalen Praktiken der netzbasierten, audiovisuellen Dokumentationen verbinden.

Beginnen wir die dokumentarische Bildkritik mit einer Aufzeichnung, die im Mai 2020 die USA erschütterte und sicher im allgemeinen Bildgedächtnis fortbestehen wird. Der Afroamerikaner George Floyd liegt auf dem Boden. Auf seinem Hals kniet ein Polizist, daneben steht untätig ein anderer Polizist. Floyd liegt in extremer Krümmung dort, mehrere Minuten, genauer 8:46 Minuten. Er wird auf diese Weise sterben. Es ist der 25. Mai 2020 in Minneapolis. Das Ereignis ist verstörend, aber ebenso verstörend sind die Aufnahmen dieser Ermordung, die von mehreren Passanten gefilmt wird. Eine der Kameras verharrt unbewegt mit unverändertem Bildausschnitt auf der Tötungsszene. Auch wenn dies nicht intendiert ist, wird die Kamera so zu einer Komplizin des Ereignisses (nicht des Polizisten). Sie dokumentiert das Ereignis nicht einfach, sondern sie mutiert zum ambivalenten Statement, indem sie in Bilddistanz zur quälenden Tötung eines Menschen verbleibt, der um Gnade fleht. Es ist also nicht nur die Aufzeichnung der Brutalität, sondern auch die Brutalität, die Roheit der Aufzeichnung, die in den folgenden Wochen zu einer immensen affektiven Entladung führen wird, zu Aufständen in vielen Städten der USA, zu weltweiter Empörung und zu nachhaltigen Diskussionen über Rassismus und Ausgrenzung.

Amateurvideos und ihre Auswertung in den sozialen Medien sorgen für eine Emotionalisierung des Dokumentierens, die ihrer Sachlichkeit eigentlich widerspricht. Doch lassen sich die dokumentarischen Formen der Gegenwart Hito Steyerl zufolge gerade durch diese Ambivalenz charakterisieren, denn sie »transportieren, regulieren und verwalten ein gigantisches emotionales Potenzial, das von ihnen teils in Schach gehalten, teils explosiv freigesetzt wird« (Steyerl 2008, 14). Steyerl hat mit dieser Beschreibung vor allem unscharfe, verwackelte Bilder im Blick, wie sie von CNN seit den 1990er Jahren verwendet wurden und die auch die Tötung von Floyd bezeugen. Sie ist der Auffassung, dass gerade der Zweifel an den individuell und direkt aus dem Geschehen heraus gefilmten Aufnahmen die Glaubwürdigkeit des Dokuments nicht schwäche. Der Verlust an Beherrschbarkeit des Dokuments durch ein erhöhtes Ausdruckspotenzial emotionalisiere das Ereignis und steigere seine (im Falle Floyds makabre) Konsumierbarkeit. »Der Zweifel an ihren Wahrheitsansprüchen macht dokumentarische Bilder nicht schwächer, sondern stärker.« (Steyerl, 13)

Einer der wichtigsten Dokumentarfilme der letzten Jahre, der vom Sensory Ethnography Lab der Harvard Universität produzierte *Leviathan* (Lucien Castaing-Taylor/Véréna Paravel, USA 2013), steht exemplarisch für die filmische Reflexion der dokumentarischen Bilder als flüchtige, aber zugleich intensive Erfahrung, die nicht mehr nur im Modus der subjektiven Aneignung verläuft, sondern andere, multisensorielle Erfahrungsebenen aufruft. In *Leviathan* wird unter Einsatz hochmobiler GoPro-Kameras der Fischfang auf einem Trawler gefilmt. Die konventionelle Verortung in einem räumlichen und zeitlichen Geschehen bleibt jedoch aus. In angeschnittenen, bewegten und fragmentierten Bildausschnitten dominiert das Zusammenspiel von mechanischen Fangvorrichtungen und Fischernetzen, sterbenden und schwimmenden Fischkörpern, Wasserströmen, Schiffsteilen, Seilen und Körben, die kreiseln, baumeln und umherschwappen, ohne dass der Blick irgendwo Halt findet. Urplötzlich schaut ein sterbender Fisch, der aber sofort wieder weggespült wird, direkt in die Kamera. Gilles Deleuze hat solche Aufnahmen, in denen der Film alle Individuierung, Kommunikation und soziale Eingebundenheit zwar aufruft, aber durch abgehackte Schnitte oder Kamerabewegungen von ihren Bedeutungen abtrennt und damit dekoordiniert, als Affekt bzw. Affektbild bezeichnet (Deleuze 1989, 138).

Der französische Philosoph hatte damit nicht zuvorderst den Dokumentarfilm gemeint, der ja eher beabsichtigt, die Welt, die Individuen und die Dinge identifizierbar zu machen. Doch gerade der gegenwärtige Dokumentarfilm adressiert diesen Kontrollverlust des ästhetischen Affekts, der auch in den spontan gefilmten Handyvideos häufig vorherrscht.[85] In Filmen wie *Leviathan* geht es darum, ein affektives Wissen der Bilder zu ermöglichen, das in einer durchikonisierten und permanent Bedeutungen produzierenden Bildkultur einen anderen Zugang zu Erfahrungen des Dokumentierens herbeiführen soll. So kann *Leviathan* als Erfahrungsstrom verstanden werden, der mit den Aufzeichnungen der Kamera und der Mikrofone entsteht und nicht schon für Subjekte vorstrukturiert ist (Bee 2018, 100). Bilder und Töne treten nicht als nachträglicher Ausdruck einer Realität, sondern als prozesshafte Entäußerungen einer nicht-anthropomorphen Wahrnehmung hervor und üben »halluzinatorische, immersive und dezentrierende Effekte« (Åkerwall 2018, 25) aus. Diese Auflösung von Dokumenten in unbeständige Wahrnehmungsbilder, bei *Leviathan* in HD-Impressionen, hat aber auch eine kritische Seite, auf die Simon Rothöhler hinweist. Denn der »impartial gaze« der neuen Kameras untergräbt zwar einerseits den Informationsanspruch des digitalen Bildes, andererseits kann er aber auch den Modus des Kontrollbildes annehmen: »Im permanenten *motion blur* wird das 1080p-Auflösungsversprechen der GoProCams unterspült, in abstrakte Zeichenketten übersetzt –

und partizipiert in seiner spektakulären Sequenzierung ›unmöglicher‹ Perspektiven dennoch an der allgemeinen Kontrollbild-Vision: immer mehr, immer genauer, immer Neues sehen zu wollen.« (Rothöhler 2013, 69) Die digitalen Audiovisualisierungen bilden demnach als berechnete, hochaufgelöste Datenpakete radikaler postanthropomorpher Wahrnehmung, die das Dokumentierende als sensuelle ästhetische Erfahrung entstehen lässt, zugleich die Basis des sensorischen Kontrollbildes, das Ereignisse kalkuliert, ordnet, protokolliert und Realität auf diese Weise mustert und abhorcht.

Darüber hinaus kann die Vielzahl der dokumentarischen Apparate investigative Prozesse in Gang setzen. Ein aus Daten und verschiedenem Kameramaterial zusammengesetztes Video, das die 15 Minuten der Festnahme und Misshandlung von George Floyd aufzeichnet, hat die *Washington Post* auf YouTube gepostet.[86] Es ist erstaunlich, wie passgenau verschiedene Kameradispositive, vor allem Überwachungskameras aus Geschäften und aus den umliegenden Straßen sowie private Handyaufnahmen verschiedener PassantInnen, das Ereignis zu einer von keiner Regie kontrollierten Gesamtperspektive zusammenbauen können. Daraus entsteht kein klassischer Dokumentarfilm, aber doch eine siebenminütige Footage-Dokumentation, aus der sich die Realität mittels fragmentierter Einzelblicke der Kameras chronologisieren lässt. Die post-dokumentarische Ordnung stützt sich auf diesen permanenten Einsatz von anonymen und nicht-intentionalen Bildern und Tönen, die zunächst aleatorische Datensätze liefern. Die verschiedenen Aufnahmen werden dabei durch einen Timecode und einen *voice-over*-Kommentar linearisiert. Das Video ist nicht bildkritisch, aber doch aufmerksam für die Lücken im Datenmaterial, die durch eine Bild-im-Bild-Struktur eher verstärkt werden. Da sehen beispielweise zwei Kameras, wie Floyd festgehalten wird, aber keine kann deutlich machen, warum das geschieht. Die temporale Anordnung von Kameraperspektiven produziert viele Blicke, aber ebenso viele blinde Flecken.

Aus diesem Grund bedarf es genauerer, forensischer Methoden, die von der Projektgruppe der *Forensic Architecture* um Eyal Weizman erprobt werden, der es um die politische Bedeutung der bild- und datenwissenschaftlichen Rekonstruktionen von Ereignissen geht. Die Auswertungen beruhen auf Bildern verschiedenster Herkunft: Handykameras, Wärmebildkameras, Satellitenbilder, aber auch auf digitalen Kartografien, Diagrammen und Simulationen. Die *Forensic Architecture* remodelliert vor allem gewaltsame Kampf- und Waffeneinsätze von Regierungen, die Bombenangriffe oder Attacken auf die Zivilbevölkerung verschleiern. Durch die Zusammensetzung von Bildern und Daten aus verschiedenen, öffentlich zugänglichen Quellen gelingt eine erstaunlich genaue Verortung eines Geschehens.

So zeigt eines der jüngsten forensischen Videos der Gruppe beispielsweise, dass am 4. März 2020 der pakistanische Staatsbürger Muhammad Gulzar mit hoher Wahrscheinlichkeit an der EU-Außengrenze von griechischen Grenzpolizisten getötet wurde, was die griechische Regierung bestreitet und auch die EU als Ereignis herunterzuspielen versucht. Für die Beweisführung stellt die *Forensic Architecture* vielfältiges Datenmaterial zusammen: Auswertung von Kameraaufnahmen, die teilweise auf Facebook gefunden wurden, temporale Positionierungen von Kameras, etwa durch die Ermittlung des Sonnenstands oder durch Scharfstellen der Hintergründe. Flugbahnen von Geschossen werden mit der aufgezeichneten Mobilität von Körpern im Raum abgeglichen und jeweils in Modellen durchgerechnet.[87] So entstehen Assemblagen, also Aussagegefüge von Dokumenten, die durch die Bezugnahme von indexikalischen und simulierten Bildern einen gemeinsamen Referenzrahmen erzeugen. Dies hat Folgen für das Verständnis des Dokumentarischen, wie Roland Meyer festhält: »Das Ergebnis ist nichts weniger als eine Neuerfindung dokumentarischer Praxis in Zeiten massenhafter, distribuierter Zeichenproduktion – eine Praxis, die nicht mehr im isolierten Bild nach einer authentischen Repräsentation der Wirklichkeit sucht, sondern für die Bilder wie Daten fragmentierte und interpretationsbedürftige Splitter der Wirklichkeit sind, die erst als Bausteine einer nachträglichen Rekonstruktion Zugang zur Wirklichkeit erlauben.« (Meyer 2017, 73) Die von Philip Rosen beschriebene Konversion des Dokuments (Kapitel 10), also die Dokumentwerdung, die durch historische Kontextualisierung bewirkt wird, erfährt durch die neuen forensischen Methoden nicht nur eine Erweiterung, sondern auch eine Demokratisierung. *Forensic Architecture* begründet die eingesetzte Methode bei jedem Schritt öffentlich zugänglich auf der Website des Projekts. Es ist deshalb kaum mehr die Frage, ob es von einem Ereignis Aufnahmen und Daten gibt, sondern nur, wie viele es gibt und wie sie gemeinsam mit simulierten Berechnungen das Ereignis restituieren und »counterforensics« (Weizman 2019, 68) zu den Lesarten der Regierungen etablieren können.

Die Arbeit mit Dokumenten, das heißt Zeugenaussagen, Protokollen, Archivaufnahmen und Footage-Material, gehört schon länger zum Repertoire des Dokumentarfilms. Die Arbeit mit Daten und eine daran anschließende Bildkritik, die von einer *image pipeline* zu einer »imaging pipeline« (Rothöhler 2018, 234) führen, zeichnet sich gegenwärtig jedoch erst ab. *Havarie* (Philip Scheffner, D 2017) kann als eines der wichtigsten Beispiele für eine solche Wende des Dokumentarfilms stehen. Scheffners Film basiert auf der Bildebene auf einem etwa dreiminütigen Video, das er zufällig auf YouTube gefunden hat. Es zeigt die Videoaufnahmen des irischen Touristen Terry Diamond, der 2012 mit dem Kreuzfahrtschiff *Adventures of the Sea* unterwegs ist. Auf den Aufnahmen ist ein Schlauchboot mit 13 Menschen zu sehen. Das

Video selbst ist eher unspektakulär, es fängt das Boot und das Winken der Insassen ein, die Kamera wackelt ein wenig. Scheffner jedoch zeigt das Video in extremer Zeitlupe, so dass aus knapp drei Minuten neunzig Minuten mit ruckeliger Bildführung werden. Das Video unterlegt er mit verschiedenem Tonmaterial, etwa mit den Funkstimmen zur Seenotrettung, aber auch mit Erzählungen, die von Meer und Migration handeln. Das ›Blow up‹ des Videos (das an Michelangelo Antonionis *Blow Up* [GB 1966] erinnert, in dem durch die Vergrößerung eines Fotos eine Kriminalgeschichte erst entsteht und teilweise in das Bild hinein imaginiert wird) vollzieht die Wahrnehmungsverschiebung von Handyvideo, Kreuzfahrt, Tourismus und YouTube hin zur existenziellen Not der Flüchtlinge sowie der durch das Meer nicht mehr scharf zu ziehenden und doch unüberwindbaren Grenze zwischen zwei Teilen der Welt, die durch Wohlstand, Kolonialismus und Ausbeutung ebenso voneinander getrennt wie miteinander verbunden sind. Durch das Bildtracking des ursprünglichen Videomaterials schiebt sich das Flüchtlingsboot phasenweise aus dem Kamerarahmen heraus, um einige Bildschübe später am Rande wieder aufzutauchen. Die Flüchtlinge winken, aber sie bleiben auf Entfernung. Folgt man Friedrich Balke, dann verwandelt Scheffner das *Cellphone Footage*[88] in ein dokumentarisches Ding dadurch, »dass er es dem Flow Management von Netzinfrastrukturen entzieht und es durch diesen Extraktionsakt aus seinem Zustand der digitalen Verstreuung in den einer konzentrierten Bewahrung oder Stillstellung überführt« (Balke 2020, 106) und von einer dokumentarischen Ordnung (YouTube) in eine andere, gegendokumentarische, überleitet.

So verstanden ist das Gegendokumentarische, ähnlich wie das Gegenforensische, das die technischen und politischen Dimensionen anderer audiovisueller Dokumente an die Oberfläche bringt, eine wesentliche Dimension des Dokumentarfilms. Stärker noch als zuvor liegt es in Zeiten der extensiven Bild- und Datenverbreitung darin, zwischen die Bilder zu gelangen, die Funktionsweisen der Netzwerke und Infrastrukturen, der Informations- und Wissensgewinnung, aber auch der medialen Vergnügungs- und Unterhaltungskultur offenzulegen, indem Dokumente, wie bei Scheffner, durch die Dilatation der Bilder gleichsam nach innen *ent-faltet* werden, um die mitlaufenden technischen und kommunikativen Prozesse freizusetzen.

Die Beispiele aus der *Washington Post*, der *Forensic Architecture* und *Havarie* zeigen, dass Kommunikation auf der Basis von digitalen Daten in Aussagekontexte integriert ist, die jederzeit durch andere Datenensembles erweitert, korrigiert oder ersetzt werden können. Auch wenn dies die Grundlage der Arbeit mit Dokumenten überhaupt ist, so stellen doch die Prozesshaftigkeit und Automatisierung eine neue Dimension dar. Jean-François Lyotard hat schon 1979, zu Beginn des Computerzeitalters, auf die neue Kommunikationskultur, die sich nicht mehr auf wenige Metaerzählungen stützen kann, hingewiesen und festgehalten, dass »die Legitimierung von nirgendwo anders her kommen kann als aus ihrer sprachlichen Praxis und kommunikativen Interaktion« (Lyotard 1986, 121). Die Kehrseite der dokumentarischen und gegendokumentarischen Verfahren, wie sie die genannten Beispiele vorführen, zeigt sich indes in der Gefahr und der zunehmenden Akzeptanz von *fake news*.

Die Erkenntnis, dass »Realität nicht (mehr) konsenspflichtig«[89] ist, kann zu zwei Seiten hin ausschlagen: auf der einen Seite in Richtung eines »postmodernen Fundamentalismus« (Pörksen 2018, 74), der den Anspruch auf andere Wahrheiten als die eigene sowie auf Dialog, Faktensammlung und Beweisführung ganz aufgibt; auf der anderen Seite zur Akzeptanz, dass das Wissen von Realität durch die Interaktion verschiedener medialer, technischer und menschlicher Akteure errungen wird. Bruno Latour hat diese Verschiebung schon 2004 als die Verwandlung der »matters of fact« in die »matters of concern« bezeichnet (Latour 2004, 227) und im Begriff *Faitiche* den fiktionalen Anteil an der Beschaffenheit von Fakten analysiert. Die gegenwärtige Krise der Fakten entsteht, wenn Fakten in den Sog der echtzeitbasierten massenmedialen Aufmerksamkeit geraten, denn dann »steht und fällt die *agency* der Fakten-Fetische mit ihrem Vermögen, Passionen zu wecken und Ressentiments zu schüren« (Matala de Mazza 2018, 129). Dagegen ist eine Kultur der Beobachtung und des Zweifels zu setzen, die eine gewisse Fiktionalität in der Erzeugung von Tatsachen akzeptiert, etwa die durch mediale Einsätze bedingte Verschiebung von Wahrnehmungszuständen wie in *Havarie*. In der Offenlegung der »concerns«, gerade auch der technisch oder institutionell bedingten, bleibt die Analyse aber nicht bei den oftmals Objektivität nur suggerierenden »Faktenchecks« stehen, die nicht ausreichen, um die berechtigte Kritik an medialer Berichterstattung aus der »toten Zone« der »De-Essenzialisierung, Normenanzweiflung und Institutionenkritik« (Koschorke 2018, 118) herauszuführen.

Erika Balsom, eine der wichtigen Stimmen der gegenwärtigen Theorie des Dokumentarfilms, plädiert dafür, auch den in die Kritik geratenen *observational mode* wieder aufzuwerten. Dieser ist zwar durch den »apparently positivist belief in the real« (Balsom 2017, 4) in Misskredit geraten, kann aber als beobachtender Blick, der die Widersprüche der Realität nicht verkennt, wieder an Bedeutung gewinnen. Mit Blick auf *Leviathan* und andere Filme des Harvard's Sensory Ethnography Lab schreibt Balsom:

»Abstaining from techniques that pry open the interval between reality and representation, including voice-over commentary, these films revive key elements of the observational mode while challenging the epistemological claims that historically accompanied it through strategies of partiality, blockage and opacity. They seek not to master the world but to remain faithful to it, creating for the viewer a time and space of attunement in which a durational encounter with alterity and contingency can occur, with no secure meaning assured.« (ebd., 6–8)

Der Zweifel an den sichtbaren Erscheinungen bleibt bestehen, dennoch stellt die Beobachtung eine gewisse Phänomenalität der Erscheinungs- und Sprechweisen, der Gesten und des Verhaltens heraus, ähnlich wie es David MacDougall für die anthropologische Filmwahrnehmung postuliert hatte (vgl. Kapitel 11). Balsom schwebt eine dokumentarische Wahrnehmungsform vor, die mit den Oberflächen denkt, »that depends simultaneously on the image's ties to phenomenal reality and the image's differences from it« (ebd., 10).

Für eine solche von Balsom beschriebene Wiederaufnahme des *observational mode* könnte etwa *Austerlitz* (Sergei Loznitsa, D 2017) stehen. Der Film beobachtet Touristen beim Besuch der Konzentrationslager Dachau und Sachsenhausen. Dabei bleibt die Kamera oft minutenlang unbeweglich an einem Ort und betrachtet die vorüberziehenden Menschen. Einige machen vor dem Eingangstor mit der Aufschrift »Arbeit macht frei« Selfies, andere tragen T-Shirts mit ungewollt unangemessenen Aufschriften wie »Cool Story, Bro« oder »F***in 99 Problems«. Der Exzess des Touristischen unterminiert die Aura des Leidens, des Schmerzes und der Erinnerung, für die die Gedenkstätten stehen. *Austerlitz* ist eindeutig ein Dokumentarfilm in der Tradition des *observational cinema*, er enthält sich jedes Kommentars. Anders aber als etwa ein Frederick Wiseman, dem es um das Aufzeigen von funktionellen Abläufen in Institutionen ging, übt Loznitsa eine Bildkritik, die sich in der Beobachtung durch das Verhalten und die Auftritte der BesucherInnen wie von selbst einstellt. Damit legt er eine Wirklichkeit frei, in der sich Asymmetrie und Unangemessenheit ohne Kommentar nur auf der Ebene der Sichtbarkeit enthüllen, wenngleich auch einige indirekte Kommentare sehr genau eingesetzt werden.[90] Obwohl der Film also ganz anders vorgeht als *Havarie*, ist es wohl nicht zufällig auch hier die Szenerie des Tourismus, die Anlass zur kritischen Dokumentation gibt, denn Tourismus und Reise sind nicht nur wichtige dokumentarische Dispositive, sondern auch in der Selbstdokumentation in den sozialen Medien äußerst präsent.

Balsom zufolge erfüllen Dokumentarfilme mit diesem Zeigegestus und der Konfrontation der Blicke in der Gegenwart eine wichtige ethische Funktion, nämlich Kontakt zu den Anderen aufrechtzuerhalten oder herzustellen und nicht in eigene Realitäten oder (Fake-)Blasen zu verschwinden, denn »it becomes clear that to believe in reality is to affirm that we live in a shared world that is at once chaotic and unmasterable« (ebd., 11).

14. Erzählung, Mockumentary, Animation

Eine Reaktion aktueller Dokumentarfilme auf die Fragmentierung und permanente Zirkulation audiovisueller Dokumente auf digitalen Plattformen ist die Rückbesinnung auf ein wesentliches Merkmal des Kinofilms: das Erzählen. Seit der Jahrtausendwende haben es zahlreiche Dokumentarfilme in die Kinos geschafft und über verschiedene Auswertungsketten (Fernsehen, DVD, Streaming) ein größeres Publikum erreicht (Trautmann 2011, 11). Damit rückt das Verhältnis von Narration und Dokumentation erneut in den Blick, das durch eine natürliche Spannung gekennzeichnet ist, denn die Erzählung ist grundsätzlich eine fiktionale Operation, die den Dokumenten und den Vorgängen des Dokumentierens etwas hinzufügt, das vermeintlich nicht in diesen selbst liegt. Filmisches Erzählen lässt sich als Verknüpfung von Ereignissen definieren, die unter Einsatz verschiedener Aussageelemente wie Sprache, Bild, Ton und fiktionalisierender Konstruktionen wie Raum, Zeit, Kausalität und ProtagonistInnen einen Sinnzusammenhang ausbilden – oder in Kurzform als »a chain of events in cause-effect relationship occuring on time and space« (Bordwell/Thompson 2012, 75). Die fiktionalen Konstruktionen schließen dabei nicht aus, dass die Räume und Figuren der Erzählung auch in der realen Welt existieren, also im weitesten Sinne dokumentarisch (und nicht fiktiv) sind. Aber es bleibt die Frage, inwiefern die narrative Ordnung die Tatsachen arrangiert und damit ihre ›Realität‹ bestimmt, eine Diskussion, die etwa auch die Historiografie im Anschluss an die Thesen Hayden Whites, der die Geschichtsschreibung mit Mitteln der Literaturtheorie analysierte, lebhaft geführt hat.[91]

In den 1990er Jahren haben sich wichtige Vertreter der Theorie des Dokumentarfilms wie Roger Odin, Manfred Hattendorf und Eva Hohenberger mit dem Erzählen im Dokumentarfilm befasst, etwa unter Bezugnahme auf den von Christian Metz für die Filmwissenschaft fruchtbar gemachten Textbegriff. Text kann als eine mediale und semantische Operation verstanden werden, die spezielle Codes einsetzt, um die kommunikative Verständigung zwischen Text (AutorInneninstanz) und ZuschauerIn herbeizuführen. Einig sind sich diese Positionen darin, dass der Text als ein Kommunikationsgeschehen zwischen AutorIn und RezipientIn begriffen werden muss, das verschiedene textuelle und narrative Codierungen verwendet und übermittelt. Hattendorf verweist in diesem Zusammenhang darauf, dass »die Bedingungen der Filmrezeption entscheidend [sind] für die Anerkennung eines filmisch vermittelten Vorganges als authentisch« (Hattendorf 1999, 68), das heißt, dass die Definition des Dokumentarfilms sich weitgehend in der Aneignung entscheidet.[92]

Die Festlegung auf die Rezeption erscheint jedoch einseitig. Filmischer Text, weitere institutionelle Rahmenbedingungen (Aufführungsort, Sender, Programmhefte etc.) und Rezeption sind in ein Gesamtgeschehen der medialen Kommunikation, in wandelbare »mediale Milieus«, wie Thomas Weber sie nennt (Weber 2017), eingebunden, die nicht in einzelne Bestandteile aufzulösen sind, es sei denn, man untersucht die tatsächliche Aneignung mit empirischen Beobachtungs- und Befragungsmethoden.[93] Roger Odin, der die Wechselseitigkeit von Produktion und Rezeption in seiner von ihm so benannten semiopragmatischen Theorie beschrieben hat, unterscheidet beispielsweise die dokumentarisierende von der fiktivisierenden Rezeption eines Films. Während der Dokumentarfilm ebenso wie der Spielfilm in der Lage sei, einen narrativen Diskurs auszuprägen, unterscheidet er sich von diesem vor allem darin, dass er auf einen realen »Enunziator« (Äußerungsinstanz) verweist, der »hinsichtlich seiner Identität, seines Tuns und seiner Werte befragbar ist« (Odin 2019, 82, vgl. auch Kessler 1998, S. 69 ff.). Dieser Unterschied ist folgenreich, denn der Spielfilm sichert das Eintauchen der ZuschauerInnen in die Fiktion der Geschichte dadurch, dass er die möglichen Äußerungsinstanzen wie Regisseur, Kamera und Produktionsbedingungen unkenntlich macht. Der Dokumentarfilm hingegen durchbricht diese Illusion, er trennt nach William H. Guynn »den Zuschauer vom Enunziator der Bilder« und bringt ihn (und den/die ZuschauerIn) »in eine wissende Position gegenüber seinen [ihren] Wahrnehmungen« (Guynn 2006, 256).

Seit einigen Jahren lässt sich allerdings beobachten, dass Dokumentarfilme sich vermehrt narrative Elemente aneignen und sich Spielfilmen annähern, was sich auch in der erhöhten Aufmerksamkeit für den sogenannten Mockumentary[94] äußert, also Fiktionen, die sich als dokumentarisch ausgeben und eine gewisse Unsicherheit und (vereinbarte) Täuschungsabsicht mit sich führen.[95] Im Zuge der Postmoderne und des Aufkommens digitaler Medien öffnet sich der Dokumentarfilm offenbar den erzählenden, fingierenden und fiktionalen Formaten. Dazu gehört auch die Zusammenführung von eigentlich getrennten Gattungen wie Dokumentar- und Animationsfilm, wozu sich kürzlich eine intensive Diskussion zum sogenannten *animated documentary* herausgebildet hat. Narration, Mockumentary und Animation stellen also drei Felder aktueller Diskussionen zum Dokumentarfilm und seiner erweiterten Fiktionalisierung dar und sollen nun kurz erörtert werden.[96]

Die Entwicklung neuerer Erzählformen im Dokumentarfilm hat Magali Trautmann analysiert (Trautmann 2017). Im Zentrum steht für sie die Frage, ob Dokumentarfilme eine dem Spielfilm ähnliche Diegese bilden können, wie sie im Anschluss an Étienne Souriau beschrieben wurde (vgl. Kapitel 3). Die Diegese beschreibt normalerweise die Realität der Fiktion, also die eigenen Gesetzen folgende Erzählwelt des Spielfilms, die im Kontrast zum Dokumentarfilm gewisse Freiheiten in der Inszenierung von Raum, Zeit und Kausalität sowie in der Anordnung von Ereignissen besitzt. Obwohl auch Dokumentarfilme ihr Material oftmals gemäß dramaturgischen Prinzipien organisieren – wie schon *Nanook of the North* beweist, der eine Hauptfigur definierte und vorherrschende Ereignisse und eine Chronologie bestimmte –, sind diegetische Schließungen wie im Spielfilm kaum möglich. Dokumentarfilme seit den 1960er Jahren suchten ohnehin keine diegetische Ausrichtung, sondern profilierten sich gerade in der Abgrenzung vom Spielfilm. Daneben begann sich der Dokumentarfilm aber etwa um 1995 »von seinen strengen Auflagen zu emanzipieren und der Fiktion vorbehaltener Montagemuster und Erzählweisen zu bedienen« (Trautmann, 11). Für diesen Prozess definiert Trautmann eine Reihe von Merkmalen, von denen drei hervorgehoben seien.

Erstens kann der Dokumentarfilm durchaus eine/einen abwesende/n ErzählerIn konstruieren, d.h., der/die FilmautorIn muss nicht selbst auftreten oder sich durch ein *voice-over* bemerkbar machen, sondern delegiert seine/ihre Aussagen an Kamera, Toneinsatz und Montage. Spuren des Aufnahmeprozesses, durchaus üblich in Dokumentarfilmen, werden eher nicht gezeigt, auch Archivmaterial spielt keine große Rolle (ebd., 323). Das bedeutet, dass die von Guynn für den Dokumentarfilm beschriebene Trennung zwischen realem Enunziator und diegetischen Bildern zumindest weitgehend ausgeblendet wird. Dazu passt, zweitens, dass die Erzählwelt einen eigenen, »abgerundeten« Raum (ebd., 111) herstellt, der durch die Hinzunahme von eigentlich durch den Spielfilm geprägten Verfahren wie etwa Schuss/Gegenschuss, *continuity editing* und *point-of-view-shots* konstruiert wird. Drittens werden die Personen in erzählenden Dokumentarfilmen nicht nur als Zeugen aufgerufen, sondern stärker als Charaktere aufgebaut, als »Konstruktion möglicher Personen« (ebd.). Die Filme verzichten etwa auf die direkte Kennzeichnung von Interviews, obwohl die Personen durchaus für die Kamera erzählen, so dass der Eindruck eines natürlichen, dramaturgischen Geschehens erweckt wird.[97]

Einzelne Dokumentarfilme variieren diese Merkmale auf jeweils eigene Weise, es bleibt aber immer der grundlegende Unterschied bestehen, dass der fiktionale Film nur im »Moment seiner Anwesenheit existiert«, während der Dokumentarfilm »ein Universum erschafft, das zugleich auf eine Welt referiert, die ihm vorausgeht und im Nachhinein weiter existiert« (ebd., 113). Aus diesem Grund führt Trautmann eine weitere Unterscheidung, zwischen themengeleiteten und handlungsgeleiteten Dokumentarfilmen, ein. Während die ersteren vorrangig an der Erarbeitung eines übergeordneten Gegenstands interessiert sind, bauen die handlungsbestimmten Filme das Thema in eine narrative Struktur ein, welche die von den Hauptpersonen gestalteten und erlebten Zustandsveränderungen in einem zeitlichen Rahmen organisiert, der Sachverhalte nicht bloß additiv oder ›faktisch‹ kumuliert, sondern als kausalen Zusammenhang erfasst. Daraus entsteht ein Handlungsraum – teilweise basierend auf der Dreiaktstruktur von Exposition, Konflikt und Lösung –, der zusätzlich zu den drei genannten Merkmalen eine gewisse Angleichung an das Prinzip der Diegese des Spielfilms ausbildet. Allerdings unterwerfen handlungsgeleitete Dokumentarfilme das dokumentarische Material nicht einfach der Erzählung, sondern eher umgekehrt: Sie entwickeln das Problem »endogen«, mit den Personen, aus erlebten Situationen heraus, statt Figuren nur als Veranschaulichungen und Exemplifizierungen von Themen, als »exogene Gestaltungsprozesse« (ebd., 78) zu begreifen. Dokumentieren und Erzählen, so kann als Tendenz des Dokumentarfilms der Gegenwart festgehalten werden, bilden also keinen Gegensatz, sondern stehen in einem Prozess der wechselseitigen Annäherung und Integration.

Die Gründe für das Aufkommen dieser neuen Erzähldramaturgie des Dokumentarfilms sind vielgestaltig, haben aber wohl in verschiedener Weise mit Globalisierung zu tun: Die weltweiten Auswertungsmöglichkeiten der Unterhaltungskultur führen dazu, dass gut finanzierte Dokumentarfilme ihr Publikum in verschiedenen Ländern erreichen. Die Adaption erfolgreicher Erzählmodelle kann die Wahrscheinlichkeit, eine größere Zuschauerschaft zu gewinnen, steigern. Darüber hinaus ist es interessant zu sehen, dass viele der in diesen Filmen angesprochenen Themen ohnehin globale Aufmerksamkeit erfahren, denn häufig geht es um Themen, die viele Nationen und Kulturen betreffen, wie die Störung des ökologischen Gleichgewichts (besonders der Meere und Ozeane), um Weltwirtschaft sowie um Ernährungs- oder Erziehungsfragen. Offenbar wird daran auch ein Informationsbedürfnis einer internationalen Öffentlichkeit für Probleme der Weltgemeinschaft. Eine weitere Ursache für die Aufwertung der Erzählung im Dokumentarfilm könnte darin liegen, dass der öffentliche Diskurs der digitalen Gesellschaft inzwischen mit kaum mehr transparenten Statistiken und Vermessungsmethoden hantiert und »der Glaube an Faktenchecks einer Religion gleich[kommt]«,[98] so dass das Bedürfnis nach Erzählungen, welche die auf Plattformen zerstreuten Diskursausschnitte in größere Zusammenhänge einordnen, zunimmt.[99]

Die Beobachtungen Trautmanns, wonach der Dokumentarfilm narrative und diegetisierende Verfahren verwendet, erfahren durch die Zunahme mockumentarischer Filme auf Seiten des Spielfilms an Plausibilität und können als Anzeichen für die weitere gegenseitige Durchdringung beider Gattungen verstanden werden. Ein Mockumentary setzt die Gestaltungsmittel des Dokumentarfilms ein und tritt als solcher auf, ist aber ein ›gespielter‹ Film. Die täuschend echten bedrohlichen Situationen sind nur inszeniert (*Blair Witch Project*, Daniel Myrick/Eduardo Sánchez, USA 1999), vermeintlich reale Akteure sind Schauspieler (*C'est arrivé près de chez vous/Mann beißt Hund*, Benoît Poelvoorde/Rémy Belvaux/André Bonzel, BE 1993), die scheinbar authentischen Archivdokumente sind speziell für den Film hergestellt (*Forgotten Silver*, Peter Jackson, NZ 1997), und die realen Personen und ihre Aussagen sind Teil eines insgesamt fingierten Universums (*Fraktus*, Lars Jessen, D 2012). Dennoch ist allein das vermehrte Auftreten von Mockumentaries in den letzten zwanzig Jahren ein Zeichen dafür, dass sich Spiel- und Dokumentarfilm im Sinne eines »Truth's Undoing« (Juhasz/Lerner 2006) weiter verschränken. Die parodierenden und gesellschaftskritischen Elemente bilden eine erste Ebene des Mockumentary. Entscheidender scheint jedoch die von verschiedenen Theorien beobachtete Verwendung von dekonstruktivistischen Verfahren zu sein, die Roscoe/Hight als feindliche Übernahme (»hostile appropriation«, Roscoe/Hight 2001, 160) der dokumentarischen Codes und Konventionen durch den Spielfilm bezeichnen. Die feindlichen Übernahmen führen dann zu filmepistemischen Anordnungen, in denen es nicht um Richtig oder Falsch geht, sondern um den Sinn der Frage nach dieser Unterscheidung überhaupt. Denn wenn etwa *Forgotten Silver* die Frage nach der Erfindung der ersten Kinofilme stellt oder *Fraktus* den Ursprung der Neuen Deutschen Welle mit der fiktiven Band Fraktus neu verortet, dann geht es nicht nur darum, dass dies lustige Erfindungen sind, sondern es wird die Frage aufgeworfen, auf welche Weise die Gesellschaft überhaupt Fragen nach Original und Ursprung stellt und welch hohe Bedeutung sie diesen Ursprungserzählungen zur Bestimmung ihrer Identität verleiht.

Philipp Blum weist zu Recht darauf hin, dass besonders solche Filme über das einzelne Werk hinaus in die afilmische Realität zurückweisen, die selbst von Phantasmen und Realitätskonstruktionen bestimmt sind (Blum 2017, 259). Dabei ist gerade der Bezug auf scheinbare Archiv- oder Originalaufnahmen oder auf zurückblickende Zeitzeugen entlarvend, weil er das dokumentarische Konstrukt bestätigt, aber letztendlich auf dem So-Sein der Dinge, auf der letztgültigen Begründung von Geschichte beharrt. Archive und Zeugen werden zur Behauptung eines Sachverhalts, einer »Präsenz«, wie Jacques Derrida (Derrida 1979, 119) sagen würde, eingesetzt. Doch verweisen diese Sachverhalte stets auf die Vermittlung der dokumentarischen, filmischen und authentifizierenden Zeichen. Es muss also aus philosophischer Sicht immer eine Differenz zwischen dem Sachverhalt und den Zeichen geben, sonst wäre diese Unterscheidung sinnlos. Und es könnte zudem auch gar nicht verstanden werden, dass es sich überhaupt um einen Sachverhalt handelt, wenn dieser nicht sprachlich oder audiovisuell repräsentiert würde, denn die Präsenz kann selbst nicht repräsentiert werden, sonst wäre sie keine mehr. Das heißt, »jede Behauptung von Wahrheit« zeugt bis zu einem gewissen Grad von einer »gewaltvollen Aneignung« von Zeichen (Fahle 2020, 99), die zumindest in andere Bezüge gesetzt werden könnten und ohnehin einen nie ganz gesicherten Bezug zu ihrem Ursprung, zur Präsenz haben.[100] Mockumentaries sind daher als intendierte und erkennbare Irreführungen, aber auch als philosophische und epistemologische Experimente zu verstehen, welche die Frage nach der Wahrheit und den paradoxen

Möglichkeiten ihrer (filmischen) Einlösbarkeit stellen. Sie stehen damit zwar im Kontext der Postmoderne und sind Kennzeichen der gegenwärtigen *Post-Truth-Gesellschaft*, führen aber in filmphilosophischer Grundsätzlichkeit vor Augen, dass Post-Truth immer schon eine *conditio* der Wahrheit gewesen ist.

In ähnlicher Weise wie der narrative Dokumentarfilm und der Mockumentary steht der animierte Dokumentarfilm auf den ersten Blick im Kontrast zu den Anliegen des Dokumentarfilms, denn die Rückführung auf das fotografisch bedingte Indexikalische, die zwar keine hinreichende, aber doch eine notwendige Basis des Dokumentierens zu sein schien (vgl. Kapitel 6), fällt bei der Animation weg. Dennoch werden wichtige Filme wie *Persepolis* (Vincent Paronnaud/Marjane Satrapi, F 2007), *Waltz with Bashir* (Ari Folman, IL/F/D 2008) oder *Virus Tropical* (Santiago Caicedo, CO 2017) offensichtlich als Dokumentationen geführt, auch wenn die Bilder weitgehend durch zeichnerische Verfahren hergestellt sind. Durch die Digitalisierung haben sich Animation und Realfilm angenähert, ohne dass die Differenz zwischen ihnen aufgehoben worden wäre.

Doch wie ist das Verhältnis von Animation und Film mit Blick auf den Dokumentarfilm überhaupt beschaffen? Lev Manovich und Alan Chodolenko argumentieren für eine Umkehrung der bisherigen Sichtweise, nach der die Animation eine Unterkategorie des Realfilms bildet. Vielmehr sei der Realfilm als eine Unterkategorie des Animationsfilms zu betrachten. Chodolenko geht davon aus, dass Film immer schon artifiziell erzeugte Einzelbildbewegung und verschaltete Bewegung plus Lebendigkeit gewesen sei (Chodolenko 1991, 9–36). Manovich führt die Angleichung auf die Digitalität zurück und behauptet, dass Film durch die digitale Postproduktion quasi zum gemalten Bild zurückkehre (Manovich 2002, 301) und damit vollständig zum Animationsfilm werde, auch wenn er noch in der (äußeren) Realität aufgenommene Bilder verwende. Das Primat der Postproduktion unterwerfe letztendlich alles den artifiziellen Verfahren. Diese These erscheint jedoch zu allgemein. In medienhistorischer Perspektive ist dagegen eingewendet worden, dass die Entgegensetzung von Realfilm und Animation die Vielfalt an technischen Verfahren außer Acht lasse (Crafton 2011). In systematischer Hinsicht zeigen neuere Forschungen, dass die Rede von der Postproduktion als nachgeordnete Haltung gegenüber einem ersten authentischen Aufzeichnungsakt, gerade mit Blick auf hochauflösende Bilder, nicht mehr aufgeht.[101]

Unumstritten ist, dass Animationsfilme grundsätzlich dokumentarisch sein können. Sie nehmen teilweise selbst Verfahren der Indexikalität auf,[102] ahmen diese nach und bewirken ähnlich wie Graphic Novels, die im gezeichneten Bild präzise pointierte Aussagen über den mentalen und materiellen Zustand von Gesellschaften geben können und als dokumentarisches Comicgenre in den letzten Jahren ebenfalls einen Aufschwung erfahren haben, eine spezifisch dokumentarisch erzeugte Empathie.[103] Hier kann von einem grafischen Dokumentieren gesprochen werden, das bestehende Mediengrenzen neu vermisst und besonders das Verhältnis von Fotografie/Film auf der einen und Zeichnung/Animation auf der anderen Seite chiastisch verbindet.

Eine der wichtigsten Stimmen zum *animated documentary* ist Honess Roe, die drei Begriffe zur Bestimmung des animierten Dokumentarfilms vorschlägt: *mimetic substitution*, *non-mimetic substitution* und *evocation* (Roe 2011, 225). In der mimetischen Substituierung ersetzten animierte Bilder reale, weil es vom Ereignis selbst keine Aufnahmen gibt. Dies ist der Fall bei einem der ersten animierten Dokumentarfilme überhaupt, *The Sinking of the Lusitania* (Winsor McCay, USA 1918), der durch gemalte Bilder animiert wurde, oder bei der Animationsserie *Walking with Dinosaurs* (Tim Haines/Jasper James, GB 1999), für die prähistorische Visualisierungen erfunden werden mussten. Gibt es von Ereignissen keine (Vor)Bilder, dann werden sie von der Animation so geschaffen, dass sie Realitätstreue mitkommunizieren. Bei der Schöpfung von Dinosauriern behauptet die Animation logischerweise keine vollständige Realitätstreue, aber doch eine gewisse wissenschaftlich belegbare Wahrscheinlichkeit, dass die prähistorischen Wesen so ausgesehen, sich auf solche Weise bewegt und gelebt haben wie dargestellt.

Die nicht-mimetische Substitution betrifft Sachverhalte, in denen auf die Realitätstreue bewusst verzichtet wird, das Anliegen aber dennoch offensichtlich dokumentarisch ist. Beispielsweise werden in *It's Like That* (Southern Ladies Animation Group, AUS 2005) Asylsuchende als Puppen, die kleine Vögel darstellen, repräsentiert. Die Verfremdung auf der Darstellungsebene steht der politisch-dokumentarischen Erzählung des Films jedoch nicht entgegen. Mimetische und nicht-mimetische Substitution lösen einerseits das Problem der Abwesenheit von indexikalischem Foto- oder Filmmaterial. Sie erschließen andererseits aber auch neue Ebenen, die den Anspruch haben, Realität auf dokumentarische Weise anders zugänglich zu machen und dabei die Mittel des Dokumentierens zu erweitern.

Durch den dritten Aspekt, den der Evokation, sollen Animationen Erfahrungen ermöglichen, die sich der Darstellung nicht aus historischen, sondern aus prinzipiellen Gründen entziehen. Roe führt den Film *An eyeful of sound* (Samantha Moore, GB 2009) an, in dem animierte Szenen in Kombination mit der Audiospur einen Nachvollzug von Synästhesie ermöglichen. Zu nennen sind auch Realitäten, die mit mentalen Zuständen zu tun haben oder nur schwer sichtbar zu machen sind, wie etwa die Darstellung von Mikroben, Bakterien oder Viren, die mimetisch kaum repräsentierbar sind und deshalb evokativ nahegebracht werden. Eine Mischung aus nicht-mimetischer Substitution und

Evokation stellt der Film *L'Image manquante* (*Das fehlende Bild*, Rithy Panh, F/KH 2013) dar, der die Vernichtung der Archive und Dokumente der Roten Khmer im Kambodscha der 1970er Jahre zum Thema hat, was durch die Verwendung von Tonfiguren verdeutlicht wird.

Roe hebt die durch diese Verfahren einsetzende, epistemologisch bedeutsame Verschiebung hervor: »Rather than questioning the viability of knowledge-through-documentary, animated documentaries offer us an enhanced perspective on reality by presenting the world in a breadth and depth that live action cannot alone. Life is rich and complicated in ways that are not always available to observation [...].« (Roe, 229)

Diese Beschreibung Roes kann als Fazit nicht nur der Analyse des animierten Dokumentarfilms, sondern dieses und des vorangegangenen Kapitels, wenn nicht des gesamten Buchs verstanden werden. Dokumentarfilme beobachten in filmisch sehr spezifischer Weise die Welt und können dadurch Realität sichtbar machen. Aber die noch so genaue und versierte Beobachtung bildet Realität nicht ab, sondern öffnet sie erst für das Handlungsgeschehen, für die vielen involvierten Akteure und Stimmen, nicht nur für Menschen und Körper, sondern auch für die Apparate, Diskurse, Institutionen und wahrnehmenden Systeme. Die in dieser Einführung dargestellten Theorien haben gezeigt, dass Dokumentarfilme Räume für den kritischen audiovisuellen Diskurs über Realität zu öffnen wissen, die sonst verborgen blieben, und dass sie auf diese Weise die produktiv gewendete Vorstellung einer Post-Truth-Gesellschaft, die sich über Wahrheit erst kommunikativ und ästhetisch verständigen muss, sichtbar und hörbar werden lassen.

15. Und jetzt? Ein (Aus)Blick: Tiere filmen!

Kommen wir noch einmal auf den Film *Leviathan* zurück. Es gibt dort diese Szene: Das Netz ist eingeholt worden, und die Fische treiben im Todeskampf auf dem Deck des Schiffes hin und her. Die GoPro-Kamera ist offenbar dicht über der Szenerie angebracht und schwenkt mit den in den Wasserpfützen gleitenden Tieren durch den Raum. Die Fische rutschen etwas weg und stoßen in der nächsten Bewegung fast mit der Kamera zusammen, so dass eine unkoordinierbare Masse aus Wasser, Fischkörperfragmenten und Holzdeck in einem dynamischen Raumensemble entsteht. Manche Fische landen direkt vor dem Objektiv, ihre Augen sind als Detailaufnahme zu sehen, sie blicken den/die BetrachterIn für einen kurzen Moment an. Obwohl der Blick noch lebendig scheint, sind es kaum mehr Körper, sondern nur noch Kadaver, die zurückblicken. Diese direkte Konfrontation mit dem Blick der Kamera ist immer verstörend, weil sie unmittelbar hinüberleitet in die Welt des Zuschauens. Der Blick deutet die Überwindung einer Distanz an, die für den Film konstitutiv ist. Deshalb ist das Sehen in die Kamera im fiktionalen Film unüblich oder gar verboten. Denn die Rückgabe des Blicks zielt nicht nur auf die Aufhebung der Unterscheidung zwischen der Welt des Films und der Welt der BetrachterInnen, sondern sie setzt letztere unter Druck. Im Fall von *Leviathan* steht beispielsweise die humane Verantwortung für die ekpathische Tötung vieler Tiere zur Disposition. Die entfesselte Kamera steht auch für den Todeskampf der Fische, deren Leben qualvoll ausgelöscht wird. Vielleicht sind die Augen der Fische bereits leblos, aber die Blicke sind noch lebendig, wenn sie das Blickfeld der Kamera kreuzen. Aus welcher Welt schauen die Augen, und was drücken sie aus? Erschrecken, Überraschung, Gleichgültigkeit, Todeskampf?

Die Kultur-, die Medien- und besonders die Filmwissenschaft sind seit Jahren vom Tier fasziniert, wie eine Vielzahl von Publikationen und Forschungsinitiativen nahelegt.[104] Der Dokumentarfilm beobachtet Tiere besonders gerne und oft, dokumentiert sie als das andere Gegenüber des Menschen, etwa durch das Schlachten (*Le sang des bêtes*, Georges Franju, F 1950), die Forschung (*Primate*, Frederick Wiseman, USA 1974), die Wildheit (*Grizzly Man*, Werner Herzog, USA 2005), die Exotik (*Die Reise der Pinguine*, Luc Jacquet, F 2005), um nur einige wenige Beispiele aufzugreifen. Drückt der Blick auf das Tier eine filmische oder gar dokumentarfilmische Besonderheit aus und hat deshalb auch für die Theorie des Dokumentarfilms eine besondere Bedeutung? Ein wichtiger Aspekt scheint jedenfalls darin zu liegen, dass Tiere zwar zurückschauen, diese Blicke aber keine Antwort geben. Sie sind leere Adressierungen, was besonders verstörend ist, da uns das Tier ja nahesteht. Tiere sind dem Menschen vertraut, sie sind keine Aliens. Ihre biologischen, aber auch sozialphilosophischen Verwandtschaften sind beispielsweise von der Tierphilosophie und in ihren ökologisch-kulturellen Vermischungen (Gilles Deleuze/Félix Guattari 1992, 371 ff., Donna Haraway 2018) erforscht und als anthropologische Differenz bezeichnet worden. Diese Differenz, die als Bearbeitung und Bewertung der Ähnlichkeiten und Unterschiede zwischen Mensch und Tier beschrieben werden könnte, wird durch den Blick der Fische beunruhigt. Das Filmtier stellt diese Differenz auf die Probe, es

»nimmt die Unruhe, Beweglichkeit und fortlaufende Anpassung der Mensch-Tier-Grenzziehung auf« (Thielmann 2018, 20). John Berger und Jacques Derrida lassen ihre philosophischen Betrachtungen zum Tier mit dem Blick des Tieres einsetzen (Berger 1980, 13; Derrida 1999, 260).[105] Berger etwa hält fest, dass das Tier »für den Menschen keinen besonderen Blick reserviert [...]. Doch keine andere Gattung als die des Menschen wird den Blick des Tieres als vertraut empfinden [...]. Auf Grund dieser Parallelität bieten die Tiere dem Menschen eine Gesellschaft an, die sich gänzlich von der menschlichen unterscheidet.« (Berger, 13)

Tiere denken heißt also, Alterität denken zu müssen, gerade weil eine letzte Verständigung auch im scheinbar größten Vertrauen ausbleibt.[106] Derrida hat diese Unmöglichkeit einer präzisen Verständigung anhand des schriftlichen, aber nicht phonetischen Unterschieds zwischen animaux und animot bzw. animots gefasst. Animot/s zeigt als Mischwort aus Tier (animal) und Wort (mot) oder Wörtern (mots) die Paradoxie auf, dass es »zugleich ein (gehörter) Singular und ein (gelesener) Plural ist« (Wild 2008, 206) und bezeichnet die unaufhebbare Differenz zwischen dem vereinheitlichenden Singular Tier und den vielen konkreten Tieren, die es tatsächlich gibt.

Die dokumentarfilmische Alterität bringt nun eine zusätzliche Dimension ins Spiel, denn als Blick, der zwar zurückgegeben, dem aber nicht geantwortet werden kann, verweist er auf eine Leerstelle, die ich als dokumentarische Differenz bezeichnen möchte. Die dokumentarische Differenz ist das dokumentarische Bild (und oft auch der dokumentarische Ton), das eine doppelte Grenzziehung mit sich führt: eine Grenze zur Außenseite der Realität und eine zur Innenseite der Fiktion. Weder ist der Dokumentarfilm »Realität«, noch ist er »Fiktion«, sondern er ist beides als permanente Beunruhigung der beiden Grenzregionen. Der Blick der Tiere demonstriert, dass sich diese Beunruhigung nicht auflösen lässt. Wir wissen nicht, welche Realität sich dahinter verbirgt, und sind auch deswegen fasziniert von den Ängsten, Projektionen und fiktionalen (mythischen, fantastischen) Vorstellungsbildern, die mit den Bildern von Tieren entstehen. Diese Markierung der Grenzen, die dokumentarische Differenz, konstituiert aber erst, was mit den Schlagworten von Realität und Fiktion gemeint sein könnte und was in prägenden Begriffen zur Theorie des Dokumentarfilms wie Derealisierung (Comolli), Fremdkörper (Chow), Fabulation (Deleuze), Otherness (Russell), Konversion (Rosen), Korrespondenz (Williams), Doublierung (Niney), um nur einige der in diesem Band erörterten Positionen zu nennen, seinen Ausdruck findet.

Dank

Auf dem Weg des Schreibens an diesem Buch wurde ich von vielen Seiten unterstützt. Mein ganz besonderer Dank geht an Gabriele Schaller, Elisa Linseisen und Nina Janz, die ihre wachsamen und kritischen Blicke auf das Manuskript, auch wenn es anstrengend zu werden drohte, geduldig beibehalten haben. Darüber hinaus danke ich Lorenz Engell und Friedrich Balke für manche Ermutigungen und Inspirationen und last but not least meinen Kolleginnen und Kollegen sowie besonders auch den Kollegiatinnen und Kollegiaten des Graduiertenkollegs »Das Dokumentarische. Exzess und Entzug« für die vielen wichtigen Gespräche und Anregungen in den letzten Jahren.

Oliver Fahle, Juli 2020

Anmerkungen

1 Eine andere, kritische Perspektive auf YouTube und seine Influencer präsentiert der Dokumentarfilm *Lord of the Toys* (Pablo Ben-Yakov, D 2019).

2 Seit dem 21.11.2011 ist der Film auf YouTube abrufbar unter: https://www.youtube.com/watch?v=JaFVr_cJJIY [Abruf 19.04.2020]. Eine neue Version von *Life in a day* ist angekündigt und soll nach genau zehn Jahren entstehen und 2021 erscheinen.

3 Die Hinweise und Zitate zu Dziga Vertov (eigentlich Denis Arkadevic Kaufman), auch in Kapitel 2, sind seinen verschiedenen programmatischen Kurztexten von 1922–1934 entnommen, die Wolfgang Beilenhoff herausgegeben hat (Vertov 1973).

4 Der vorliegende Text verwendet das Binnen-I, um alle Geschlechter einzubeziehen. Dieses wird als orthografische Leerstelle verstanden, die nicht nur männlich und weiblich adressiert und aus meiner Sicht den anderen möglichen Varianten typografisch überlegen ist.

5 So wären beispielhaft Filme wie *Die Geschichte vom weinenden Kamel* (Davaa Byambasuren, Luigi Falorni, D 2003), *Super Size Me* (Morgan Spurlock, USA 2004), *Die Reise der Pinguine* (Luc Jacquet, F 2005), *Waltz with Bashir* (Ari Folman, Israel 2008), *The Cove* (Louie Psihoyos, USA 2009) oder *More than Honey* (Markus Imhoof, CH, D, A 2012) zu nennen (vgl. dazu Trautmann 2017, 11).

6 So bezeichnet es unter anderen Yuval Noah Harari: 21 Lessons for the 21st Century, London: Jonathan Cape 2018, S. 231 ff.

7 Aus diesem Grund lassen sich Dokumentarfilme auch an aktuelle Debatten zum Dokumentarischen anschließen, die das Dokumentarische über den Film hinaus anhand seiner Operationen, Verfahren und institutionell bedingten Praktiken erforschen (vgl. Balke, Fahle 2014, 10).

8 Aufschluss, so denkt man, muss dabei Luis Buñuels Autobiografie geben, doch trotz einiger Beschreibungen, wie die Produktion zu-

stande kam, deckt er nichts auf. Es wäre wohl auch erstaunlich gewesen, wenn er es getan hätte. Luis Buñuel: Mein letzter Seufzer, Frankfurt a. M.: Athenäum 1987, S. 130–133.

9 Zum Verhältnis von Wissen und Unwissen im Dokumentarfilm siehe auch: Oliver Fahle: »Das dokumentarische Nicht-Wissen. Zu Philip Scheffners Filmen«, in: Irina Gradinari/Dorit Müller/Johannes Pause: Wissensraum Film, Wiesbaden: Reichert-Verlag 2014, S. 155–168.

10 *Lumière! L'aventure commence* heißt eine 2017 vom Institut Lumière unter der Leitung von Bertrand Tavernier und Thierry Frémaux herausgegebene DVD mit 114 (von 1422 insgesamt verfügbaren) Filmen, die unter der Verantwortung der Brüder entstanden.

11 Beispielhaft durch die Werke ganz unterschiedlicher Regisseure wie Jean-Luc Godard, Frederick Wiseman, James Benning und Pedro Costa dargestellt in: Volker Pantenburg: Ränder des Kinos. Godard – Wiseman – Benning – Costa, Berlin: August Verlag 2010.

12 Zur Biografie von Grierson vgl. Ellis 2000. Informativ sind auch die Tagebuchaufzeichnungen von Paul Rotha, Dokumentarfilmer und Mitarbeiter Griersons (Rotha 1973).

13 Zu Lorentz' Filmen vgl. Snyder 1993.

14 Obwohl der Band bis auf eine Einführung Hardys aus den Schriften Griersons besteht, taucht nur Hardy als Herausgeber auf, nicht Grierson selbst. Zitate aus den Schriften Griersons werden daher als »Hardy 1947« angegeben.

15 Winston schließt sich der Position Ian Aitkens an, der davon ausgeht, dass Grierson zwischen dem Realen und dem Phänomenalen unterscheidet, wobei ersteres als abstrakt und generell, letzteres als empirisch und partikular verstanden werde. Grierson entscheide sich eher für das erste, weshalb er zuvorderst formalistisch argumentiere. Es stimmt, dass »primarly footage« nicht die entscheidende Rolle spielt, doch deuten Griersons Aussagen kaum in die Richtung eines nur symbolischen Ausdrucks von Wirklichkeit, da ihn die Lebensbedingungen und die Milieus ebenso interessierten wie die unsichtbaren Kräfte, die keineswegs nur symbolisch, sondern sehr real waren.

16 Malte Hagener: »Wo ist Film heute. Film/Kino im Zeitalter der Medienimmanenz«, in: Gudrun Sommer/Vinzenz Hediger/Oliver Fahle (Hg.): Orte filmischen Wissens. Filmkultur und Filmvermittlung im Zeitalter digitaler Netzwerke, Marburg: Schüren 2011, S. 45–60.

17 Roman Marek: Understanding YouTube. Über die Faszination eines Mediums, Bielefeld: transcript 2013.

18 Philipp Blum spricht zeitgemäß immerhin von »queeren Filmensembles«, um die Praxis zwischen Dokumentar- und Spielfilm zu beschreiben. Der Begriff des Querschnittfilms könnte ein ebenso lohnender Rückgriff auf vorhandene Kategorien sein, da er terminologisch mit dem *Querschnitt* direkt auf die Operationen des Films *und* der gesellschaftlichen Analyse zurückgreift. Vgl. Blum 2017.

19 Diese Bewegung nämlich bemerkten ZuschauerInnen und KritikerInnen in dem Film *Repas de bébé* von Louis Lumière. Da füttern Auguste Lumière und seine Frau im Vordergrund ihr Baby, doch die Aufmerksamkeit galt offenbar etwas ganz anderem, bisher Ungesehenem: den durch den Wind in Bewegung gesetzten Blättern im Hintergrund des Bildes.

20 Kristina Köhler: Der tänzerische Film. Frühe Filmkultur und moderner Tanz, Marburg: Schüren 2017, S. 151. Köhler zitiert hier mit Henri Parville einen Zeugen der ersten Aufnahmen aus dem Jahr 1896.

21 Zum Piktorialismus vgl. Boris von Brauchitsch: Kleine Geschichte der Fotografie, Stuttgart: Reclam 2002, S. 76–87.

22 Zur französischen Filmtheorie der 1920er Jahre vgl. Oliver Fahle: Jenseits des Bildes. Poetik des französischen Films der zwanziger Jahre, Mainz: Bender-Verlag 2000. Zu den anderen Positionen vgl. Balázs 2001 und Rudolf Arnheim: Film als Kunst, Frankfurt a. M.: Suhrkamp 1988.

23 Die Theorie des Realismus wird bis in die Gegenwart in Zusammenhang mit Kracauers Schriften zur Geschichtsphilosophie diskutiert. Besonders aufschlussreich für den filmtheoretischen Zusammenhang: Gertrud Koch: Kracauer zur Einführung, Hamburg: Junius 1996, S. 125–157, und Hermann Kappelhoff: Realismus: das Kino und die Politik des Ästhetischen, Berlin: Vorwerk 8, 2008, S. 59–69.

24 Ein Standardwerk dazu ist nach wie vor: Vinzenz Hediger/Patrick Vonderau (Hg.): Filmische Mittel, industrielle Zwecke. Das Werk des Industriefilms, Berlin: Vorwerk 8, 2008. Vgl. auch die Themenschwerpunkte in Montage AV 14, 2/2005, und Montage AV 15, 1/2006 (Schwerpunkte »Gebrauchsfilm 1 und 2«).

25 Auch Kracauer folgt dem noch (vgl. Kracauer 1985, 57).

26 Méliès saß im Publikum und wollte sofort eine Lizenz für den Kinematographen erwerben, die Antoine Lumière, der Vater von Auguste und Louis, ihm jedoch verweigerte.

27 Jacques Aumont: L'Oeil interminable, Paris: Séguier 1989, S. 31. Hier zitiert nach einem der wichtigsten Texte zu den Filmen der Lumières: Livio Belloï: »Lumière und der Augen-Blick«, in: KINtop, No 4: Anfänge des dokumentarischen Films, Frankfurt a.M.: Stroemfeld Roter Stern 1995, S. 27–49, S. 35.

28 So die Begründung eines kuratorischen Programms von Josh Guilford. Siehe: https://film-makerscoop.com/programs/refracting-lumiere [Abruf 26.04.2020].

29 Auf YouTube findet man einige *phantom-ride*-Filme, etwa *Barnstaple* (1908): https://www.youtube.com/watch?v=dziGmOLe3KU [Abruf 18.5.2020].

30 Eine unterhaltsame Einführung ins *direct cinema* gibt: Dave Saunders: DIRECT CINEMA. Observational Documentary and the Politics of the Sixties, London/New York: Wallflower Press 2007.

31 Das Haus des Dokumentarfilms hat diese Filme in einer DVD mit dem Titel *Zeichen der Zeit. Die Filme der Stuttgarter Schule* verfügbar gemacht (hg. von Kay Hoffmann, Stuttgart).

32 Oft ist der Bruch im Film der 1960er Jahre historisch genauer zu begreifen, wenn man Berichte von Kulturschaffenden liest, die nicht primär mit dem Kino zu tun hatten. Vgl. Karl Heinz Bohrer: Jetzt. Geschichte meines Abenteuers mit der Phantasie, Frankfurt a.M.: Suhrkamp 2017, S. 81 ff.

33 »Die Fiktion zielt mehr oder weniger darauf, dass mir ein Besitz oder eine Herrschaft der Welt garantiert werden kann, während der Dokumentarfilm zugesteht, dass dies außerhalb seiner Möglichkeiten liegt [...].« (Übersetzung OF)

34 Peter Wollen: Sign and Meaning in the Cinema, London: Seeker and Warburg 1974, S. 116 ff.

35 Vgl. dazu den einschlägigen Text von Christian Metz: »A propos de l'impression de réalité au Cinéma«, in: Christian Metz: Essais sur la signification au cinéma. Tome 1, Paris 1968, S. 13–24.

36 Peirce fasst seine Philosophie der Zeichen in einem Satz zusammen: »Ein *Zeichen* oder *Repräsentamen* ist alles, was in einer solchen Beziehung zu einem Zweiten steht, das sein *Objekt* genannt wird, daß

es fähig ist, ein Drittes, das sein *Interpretant* genannt wird, dahingehend zu bestimmen, in derselben triadischen Relation zu jener Relation auf das Objekt zu stehen, in der es selbst steht.« (Peirce 1983, 63, kursiv i. Original)

37 Das Ikon ist übrigens als Erstheit der Zweitheit der Zeichentyp, der noch sehr nahe an der Erstheit liegt, wie am Beispiel »Kikeriki« gesehen.

38 Einen Überblick zu Chows Arbeiten gibt Bergermann 2014.

39 Chow erinnert naheliegenderweise an Jacques Derridas Methode der Dekonstruktion, die sich anhand der metaphysischen Annahme der Selbstpräsenz der Stimme entfaltete. Sie fragt, ob die Stimme nicht immer schon eine Hülle ist, »[...] im Sinne eines materiellen Mediums, das, während es kommuniziert oder Informationen übermittelt, auch das versteckt, trennt und verlagert, was es kommuniziert, weil der Ton eben in so flüchtiger Weise operiert?« (Chow, 206)

40 Bis auf Vai Vaughan werden Arbeiten aller AutorInnen in diesem Band besprochen. Vaughan selbst hat einige Abhandlungen an der Schnittstelle von dokumentarischer Praxis und Theorie in einem Buch zusammengefasst. Vgl. Vai Vaughan: For Documentary. Twelve Essays, Los Angeles/London: University of California Press 1990.

41 Berühmte Beispiele für diese Verschiebung sind die Filme *Persepolis* (Vincent Paronnaut/Marjane Satrapi, F 2007) und *Waltz with Bashir* (Ari Folman, IL 2008).

42 Vgl. Walter Benjamin: Über den Begriff der Geschichte, in: ders.: Illuminationen. Ausgewählte Schriften 1, Frankfurt a. M.: Suhrkamp 1977, S. 251–263; Alexander Kluge: Gelegenheitsarbeit einer Sklavin: Zur realistischen Methode, Frankfurt a. M.: Suhrkamp 1975, S. 201–211.

43 Michel Foucault: Der Wille zum Wissen. Sexualität und Wahrheit 1, Frankfurt a. M.: Suhrkamp 1983, S. 98. Nichols selbst hat diesen Strang mit seinen Thesen zur Frage nach der Beziehung von Pornografie und Dokumentarfilm selbst weiterverfolgt (Nichols 1992, 201 ff.).

44 Vgl. Noël Carroll: The Philosophy of the Motion Pictures Film, New York: Wiley-Blackwell 2007.

45 Vgl. Jean-François Lyotard: Das postmoderne Wissen, Wien: Passagen 2019; Jean Baudrillard: Agonie des Realen, Berlin: Merve Verlag 1978.

46 Nichols bezieht sich vor allem auf Barthes, aber auch auf die Wissenschaftstheoretiker Thomas Kuhn und Paul Feyerabend (Nichols 1992, 197).

47 Hans-Herbert Kogler: Michel Foucault, Stuttgart: Metzler 1994, S. 101. Die These entwickelt Foucault in: Der Wille zum Wissen, Frankfurt a. M.: Suhrkamp 1983, S. 162 ff.

48 Drei herausragende Beispiele, die das zeigen, sind von Frederick Wiseman: *High School* (USA 1968) und *High School 2* (USA 1984) sowie Raymond Depardon: *Délits flagrants* (F 1994).

49 *A current affair* (1986–1996) war ein US-amerikanisches Newsmagazin, das von 20th Century Fox produziert wurde.

50 Dies ist wohl darauf zurückzuführen, dass Rouch und Morin sich nicht einig wurden. Rouch wollte einen chronologischen Blick, Morin eher einen vom Stoff diktierten sozialen Querschnitt (Roth 1982, 18). Am Ende ergibt sich keines von beidem.

51 In diesen offenen Strukturen spielt das Interview, das etwa Jean-Luc Godard und Alexander Kluge in den 1960er Jahren immer wieder in ihre Filme integrierten, eine wichtige Rolle. Eines der interessantesten Werke dieser Jahre ist Pier Paolo Pasolinis *Comizi d'Amore* (*Gastmahl der Liebe*, I 1964), in dem zahlreiche Italienerinnen und Italiener zu Fragen der Liebe interviewt werden.

52 Eine umfangreiche wissenschaftliche Besprechung des Werkes von Jean Rouch, auch mit einigen Texten von ihm selbst, findet sich in: *CinémAction*, Nr. 81, Paris: Editions Corlet/Télérama 1996, verantwortet von René Prédal mit dem Titel *Jean Rouch ou le ciné-plaisir*. Auch Hohenberger (Hohenberger 1988) diskutiert theoretische Aspekte des Dokumentarfilms anhand des Werks von Jean Rouch.

53 Dies erscheint heute durch die Studien zur Fremdheit und durch Theorien zum Postkolonialen selbstverständlicher. Vgl. u. a. Bernhard Waldenfels: Grundmotive einer Phänomenologie des Fremden, Frankfurt a. M.: Suhrkamp 2006, und aus postkolonialer Perspektive Ina Kerner: Postkoloniale Theorien zur Einführung, Hamburg: Junius 2012.

54 Eine detaillierte Analyse von *Moi, un noir* findet sich in Hohenberger 1988, S. 285 ff.

55 Der Schrägstrich steht für die konstitutionelle Unentschiedenheit hinsichtlich der Zuschreibung auf das folgende Substantiv »Wahrheit«. Den Hinweis auf den Schrägstrich als öffnendes Zeichen, das eine

innerbegriffliche Verhandlung in Gang setzt und bis ins 18. Jahrhundert eine gebräuchliche Form des Schriftbildes war, verdanke ich Elisa Linseisen. Auch Roland Barthes hatte diese Kippfigur als semiotische Kategorie in seinen Band *S/Z* (Frankfurt a. M. Suhrkamp 1987) aufgenommen und verwendet.

56 Einen aufschlussreichen Rückblick auf diese Jahre bietet auch das Interview von Matthias Dell und Simon Rothöhler mit Werner Ružička, dem langjährigen Leiter der Duisburger Filmwoche: Matthias Dell/Simon Rothöhler: Duisburg Düsterburg. Werner Ružička im Gespräch, Berlin: Verbrecher Verlag 2018.

57 Vgl. Rudolf Augstein et al.: Historikerstreit. Die Dokumentation der Kontroverse um die Einzigartigkeit der nationalsozialistischen Judenvernichtung, München: Piper 1997.

58 In *Why We Fight* geht es darum, die US-amerikanische Bevölkerung von der Notwendigkeit des Eintritts in den Krieg gegen Japan, Deutschland und Italien zu überzeugen.

59 So wurde der Film *Death Mills* (*Die Todesmühlen*, Hanus Burger/Billy Wilder, USA 1945), der Aufnahmen aus den Konzentrationslagern zeigte, zur Re-Education eingesetzt.

60 Ähnliches gelang 1994 Steven Spielberg mit *Schindlers Liste*, der eine breite öffentliche Diskussion besonders auch in Deutschland nach sich zog, oder etwas abgeschwächter Roman Polanski mit *Der Pianist* (F, GB, PL, D 2002).

61 Lanzmann hat zur Entstehung des Drehs mit Bomba einen interessanten Bericht verfasst: Claude Lanzmann: »Der Friseur von Treblinka«, in: Spiegel Online, 6.9.2010, https://www.spiegel.de/spiegel/print/d-73600010.html [Abruf 23.04.2020].

62 Umstritten sind dabei die Fernseharbeiten von Guido Knopp, die ohne Frage einem aufklärerischen Impuls folgen, jedoch Bilder und besonders Ton und Musik oft willkürlich zur Reizsteigerung einsetzen, so in *Hitlers Helfer*, ZDF 1996.

63 Vgl. als Überblick die Beiträge in Eva Hohenberger/Judith Keilbach 2003, aus denen auch die hier besprochenen Texte von Rancière und Williams stammen, sowie Fabio Crivellari, Kay Kirchmann et al. (Hg.): Die Medien der Geschichte. Konstanz: UVK Verlagsgesellschaft 2004; insbesondere auch Lorenz Engell: »Die genetische Funktion des Historischen in der Geschichte der Bildmedien«, in: Lorenz

Engell/Joseph Vogl (Hg.): Archiv für Mediengeschichte 1, 2001, S. 33–56.

64 Friedrich Balke: »Theorie des Dokumentar- und Essayfilms«, in: Bernhard Groß/Thomas Morsch (Hg.): Filmtheoretische Paradigmen. Ein historischer Überblick, Wiesbaden: Springer 2020.

65 Vgl. Jean Epstein, Écrits sur le cinema 1 et 2, Paris: Seghers 1974 und 1975.

66 Die *Histoire(s) du cinéma* können als wesentliche Inspiration für die von Rancière entwickelte Idee von der Geschichtlichkeit des Films gelten.

67 Jacques Rancière: »The Aesthetic Revolutions and its Outcomes«, in: New Left Review, 14, March-April 2002, S. 133–151, S. 150.

68 Der afroamerikanische US-Bürger Rodney King wurde am 3. März 1991 von Polizisten misshandelt, was von einem Anwohner zufällig gefilmt wurde. Das Video spielte in den folgenden Prozessen gegen die Polizisten eine entscheidende Rolle. Erst im zweiten Verfahren kam es zu einer Verurteilung und zuvor zu schweren Unruhen mit 53 Toten.

69 Dies zeigt Eva Hohenberger, indem sie das Beobachtungsparadigma des *direct cinema* rückblickend als Teil von Experimentalordnungen analysiert: Eva Hohenberger: »Das Beobachtungsparadigma. Geschichte und Nachleben des direct cinema«, in: Friedrich Balke/Oliver Fahle/Annette Urban (Hg.): Durchbrochene Ordnungen. Das Dokumentarische der Gegenwart, Bielefeld: transcript (erscheint 2020).

70 Peter Ian Crawford: »Film as Discourse. The Invention of Anthropological Realities«, in: Peter Ian Crawford/David Turton (Hg.): Film as Ethnography, Manchester/New York: Manchester University Press 1992, S. 68.

71 Vgl. dazu ein Interview von Nancy N. Chen mit Trinh T. Minh-ha, »Speaking nearby. A conversation with Trinh T. Minh-ha«, in: Visual Anthropology Review, Volume 8, Nr. 1, Spring 1992: https://docfilmhist.files.wordpress.com/2008/09/chen.pdf [Abruf 12.05.2020].

72 Pier Paolo Pasolini: Ketzererfahrungen. Schriften zu Sprache, Literatur und Film, München: Carl Hanser Verlag 1979, S. 101 ff.

73 Die politische Dimension des Dokumentarfilms wird jüngst in verschiedenen Beiträgen verstärkt zum Thema gemacht. Vgl. dazu Elisabeth Büttner, Vrääth Öhner, Lena Stölzl (Hg.): Sichtbar machen. Politiken des Dokumentarfilms, Berlin: Vorwerk 8, 2018.

74 Vgl. W. J. T. Mitchell: Das Leben der Bilder. Eine Theorie der visuellen Kultur, München: Verlag C. H. Beck 2008.

75 Präzise Darstellungen dieser und anderer Filme des anthropologischen Films finden sich in: Anna Grimshaw/Amanda Ravetz: Observational Cinema. Anthropology, Film and the Exploration of Social Life, Bloomington/Indianapolis: Indiana University Press 2009, zu *Schoolscapes* vgl. S. 147 ff.

76 Zur historischen und theoretischen Bedeutung des Essays vgl. als Überblick Peter V. Zima: Essay/Essayismus. Zum theoretischen Potenzial des Essays. Von Montaigne bis zur Postmoderne, Würzburg: Königshausen und Neumann 2012; Christian Schärf: Geschichte des Essays. Von Montaigne bis Adorno, Springe: zu Klampen Verlag 2016.

77 Zum Verhältnis von Geschichte und Found-Footage-Film vgl.: Thomas Elsaesser: »Die Geschichte, das Obsolete und der found footage-Film«, in: Eva Hohenberger/Katrin Mundt (Hg.): Ortsbestimmungen. Das Dokumentarische zwischen Kino und Kunst, Berlin: Vorwerk 8, S. 135–155.

78 Die Theorie des Amateur- und Gebrauchsfilms erfährt zunehmend mehr Aufmerksamkeit. Vgl. Zimmermann 2020 und als eine der ersten Untersuchungen zum Thema Schneider 2004. Wegweisend dazu auch: Decker 1995.

79 Michel de Montaigne: Die Essais, Köln: Anaconda 2005.

80 »Ebenso wie sich das Leben durch den Film hindurch fortsetzt, setzt sich der Film durch das Leben fort.« (Übersetzung OF)

81 »In gewisser Weise, sagt Robert Kramer, ist es wirklich mein Mitgeschöpf und mein Bruder, die Biographie von Doc ist auf halbem Weg zwischen der Biographie von Paul, der meinigen und etwas total Fiktivem. Es ist gewissermaßen eine Art von Double.« (Übersetzung OF)

82 »eine supplementierende Dimension jenseits von Wahr und Falsch« (Übersetzung OF).

83 Dokumentieren scheint sich auf viele Formate auszudehnen, etwa in die Unterhaltung als Docutainment (Lipp 2012) und in das Computerspiel als Docugaming (vgl. Brosius 2014). Für einen Überblick über die Debatten zum Verhältnis des Dokumentarfilms zu den emergierenden Formen und Formaten des Dokumentarischen vgl. Zimmermann/Hoffmann 2006, Austin/Jong 2010, Leitner/Sorg/Sponsel 2014 und Deprez/Pernin 2015.

84 Diese Ausweitung vom Dokument als Evidenz zum Dokument als Index beschreibt im Anschluss an Suzanne Briet Donald E. Day unter dem treffenden *Titel Indexing it all* (Day 2014).

85 Die politische und feministisch-queere »Arbeit am Dokument« stellt einen weiteren Anschluss an Deleuzes Affekttheorie dar, die für den Dokumentarfilm produktiv gemacht werden könnte (vgl. Deuber-Mankowsky 2017).

86 https://www.youtube.com/watch?v=FMGUAHBFmjk [Abruf 05.06. 2020].

87 The Killing of Muhammad Gulzar: https://forensic-architecture.org/investigation/the-killing-of-muhammad-gulzar [Abruf 18.06.2020].

88 Balke spricht von »Cellphone Footage« und es erscheint ästhetisch auch so. Diamond hat jedoch mit einer Digitalkamera gedreht, wie er auf Nachfrage von Elisa Linseisen angab. An der Aussagekraft des Arguments ändert dies aber nichts. Grundsätzliche filmtheoretische Überlegungen zum Handy-Film finden sich bei Krautkrämer 2014.

89 Jürgen Kaube: Die Realität ist nicht konsenspflichtig, in: faz.net 17.01.2017: https://www.faz.net/aktuell/feuilleton/was-tun-gegenfake-news-die-realitaet-ist-nicht-konsenspflichtig-14670489.html [Abruf: 20. 06.2020].

90 So erklärt ein Gedenkstättenführer den BesucherInnen sehr ausführlich die Geschichte des Georg Elser und seines gescheiterten Attentats auf Hitler.

91 Vgl. Hayden White: Metahistory. Die historische Einbildungskraft im 19. Jahrhundert in Europa, Frankfurt: Fischer 2008.

92 Eine vorwiegend an der Pragmatik orientierte Studie zum Dokumentarfilm hat zuletzt auch Florian Mundhenke vorgelegt (Mundhenke 2017).

93 Weber geht von prozessualen Bedingungen aus, so dass die Glaubwürdigkeit eines Dokumentarfilms jeweils spezifisch durch bestimmte »miteinander kooperierende Akteure« (Weber 2017, 16), also durch das Zusammenwirken von Personen, Institutionen, Konventionen und Programmvorgaben hergestellt wird. Das Spektrum der Aneignungsformen von kulturellen Texten und Aussageweisen ist seit etwa zwanzig Jahren Gegenstand intensiver Untersuchungen der Cultural Studies und in letzter Zeit auch der Postcolonial Studies. Zur Über-

sicht vgl. Kerner 2012 und, mit spezifischem Blick auf die Geschichte der Theorie der Populärkultur, Penke/Schaffrick 2018.

94 Ich verwende den männlichen Artikel, geläufig ist auch »die« Mockumentary.

95 Vgl. zuletzt Andreas Sudmann: Fake-Dokus und ihr Beitrag zur Krise der Repräsentationskritik, in: zfm (Zeitschrift für Medienwissenschaft) 19, 2/2018, S. 42–53.

96 Eine erweiterte Debatte zum Verhältnis von Fiktion und Dokumentarischem kann hier nicht geführt werden, ist aber ein konstantes Thema aktueller Debatten, vgl. Koch/Voss (Hg.) 2009, Rancière 2012, Mundhenke 2017.

97 Trautmann analysiert zahlreiche Filme, nennt aber unter anderen als besonders prägende Beispiele für diese Tendenzen: *Être et Avoir/Sein und Haben* (Nicolas Philibert, F 2002), *Die Geschichte vom weinenden Kamel* (Davaa Byambasuren/Luigi Falorni, D 2003), *Die Spielwütigen* (Andreas Veiel, D 2005).

98 Jagoda Marinić: Das Maß aller Dinge, in: *Süddeutsche Zeitung*, 23.05.2020: https://www.sueddeutsche.de/politik/coronavirus-kolumne-jagoda-marinic-1.4907807 [Abruf 25.06.2020].

99 Die Kehrseite dieser Suche nach Kohärenz sind Verschwörungstheorien.

100 Denn Zeichen sind der Präsenz immer nachgeordnet, wobei diese wiederum nur durch Zeichen überhaupt repräsentiert werden kann. Diese doppelte Nachordnung (bei Derrida als »ursprüngliche Verspätung« gekennzeichnet) ist ein Ausgangspunkt des Mockumentary.

101 Diese Position vertritt Elisa Linseisen in einer feinen Analyse der Diskussion zum World Press Photo Award 2013, die das digitale Foto »Gaza Burial« von Paul Hansen nach sich zog (Linseisen 2020, 82).

102 Dem klassischen Animationsfilm kann eine gewisse Materialität und damit Indexikalität durchaus zugesprochen werden, etwa in der Sichtbarkeit und Veränderbarkeit von Knetfiguren und -massen, die sich gemäß ihren materialen Vorgaben kräuseln und einrollen. Durch dieses Fortbestehen von materialer Figuralität kann von artifizieller Indexikalität oder sekundärer Materialität gesprochen werden (vgl. Hasebrink 2019, in: http://ffk-journal.de/?journal=ffk-journal&page=article&op=view&path%5B%5D=67 [Abruf 22.06.2020]).

103 Vgl. u.a. Felipe Muanis: Dokumentarische Comics als Übersetzung des Alltäglichen, in: zfm (Zeitschrift für Medienwissenschaft) 11, 2/2014, S.49–64.

104 Unter anderen sind zu nennen: Mitman 1999, Möhring/Perinelli/Stieglitz (Hg.) 2009, Nessel/Pauleit et al. (Hg.) 2012, Thielmann 2018. Einen Überblick zur Forschung gibt Nohr 2014.

105 Auch Thielmann beginnt seine filmphilosophische Auseinandersetzung mit diesem Blick, den er als »ultrafilmisch« bezeichnet und der auf die mediale und kulturelle Modellierung von Blicken des Films überhaupt verweist (Thielmann, 26).

106 Die grundsätzliche Frage nach dem Verhältnis des Dokumentarfilms und die von ihm Gefilmten ist Schwerpunktthema in Montage AV 25, 1/2016. Interessanterweise bleibt das Tier in den Beiträgen zur Ethik des dokumentarischen Filmens außen vor, obwohl sich einer der Texte mit Werner Herzogs *Grizzly Man* (USA 2005) beschäftigt.

Literatur

Lisa Åkerwall: Kinematographische Affekte. Die Transformation der Kinoerfahrung, München: Fink 2018.

Woody Allen: Ganz nebenbei. Autobiographie, Hamburg: Rowohlt 2020.

Rick Altman: »Viereinhalb Trugschlüsse«, in: Volko Kamensky/Julian Rohrhuber (Hg.): Ton. Texte zur Akustik im Dokumentarfilm, Berlin: Vorwerk 8, 2013, S. 36–48.

Dudley Andrew: The Major Film Theories, Oxford, London, Glasgow: Oxford University Press 1976.

Rudolf Arnheim: Film als Kunst, Frankfurt a. M.: Suhrkamp 1988 [1932].

Rudolf Augstein et al.: Historikerstreit. Die Dokumentation der Kontroverse um die Einzigartigkeit der nationalsozialistischen Judenvernichtung, München: Piper 1997.

Jacques Aumont: L'Oeil interminable, Paris: Séguier 1989.

Thomas Austin/Wilma de Jong (Hg.): Rethinking Documentary. New Perspectives, New Practices, Maidenhead (England): Open University Press 2010.

Béla Balázs: Der Film. Werden und Wesen einer Kunst, Wien: Globus Verlag 1980.

Béla Balázs: Der sichtbare Mensch und die Kultur des Films, Frankfurt a. M.: Suhrkamp 2001.

Friedrich Balke/Oliver Fahle: »Dokument und Dokumentarisches. Einleitung in den Schwerpunkt«, in: zfm (Zeitschrift für Medienwissenschaft) 11, 2/2014, Berlin: Diaphanes, S. 10-17.

Friedrich Balke: »Theorie des Dokumentar- und Essayfilms«, in: Bernhard Groß/Thomas Morsch (Hg.): Filmtheoretische Paradigmen. Ein historischer Überblick, Wiesbaden: Springer 2020. DOI 10.1007/978-3-658-09514-7_10-1

Friedrich Balke: »Havarie. Über dokumentarischen Spurwechsel«, in: Friedrich Balke/Oliver Fahle/Annette Urban (Hg.): Durchbrochene Ordnungen. Das Dokumentarische der Gegenwart, Bielefeld: transcript 2020, S. 102–125.

Friedrich Balke/Oliver Fahle/Annette Urban (Hg.): Durchbrochene Ordnungen. Das Dokumentarische der Gegenwart, Bielefeld: transcript 2020.

Erika Balsom/Hila Peleg: Documentary Across Discplines, Cambridge/Berlin: MIT Press/Haus der Kulturen der Welt 2016.

Erika Balsom: The Reality-Based Community, e-flux journal 83, 2017, S. 1–13.

Eric Barnouw: A History of the Non-Fiction Film. Revised Edition, Oxford: Oxford University Press 1983 [1974].

Roland Barthes: S/Z, Frankfurt a.M.: Suhrkamp 1987 [1970].

Jean Baudrillard: Agonie des Realen, Berlin: Merve 1978.

André Bazin: Was ist Film?, Berlin: Alexander Verlag 2004 (hrsg. von Robert Fischer) [französische Ausgabe.: qu'est-ce que le cinéma, Paris: Les Editions du Cerf 1987].

André Bazin: »Ontologie des photographischen Bildes« [1945], in: André Bazin: Was ist Film?, Berlin: Alexander Verlag 2004, S. 33–42.

André Bazin: »Montage verboten«, in: André Bazin: Was ist Film?, Berlin: Alexander Verlag 2004 [1953/56], S. 75–89.

Julia Bee: »Erfahrungsbilder und Fabulationen«, in: Elisabeth Büttner/Vrääth Öhner/Lena Stölzl (Hg.): Sichtbar machen. Politiken des Dokumentarfilms, Berlin: Vorwerk 8, 2018, S. 93–110.

John Berger: »Warum sehen wir Tiere an?«, in: ders.: Das Leben der Bilder oder die Kunst des Sehens, Berlin: Wagenbach 1980, S. 12–35.

Ulrike Bergermann: »Entangled Epistemologies. Arbeiten von Rey Chow«, in: zfm (Zeitschrift für Medienwissenschaft) 10, 1/2014, Berlin: Diaphanes, S. 172–176.

Livio Belloï: »Lumière und der Augen-Blick«, in: KINtop, No 4: Anfänge des dokumentarischen Films, Frankfurt a. M.: Stroemfeld Roter Stern 1995, S. 27–49.

Walter Benjamin: »Über den Begriff der Geschichte« [1940], in: ders.: Illuminationen. Ausgewählte Schriften 1, Frankfurt a.M.: Suhrkamp 1977, S. 251–263.

Philipp Blum: Experimente zwischen Dokumentar- und Spielfilm. Zu Theorie und Praxis eines ästhetisch ›queeren‹ Filmensembles, Marburg: Schüren 2017.
Christa Blümlinger/Constantin Wullf (Hg.): Schreiben, Bilder, Sprechen. Texte zum essayistischen Film, Wien: Sonderzahl 1992.
Christa Blümlinger: Kino aus zweiter Hand. Zur Ästhetik materieller Aneignung im Film und in der Medienkunst, Berlin: Vorwerk 8, 2001.
Christa Blümlinger: »Gedächtnis und Intervall – Vertov/Farocki. Zur Installation Gegen-Musik«, in: Sven Kramer/Thomas Tode (Hg.): Der Essayfilm. Ästhetik und Aktualität, Köln: Herbert von Halem Verlag 2017, S. 257–274.
Karl Heinz Bohrer: Jetzt. Geschichte meines Abenteuers mit der Phantasie, Frankfurt a. M.: Suhrkamp 2017.
David Bordwell/Kristin Thompson: Film Art. An Introduction, New York: Mc Graw-Hill Education 2016 (20. Auflage).
Gottfried Böhm: Wie Bilder Sinn erzeugen, Berlin: Berlin University Press 2008.
Frank Bösch: Zeitenwende 1979. Als die Welt von heute begann, München: C. H. Beck 2019.
Boris von Brauchitsch: Kleine Geschichte der Fotografie, Stuttgart: Reclam 2002.
Suzanne Briet: Qu'est-ce que la documentation?, Paris: Editions Documentaires 1951.
Christine Noll Brinkmann: »Zuschauerempathie und Mosaikstruktur in Wisemans *Primate*«, in: Eva Hohenberger (Hg.): Frederick Wiseman. Kino des Sozialen, Berlin: Vorwerk 8, 2009, S. 173–194.
Christoph Brosius: »Der gamifizierte Dokumentarfilm«, in: Matthias Leitner/Sebastian Sorg/Daniel Sponsel (Hg.): Der Dokumentarfilm ist tot – es lebe der Dokumentarfilm, Marburg: Schüren 2004, S. 52–59.
Luis Buñuel: Mein letzter Seufzer, Frankfurt a. M.: Athenäum 1987 [1982].
Elisabeth Büttner/Vrääth Öhner/Lena Stölzl (Hg.): Sichtbar machen. Politiken des Dokumentarfilms, Berlin: Vorwerk 8, 2018.
Noël Carroll: »Der nicht-fiktionale Film und postmoderner Skeptizismus« [1996], in: Eva Hohenberger (Hg.): Bilder des Wirklichen. Texte zur Theorie des Dokumentarfilms, Berlin: Vorwerk 8, 2006, S. 34–62.
Noël Carroll: The Philosophy of the Motion Pictures Film, New York: Wiley-Blackwell 2007.

Michel Chion: Le son, Paris: Nathan 1998.

Michel Chion: »Mabuse – Magie und Kräfte des ›Acousmêtre‹. Auszüge aus ›Die Stimme im Kino‹«, in: Cornelia Epping-Jäger/Erika Linz (Hg.): Medien/Stimmen, Köln: Dumont Verlag 2003, S. 124–159.

Michael Chion: »Wirklichkeit und Wiedergabe«, in: Volko Kamensky/Julian Rohrhuber (Hg.): Ton. Texte zur Akustik im Dokumentarfilm, Berlin: Vorwerk 8, 2013, S. 58–63.

Michael Chion: Audio-Vision. Sound on Screen, New York: Columbia University Press 1994 [1990].

Alan Chodolenko: The Illusion of Life. Essays on Animation, Sydney: Power Publications 1991.

Rey Chow: »Die erkaltete Spur aufnehmen: Anti-dokumentarische Bestrebungen, akusmatische Komplikationen«, in: Volko Kamensky/Julian Rohrhuber (Hg.): Ton. Texte zur Akustik im Dokumentarfilm, Berlin: Vorwerk 8, 2013, S. 194–211.

Jean-Louis Comolli: Voir et pouvoir. L'Innocence perdue: cinéma, télévision, fiction, documentaire, Lagrasse: Verdier 2004.

Jean-Louis Comolli: »Der Umweg über das ›direct‹«, in: Eva Hohenberger (Hg.): Bilder des Wirklichen. Texte zur Theorie des Dokumentarfilms, Berlin: Vorwerk 8, 2006, S. 240–165.

Jean-Louis Comolli: »Oralität und Orakel. Zur Trennung von Körper und Stimme«, in: Volko Kamensky/Julian Rohrhuber (Hg.): Ton. Texte zur Akustik im Dokumentarfilm, Berlin: Vorwerk 8, 2013, S. 228-251.

Donald Crafton: »The Veiled Genealogies of Animation and Cinema«, in: Animation: An Interdisciplinary Journal 6, 2/2011, S. 93–110.

Peter Ian Crawford: »Film as Discourse. The Invention of Anthropological Realities«, in: Peter Ian Crawford/David Turton (Hg.): Film as Ethnography, Manchester/New York: Manchester University Press 1992, S. 66–84.

Fabio Crivellari/Kay Kirchmann et al. (Hg.): Die Medien der Geschichte, Konstanz: UVK Verlagsgesellschaft 2004.

Donald E. Day: Indexing it all. The [Subject] in the Age of Documentation, Information, and Data, London/Cambridge (Massachusetts): The MIT Press 2014.

Christof Decker: Die ambivalente Macht des Films. Explorationen des Privaten im amerikanischen Dokumentarfilm, Trier: Wissenschaftlicher Verlag Trier 1995.

Gilles Deleuze: Kino 1. Das Bewegungs-Bild, Frankfurt a. M.: Suhrkamp 1989 [1983].
Gilles Deleuze. Kino 2. Das Zeit-Bild, Frankfurt a. M.: Suhrkamp 1991 [1985].
Gilles Deleuze/Félix Guattari: Tausend Plateaus, Berlin: Merve 1992 [1980].
Matthias Dell/Simon Rothöhler: Duisburg Düsterburg. Werner Ruzicka im Gespräch, Berlin: Verbrecher Verlag 2018.
Camille Deprez/Judith Pernin (Hg.): Post-1990 Documentary. Reconfiguring Independence, Edinburgh: Edinburgh University Press 2015.
Jaques Derrida: Die Stimme und das Phänomen, Frankfurt a. M.: Suhrkamp 1979 [1967].
Jacques Derrida: L'Animal que donc je suis, Paris: Editions Galilée 2006 (dt. Übersetzung: Das Tier, das ich also bin, Wien: Passagen 2006).
Iris Dressler: »Dokumente in Aufruhr. Über das Archivo F.X. des Pedro G. Romero, in: Eva Hohenberger/Katrin Mundt (Hg.): Ortsbestimmungen. Das Dokumentarische zwischen Kino und Kunst, Vorwerk 8, 2016, S. 217-231.
Astrid Deuber-Mankowsky: Queeres Post-Cinema. Yael Bartana, Su Friedrich, Todd Haynes, Sharon Hayes, Berlin: August Verlag 2017.
Sergei Eisenstein: Das dynamische Quadrat, Köln: Pahl-Rugenstein Verlag 1988 (hrsg. von Oksana Bulgakowa, darin der Text »Montage der Attraktionen«, S. 10–16).
Sergei Eisenstein: »Dickens, Griffith und wir«, in: Eisenstein: Gesammelte Aufsätze, Band 1, Zürich: Arche 1946, S. 60–136.
Dirk Eitzen: »Wann ist ein Dokumentarfilm? Der Dokumentarfilm als Rezeptionsmodus«, in: Montage AV 7, 2/1998, Marburg: Schüren, S. 13–44.
Jack C. Ellis: John Grierson: Life, Contributions, Influence, Carbondale/Edwardsville: Southern Illinois University Press 2000.
Jack C. Ellis/Betsy A. McLane: A New History of Documentary Film, New York: Continuum 2005.
Thomas Elsaesser: »Realität zeigen. Der frühe Film im Zeichen Lumières«, in: Ursula von Keitz/Kay Hoffmann (Hg.): Die Einübung des dokumentarischen Blicks. Fiction-Film und Non-Fiction Film zwischen Wahrheitsanspruch und expressiver Sachlichkeit 1895–1945, Marburg: Schüren 2001, S. 27–50.

Thomas Elsaesser: »Die Geschichte, das Obsolete und der found footage-Film«, in: Eva Hohenberger/Katrin Mundt (Hg.): Ortsbestimmungen. Das Dokumentarische zwischen Kino und Kunst, Berlin: Vorwerk 8, 2016, S. 135–155.

Lorenz Engell: »Teil und Spur der Bewegung. Neue Überlegungen zur Iconizität, Indexikalität und Temporalität des Films«, in: Daniel Sponsel (Hg.): Der schöne Schein des Wirklichen. Zur Authentizität im Film, Konstanz: UVK 2007.

Lorenz Engell: »Die genetische Funktion des Historischen in der Geschichte der Bildmedien«, in: Lorenz Engell/Joseph Vogl (Hg.): Archiv für Mediengeschichte 1, 2001, Weimar: Verlag der Bauhaus-Universität, S. 33–56.

Jean Epstein: Écrits sur le cinema 1 et 2, Paris: Seghers 1974/1975.

Oliver Fahle: Jenseits des Bildes. Poetik des französischen Films der zwanziger Jahre, Mainz: Bender-Verlag 2000.

Oliver Fahle: »Das dokumentarische Nicht-Wissen. Zu Philip Scheffners Filmen«, in: Irina Gradinari/Dorit Müller/Johannes Pause (Hg.): Wissensraum Film, Wiesbaden: Reichert-Verlag 2014, S. 155–169.

Oliver Fahle: »Das Postfaktische und der Dokumentarfilm«, in: Zeitschrift für Medien- und Kulturforschung. Schwerpunkt: Alternative Fakten 9, 2/2018, Hamburg: Meiner, S. 145–160.

Oliver Fahle: »Mockumentary. Eine Theorie«, in: Friedrich Balke/Oliver Fahle/Annette Urban (Hg.): Durchbrochene Ordnungen. Das Dokumentarische der Gegenwart, Bielefeld: transcript 2020, S. 83–101.

Michel Faucheux: Auguste et Louis Lumière, Paris: Gallimard 2011.

Michel Foucault: Der Wille zum Wissen. Sexualität und Wahrheit 1, Frankfurt a. M.: Suhrkamp 1983 [1976].

Johannes Geng: »Das Direct Cinema als Medienzäsur in der Medienkulturgeschichte des Sehens«, in: Carsten Heinze/Thomas Weber (Hg.): Medienkulturen des Dokumentarischen, Wiesbaden: Springer 2017, S. 85–99.

Jean-Luc Godard: par Jean-Luc Godard, Paris: Cahiers du Cinéma/Editions de l'Etoile 1985.

John Grierson: »The Documentary Producer«, in: Cinema Quarterly, Vol 2, No 1, Edinburgh 1933, S. 7–9.

John Grierson (Forsyth Hardy): Grierson und der Dokumentarfilm, Gütersloh: Bertelsmann Verlag 1947 [1946].

Erweiterte Ausgabe: Grierson on Documentary, Berkeley/Los Angeles: California University Press 1966 (Revised Edition, hrsg. von Forsyth Hardy).

John Grierson: »Grundsätze des Dokumentarfilms« [1933] und »Die Idee des Dokumentarfilms« [1942], in: Eva Hohenberger (Hg.): Bilder des Wirklichen. Texte zur Theorie des Dokumentarfilms, Berlin: Vorwerk 8, 2006, S. 90–114.

John Grierson: »Flaherty's Poetic Moana (1926)«, in: Jonathan Kahana (Hg.): The Documentary Film Reader. History, Theory, Criticism, Oxford/New York: Oxford University Press 2016, S. 86–87.

Anna Grimshaw/Amanda Ravetz: Observational Cinema. Anthropology, Film and the Exploration of Social Life, Bloomington/Indianapolis: Indiana University Press 2009.

Tom Gunning: »Das Kino der Attraktionen. Der frühe Film, seine Zuschauer und die Avantgarde«, in: Meteor. Texte zum Laufbild, No. 4, 1996 [1990], Wien: PVS Verleger, S. 25–34.

Tom Gunning: »Moving away from the Index: Cinema and the Impression of Reality«, in: differences: A Journal of Feminist Cultural Studies 18, 1/2007, Durham: Duke University Press, S. 29–52.

Tom Gunning: »What's the point of an Index, or Faking photographs«, in: Karen Beckman/Jean Ma (Hg.): Still Moving. Between Cinema and Photography, Durham: Duke University Press 2008, S. 39–49.

Tom Gunning: »Vor dem Dokumentarfilm. Frühe Non-Fiction Filme und die Ästhetik der *Ansicht*«, in: Renate Wöhrer (Hg.): Wie Bilder Dokumente wurden. Zur Genealogie dokumentarischer Darstellungspraktiken, Berlin: Kulturverlag Kadmos 2015, S. 155–174.

William H. Guynn: A Cinema of Non-Fictional, Cranberry/New York: Farleigh Dickinson Press 1990.

William H. Guynn: »Der Dokumentarfilm und sein Zuschauer« [1980], in: Eva Hohenberger (Hg.): Bilder des Wirklichen. Texte zur Theorie des Dokumentarfilms, Berlin: Vorwerk 8, 2006, S. 240–258.

Malte Hagener: »Wo ist Film heute. Film/Kino im Zeitalter der Medienimmanenz«, in: Gudrun Sommer/Vinzenz Hediger/Oliver Fahle (Hg.): Orte filmischen Wissens. Filmkultur und Filmvermittlung im Zeitalter digitaler Netzwerke, Marburg: Schüren 2011, S. 45–60.

Yuval Noah Harari: 21 Lessons for the 21st Century, London: Jonathan Cape 2018.

Felix Hasebrink: »Sekundäre Materialität. Zur Bewegungsartikulation im Dokumentarfilm«, in: ffk-journal 2019: http://ffk-journal.de/?journal=ffk-journal&page=article&op=view&path%5B%5D=67 [Abruf 20.7.2020].

Donna Haraway: Unruhig bleiben. Die Verwandtschaft der Arten im Chthuluzän, Frankfurt a.M./New York: Campus Verlag 2018 [2016].

Manfred Hattendorf: Dokumentarfilm und Authentizität. Ästhetik und Pragmatik einer Gattung, Konstanz: UVK Medien 1999.

Vinzenz Hediger: »llusion und Indexikalität. Filmische Illusion im Zeitalter der postphotographischen Philosophie«, in: Deutsche Zeitschrift für Philosophie 54, 1/2006: https://www.researchgate.net/publication/240757758_Illusion_und_Indexikalitat_Filmische_Illusion_im_Zeitalter_der_postphotographischen_Photographie [Abruf 20.07.2020].

Vinzenz Hediger/Patrick Vonderau (Hg.): Filmische Mittel, industrielle Zwecke. Das Werk des Industriefilms, Berlin: Vorwerk 8, 2008.

Carsten Heinze/Thomas Weber (Hg.): Medienkulturen des Dokumentarischen, Wiesbaden: Springer 2017.

Carsten Heinze/Arthur Schlegelmilch (Hg.): Der dokumentarische Film und die Wissenschaften, Wiesbaden: Springer 2019.

Thomas Heise: Spuren. Eine Archäologie der realen Existenz, Berlin: Vorwerk 8, 2010.

Heinz B. Heller: »Dokumentarfilm als transitorisches Genre«, in: Ursula von Keitz/Kay Hoffmann (Hg.): Die Einübung des dokumentarischen Blicks. Fiction-Film und Non-Fiction Film zwischen Wahrheitsanspruch und expressiver Sachlichkeit 1895–1945, Marburg: Schüren 2001, S. 15–26.

Knut Hickethier: Geschichte des deutschen Fernsehens, Stuttgart: Metzler 1998.

Eva Hohenberger: Die Wirklichkeit des Films. Dokumentarfilm. Ethnographischer Film. Jean Rouch, Hildesheim: Georg Olms Verlag 1988.

Eva Hohenberger/Judith Keilbach (Hg.): Die Gegenwart der Vergangenheit. Dokumentarfilm, Fernsehen und Geschichte, Berlin: Vorwerk 8, 2003.

Eva Hohenberger (Hg.): Bilder des Wirklichen. Texte zur Theorie des Dokumentarfilms, Berlin: Vorwerk 8, 2006 [1998].

Eva Hohenberger (Hg.): Frederick Wiseman. Kino des Sozialen, Berlin: Vorwerk 8, 2009.

Eva Hohenberger/Katrin Mundt (Hg.): Ortsbestimmungen. Das Dokumentarische zwischen Kino und Kunst, Vorwerk 8, 2016.

Eva Hohenberger: »Das Beobachtungsparadigma. Geschichte und Nachleben des direct cinema«, in: Friedrich Balke/Oliver Fahle/Annette Urban (Hg.): Durchbrochene Ordnungen. Das Dokumentarische der Gegenwart, Bielefeld: transcript 2020, S. 65–81.

Gunnar Iversen: »Ton als Mehrwert«, in: Volko Kamensky/Julian Rohrhuber (Hg.): Ton. Texte zur Akustik im Dokumentarfilm, Berlin: Vorwerk 8, 2013, S. 159–174.

Alexandra Juhasz/Jesse Lerner (Hg.): F is for Phony. Fake Documentary and Truth's Undoing, Minneapolis/London: University of Minnesota Press 2006.

Jonathan Kahana (Hg.): The Documentary Film Reader. History, Theory, Criticism, Oxford/New York: Oxford University Press 2016.

Volko Kamensky/Julian Rohrhuber (Hg.): Ton. Texte zur Akustik im Dokumentarfilm, Berlin: Vorwerk 8, 2013.

Volko Kamensky/Julian Rohrhuber: »Einleitung. Gibt es dokumentarischen Filmton?«, in: Kamensky/Rohrhuber (Hg.): Ton. Texte zur Akustik im Dokumentarfilm, Berlin: Vorwerk 8, 2013, S. 9–34.

Hermann Kappelhoff: Realismus: Das Kino und die Politik des Ästhetischen, Berlin: Vorwerk 8, 2008.

Jürgen Kaube: »Die Realität ist nicht konsenspflichtig«, in: faz.net 17.01.2017: https://www.faz.net/aktuell/feuilleton/was-tun-gegen-fake-news-die-realitaet-ist-nicht-konsenspflichtig-14670489.html [Abruf: 20.07.2020].

Judith Keilbach: Geschichtsbilder und Zeitzeugen. Zur Darstellung des Nationalsozialismus im bundesdeutschen Fernsehen, Münster: Lit-Verlag 2008.

Ina Kerner: Postkoloniale Theorien zur Einführung, Hamburg: Junius 2012.

Frank Kessler: »Fakt oder Fiktion. Zum pragmatischen Status dokumentarischer Bilder«, in: Montage AV 7, 2/1998, Marburg: Schüren, S. 63–78.

Guido Kirsten: Filmischer Realismus, Marburg: Schüren 2013.

Alexander Kluge: Gelegenheitsarbeit einer Sklavin: Zur realistischen Methode, Frankfurt a. M.: Suhrkamp 1975.

Gertrud Koch: Kracauer zur Einführung, Hamburg: Junius 1996.

Gertrud Koch/Christiane Voss (Hg.): ›Es ist, als ob‹. Fiktionalität in Philosophie, Film- und Medienwissenschaft, München: Fink 2009.

Gertrud Koch: »Handlungsfolgen: Die ästhetische Transformation der Vorstellung vom Unvorstellbaren. Anmerkungen zu Claude Lanzmanns Film *Shoa*«, in: Koch: Zwischen Raubtier und Chamäleon. Texte zu Film, Medien, Kunst und Kultur, München: Fink, S. 191–198.

Hans-Herbert Kogler: Michel Foucault, Stuttgart: Metzler 1994.

Kristina Köhler: Der tänzerische Film. Frühe Filmkultur und moderner Tanz, Marburg: Schüren 2017.

Albrecht Koschorke: »Linksruck der Fakten«, in: Zeitschrift für Medien- und Kulturforschung. Schwerpunkt: Alternative Fakten 9, 2/2018, Hamburg: Meiner, S. 107–118.

Siegfried Kracauer: Die Angestellten. Aus dem neuesten Deutschland, Frankfurt a. M.: Suhrkamp 1971 [1939].

Siegfried Kracauer: »Über die Aufgabe des Filmkritikers«, in: Kino. Frankfurt a. M.: Suhrkamp 1974 [1932], S. 9–11.

Siegfried Kracauer: Von Caligari zu Hitler. Eine psychologische Geschichte des deutschen Films, Frankfurt a. M.: Suhrkamp 1984 [1947].

Siegfried Kracauer: Theorie des Films. Die Errettung der äußeren Wirklichkeit, Frankfurt a. M.: 1985 [engl. 1960; dt. 1964].

Sven Kramer/Thomas Tode (Hg.): Der Essayfilm. Ästhetik und Aktualität, Köln: Herbert von Halem Verlag 2017.

Florian Krautkrämer: »Revolution Uploaded. Un/Sichtbares im Handy-Dokumentarfilm«, in: zfm (Zeitschrift für Medienwissenschaft) 11, 2/2014 (Schwerpunkt Dokument und Dokumentarisches), Berlin: Diaphanes, S. 113–126.

Claude Lanzmann: »Der Ort und das Wort«, Interview mit Claude Lanzmann [1985], veröffentlicht vom Filminstitut Hannover: http://www.geschichte-projekte-hannover.de/filmundgeschichte/holocaust_im_film/dokumentarfilme-dokumentationen/shoah/materialien-shoah/interview-lanzmann-1.html [Abruf 20.07.2020].

Claude Lanzmann: »Der Friseur von Treblinka«, in: Spiegel Online, 6.9.2010: https://www.spiegel.de/spiegel/print/d-73600010.html [Abruf 20.07.2020].

Bruno Latour: »Why has Critique Run out of Steam, From Matters of Fact to Matters of Concern«, in: Critical Inquiry 30, 2/2004, University of Chicago Press, Winter, S. 225–248.

Matthias Leitner/Sebastian Sorg/Daniel Sponsel (Hg.): Der Dokumentarfilm ist tot – es lebe der Dokumentarfilm, Marburg: Schüren 2004.

Claude Lévi Strauss: Anthropologie in der modernen Welt, Frankfurt a. M.: Suhrkamp 2012 [2011].

Elisa Linseisen: High/Definition. Hochaufgelöste Digitalbildlichkeit/Medienphilosophisches Image Processing, Lüneburg: meson press 2020.

Thorolf Lipp: Spielarten des Dokumentarischen. Einführung in Theorie und Geschichte des nonfiktionalen Films, Marburg: Schüren 2012.

Martin Loiperdinger: »Die Erfindung des Dokumentarfilms durch die Filmpropaganda im Ersten Weltkrieg«, in: Ursula von Keitz/Kay Hoffmann (Hg.): Die Einübung des dokumentarischen Blicks. Fiction-Film und Non-Fiction Film zwischen Wahrheitsanspruch und expressiver Sachlichkeit 1895–1945, Marburg: Schüren 2001, S. 71–79.

Jean-François Lyotard: Das postmoderne Wissen, Wien: Passagen 2019 [1979].

David MacDougall: Transcultural Cinema, Princeton: Princeton-University Press 1998.

Lev Manovich: The Language of New Media, Cambridge, Mass.: MIT Press 2002.

Roman Marek: Understanding YouTube. Über die Faszination eines Mediums, Bielefeld: transcript 2013.

Jagoda Marinić: »Das Maß aller Dinge«, in: Süddeutsche Zeitung, 23.5. 2020: https://www.sueddeutsche.de/politik/coronavirus-kolumne-jagoda-marinic-1.4907807 [Abruf 20.07.2020].

Ethel Matala de Mazza: »Politik und Lüge«, in: Zeitschrift für Medien- und Kulturforschung. Schwerpunkt: Alternative Fakten 9, 2/2018, Hamburg: Meiner, S. 119–131.

Christian Metz: »A propos de l'impression de réalité au Cinéma«, in: ders.: Essais sur la signification au cinéma. Tome 1, Paris: Klincksieck 1968, S. 13–24.

F. T. Meyer: Filme über sich selbst. Strategien der Selbstreflexion im dokumentarischen Film, Bielefeld: transcript 2005.

Roland Meyer: »Asymmetrien der Auflösung. Über Eyal Weizmans *Forensic Architecture. Violence and the Threshold od Detectability*«, in Cargo 34, 6/2017, Berlin: Cargo Verlag, S. 70–73.

Trinh T. Minh-ha: »The Totalizing Quest of Meaning«, in: Michael Renov (Hg.): Theorizing Documentary, New York/London: Routledge 1993, S. 90–107. Übersetzung: »Die verabsolutierende Suche nach Bedeutung«, in: Eva Hohenberger (Hg.): Bilder des Wirklichen. Texte zur Theorie des Dokumentarfilms, Berlin: Vorwerk 8, 2006, S. 276–296.

Trinh T. Minh-ha: »Speaking nearby. A conversation with Trinh T. Minh-ha«, in: Visual Anthropology Review 8, 1/1992: https://docfilmhist.files.wordpress.com/2008/09/chen.pdf [Abruf 20.07.2020].

W. J. T. Mitchell: Das Leben der Bilder. Eine Theorie der visuellen Kultur, München: Verlag C. H. Beck 2008.

Gregg Mitman: Reel nature. America's Romance with Wildlife on Film, Cambridge, Mass./London: Harvard University Press 1999.

Maren Möhring/Massimo Perinelli/Olaf Stieglitz (Hg.): Tiere im Film. Eine Menschheitsgeschichte der Moderne, Köln/Weimar/Wien: Böhlau 2009.

Montage AV 14, 2/2005 (Schwerpunkt »Gebrauchsfilm 1«), Marburg: Schüren.

Montage AV 15, 1/2006 (Schwerpunkt »Gebrauchsfilm 2«), Marburg: Schüren.

Montage AV 25, 1/2016 (Schwerpunkt »Dokumentarische Ethik«), Marburg: Schüren.

Michel de Montaigne: Die Essais, Köln: Anaconda 2005.

Edgar Morin: »Chronicle of a Film [1962]«, in: Jonathan Kahana (Hg.): The Documentary Film Reader. History, Theory, Criticism, Oxford/New York: Oxford University Press 2016, S. 461–472.

Felipe Muanis: »Dokumentarische Comics als Übersetzung des Alltäglichen«, in: zfm (Zeitschrift für Medienwissenschaft) 11, 2/2014, Berlin: Diaphanes. S. 59–61.

Florian Mundhenke: Zwischen Dokumentar- und Spielfilm. Zur Repräsentation und Rezeption von Hybrid-Formen, Wiesbaden: Springer 2017.

Charles Musser: »Der frühe Dokumentarfilm«, in: Geoffrey Nowell-Smith (Hg.): Geschichte des internationalen Films, Stuttgart/Weimar: Metzler 1998 [1996], S. 80–88.

Kate Nash/Craig Hight/Catherine Summerhayes (Hg.): New Documentary Ecologies. Emergent Platforms, Practices and Discourses, New York/Basingstoke (GB): Palgrave and MacMillan 2014.

Sabine Nessel et al. (Hg.): Der Film und das Tier. Klassifizierungen, Cinephilien, Philosophien, Berlin: Bertz+Fischer 2012.

Bill Nichols: Representing Reality. Issues and Concepts in Documentary, Bloomington: Indiana University Press 1992.

Bill Nichols: Introduction to Documentary, Bloomington: Indiana University Press 2010.

François Niney: L'épreuve du réel á l'écran. Essai sur le principe de réalité documentaire, Brüssel: Editions de Boeck 2002.

François Niney: Die Wirklichkeit des Dokumentarfilms. 50 Fragen zur Theorie und Praxis des Dokumentarischen, Marburg: Schüren 2012 [2009].

Rolf Nohr: Buchbesprechungen. Der Film und das Tier, in: zfm (Zeitschrift für Medienwissenschaft) online, 12.6.2014: https://www.zfmedienwissenschaft.de/online/buchbesprechung/der-film-und-das-tier [Abruf 20.07.2020).

Natalia Nussinova: »Die Sowjetunion und die russischen Emigranten«, in: Geoffrey Nowell-Smith (Hg.): Geschichte des internationalen Films, Stuttgart/Weimar: Metzler 1998 [1996], S. 153–163.

Beate Ochsner/Oliver Fahle/Anna Wiehl (Hg.): »Die Herstellung von Evidenz. Zum Phänomen interaktiver Webdokumentationen«, in: Augenblick. Konstanzer Hefte zur Medienwissenschaft 65/66. Marburg: Schüren 2016, S. 5–8.

Roger Odin: »Dokumentarischer Film – dokumentarisierende Lektüre«, in: Eva Hohenberger (Hg.): Bilder des Wirklichen. Texte zur Theorie des Dokumentarfilms, Berlin: Vorwerk 8, 2006, S. 259–275.

Roger Odin: Kommunikationsräume. Einführung in die Semiopragmatik, Berlin: oa books 2019 [2011] (hrsg. von Guido Kirsten, Magali Trautmann, Philipp Blum, Laura Katharina Mücke).

Volker Pantenburg: Film als Theorie. Bildforschung bei Harun Farocki und Jean-Luc Godard, Bielefeld: transcript 2006.

Volker Pantenburg: Ränder des Kinos. Godard – Wiseman – Benning – Costa, Berlin: August Verlag 2010.

Pier Paolo Pasolini: Ketzererfahrungen. Schriften zu Sprache, Literatur und Film, München: Carl Hanser Verlag 1979.

Charles Sanders Peirce: Phänomen und Logik der Zeichen, Frankfurt a. M.: Suhrkamp 1983 (hrsg. von Helmut Pape).

Niels Penke/Matthias Schaffrick: Populäre Kulturen zur Einführung, Hamburg: Junius 2018.

Carl R. Plantinga: Rhetoric and Representation in Non-Fiction Film, Cambridge: Cambridge University Press 1997.

Carl R. Plantinga: »Indexikaltät und Ton«, in: Volko Kamensky/Julian Rohrhuber (Hg.): Ton. Texte zur Akustik im Dokumentarfilm, Berlin: Vorwerk 8, 2013, S. 49–57.

Bernhard Pörksen: »Die neuen Wahrheitskriege«, in: zfm (Zeitschrift für Medienwissenschaft) 19, 2/2018, Bielefeld: transcript, S. 10–20.

René Prédal (Hg.): »Jean Rouch ou le ciné-plaisir«, in: CinémAction, Nr. 81, Paris: Editions Corlet/Télérama 1996.

Jaques Rancière: La Fable cinématographique, Paris: Editions Seuil 2001.

Jacques Rancière: »The Aesthetic Revolutions and its Outcomes«, in: New Left Review, 14, March-April 2002, S. 133–151.

Jacques Rancière: »Die Geschichtlichkeit des Films« [1998], in: Eva Hohenberger/Judith Keilbach (Hg.): Die Gegenwart der Vergangenheit. Dokumentarfilm, Fernsehen und Geschichte, Berlin: Vorwerk 8, 2003, S. 230–246.

Jacques Rancière: Die Aufteilung des Sinnlichen. Die Politik der Kunst und ihre Paradoxien, Berlin: b_books Verlag 2008 (hrsg. von Maria Muhle).

Jacques Rancière: Und das Kino geht weiter. Schriften zum Film, Berlin: August Verlag 2012 (hrsg. von Sulgi Li und Julian Radlmaier).

Michael Renov (Hg.): Theorizing Documentary, New York/London: Routledge 1993.

Michael Renov: »Towards a Poetic of Documentary«, in: ders. (Hg.): Theorizing Documentary, New York/London: Routledge 1993, S. 12–36.

Hans Richter: »Der Filmessay. Eine neue Form des Dokumentarfilms« [1940], in: Christa Blümlinger/Constantin Wulff (Hg.): Schreiben Bilder Sprechen. Texte zum essayistischen Film, Wien: Sonderzahl 1992, S. 195–198.

Honness Roe: »Absence, Excess and Epistemological Expansion: Towards a Framework for the Study of Animated Documentary«, in: Animation. An interdisciplinary Journal 6, 3/2011, S. 215–230.

Jane Roscoe/Craig Hight: Faking it. Mock-documentary and the subversion of Factuality, Manchester/New York: Manchester University Press 2001.

Philip Rosen: »Document and Documentary: On the Persistence of Historical Concepts«, in: Michael Renov (Hg.): Theorizing Documentary, New York/London: Routledge 1993, S. 37–57.

Eivind Røssaak: The archive in motion. New conceptions of the archive in contemporary thought and new media practices, Oslo: Novus Press 2010.

Wilhelm Roth: Der Dokumentarfilm seit 1960, München/Luzern: Verlag C.H. Bucher 1982.

Paul Rotha: Documentary Diary. An Informal History of British Documentary Film, 1928–1939, London: Secker&Warburg 1973.

Simon Rothöhler: High Definition. Digitale Filmästhetik, Berlin: August Verlag 2013.

Simon Rothöhler: »Streaming Outtakes. Medienphilologie des Täterbildes. Zur Webedition von Claude Lanzmanns Shoah-Material«, in: Friedrich Balke/Rupert Gaderer (Hg.): Medienphilologie. Konturen eines Paradigmas, Göttingen: Wallstein Verlag 2017, S. 321–345.

Simon Rothöhler: Das verteilte Bild. Stream/Archiv/Ambiente, München: Fink 2018.

Catherine Russell: Experimental Ethnography. The Work of Film in the Age of Video, Durham/London: Duke University Press 1999.

Georges Sadoul: Histoire du Cinéma Mondial, Paris: Flammarion 1949.

Dave Saunders: Direct Cinema. Observational Documentary and the Politics of the Sixties, London/New York: Wallflower Press 2007.

Christian Schärf: Geschichte des Essays. Von Montaigne bis Adorno, Springe: zu Klampen Verlag 2016.

Eva Schauerte/Sebastian Vehlken: »Faktzitäten. Einleitung in den Schwerpunkt«, in: zfm (Zeitschrift für Medienwissenschaft) 19, 2/2018, Bielefeld: transcript. S. 10–20.

Christina Scherer: Ivens, Godard, Marker, Jarman. Erinnerung im Essayfilm, München: Fink 1999.

Christina Scherer: »Die Subversion dominanter Bilderwelten im Essayfilm«, in: Sven Kramer/Thomas Tode (Hg.): Der Essayfilm. Ästhetik und Aktualität, Köln: Herbert von Halem Verlag 2017, S. 143–158.

Alexandra Schneider: Die Stars sind wir. Heimkino als filmische Praxis, Marburg: Schüren 2004.

Robert L. Snyder: Pare Lorentz and the documentary Film, Reno/Las Vegas/London: University of Nevada Press 1993.

Etiènne Souriau: Die Struktur des filmischen Universums und das Vokabular der Filmologie, München: Fink 2020 [1951].

Etiènne Souriau: Das filmische Universum. Schriften zur Ästhetik des Kinos, München: Fink 2020 (hrsg. von Guido Kirsten).

Matthias Steinle: Vom Feindbild zum Fremdbild. Die gegenseitige Darstellung von BRD und DDR im Dokumentarfilm, Konstanz: UVK 2003.

Hito Steyerl: Die Farbe der Wahrheit. Dokumentarismen im Kunstfeld, Wien-Berlin: Turia+Kant 2008.

Andreas Sudmann: »Fake-Dokus und ihr Beitrag zur Krise der Repräsentationskritik«, in: zfm (Zeitschrift für Medienwissenschaft) 19, 2/2018, Berlin: Diaphanes, S. 42–53.

Martina Thiele: »Trauma wahrnehmbar werden lassen: Zeigen und Nicht-Zeigen, Reden und Schweigen in Claude Lanzmans Film Shoah (1985)«, in: Psychologie und Gesellschaftskritik 39 (4), S. 77-95. https://www.ssoar.info/ssoar/handle/document/56584 [Abruf 20.07.2020].

Carlo Thielmann: Tier und Film. Zur Modellierung anthropologischer Differenz, Marburg: Schüren 2018.

Magali Trautmann: Show and Tell. Der narrative Kinodokumentarfilm von 1995–2015, Köln: Herbert von Halem Verlag 2017.

Margrit Tröhler: »Filmische Authentizität. Mögliche Wirklichkeit zwischen Fiktion und Dokumentation«, in: Montage AV 13, 2/2004, Marburg: Schüren, S. 149–169.

Albert Michotte van den Berck: »Der Realitätscharakter der filmischen Projektion« [1948], in: Montage AV 12, 1/2003, Marburg: Schüren, S. 110–125.

Egbert van Wyngaarden: »Transmedia – Liquid documentary«, in: Matthias Leitner/Sebastian Sorg/Daniel Sponsel (Hg.): Der Dokumentarfilm ist tot – es lebe der Dokumentarfilm, Marburg: Schüren 2014, S. 37–51.

Vai Vaughan: For Documentary. Twelve Essays, Los Angeles/London: University of California Press 1990.

Dziga Vertov: Schriften zum Film, München: Carl Hanser Verlag 1973 (hrsg. von Wolfgang Beilenhoff).

Bernhard Waldenfels: Grundmotive einer Phänomenologie des Fremden, Frankfurt a. M.: Suhrkamp 2006.

Thomas Weber: »Der dokumentarische Film und seine medialen Milieus«, in: Carsten Heinze/Thomas Weber (Hg.): Medienkulturen des Dokumentarischen, Wiesbaden: Springer 2017, S. 3–26.

Eyal Weizman: Forensic Architecture. Violence at the threshold of detectability, Cambridge: Zone Books 2019.

Hayden White: Metahistory. Die historische Einbildungskraft im 19. Jahrhundert in Europa, Frankfurt a. M.: Fischer 2008.

Anna Wiehl/Sandra Gaudenzi: »Shifts of focus. A revised perspective on evidence in interactive documentary as living documentary«, in: Beate Ochsner/Oliver Fahle/Anna Wiehl (Hg.): Die Herstellung von Evidenz. Zum Phänomen interaktiver Webdokumentationen, Augenblick. Konstanzer Hefte zur Medienwissenschaft 65/66: Marburg Schüren 2016, S. 96–103.

Markus Wild: Tierphilosophie zur Einführung, Hamburg: Junius 2008.

Klaus Wildenhahn: »Über synthetischen und dokumentarischen Film. Drei von zwölf Lesestunden« [1975], in: Eva Hohenberger: Bilder des Wirklichen. Texte zur Theorie des Dokumentarfilms, Berlin: Vorwerk 8, 2006, S. 115–146.

Linda Williams: »Spiegel ohne Gedächtnisse. Wahrheit, Geschichte und der neue Dokumentarfilm« [1993], in: Eva Hohenberger/Judith Keilbach (Hg.): Die Gegenwart der Vergangenheit. Dokumentarfilm, Fernsehen und Geschichte, Berlin: Vorwerk 8, 2003, S. 24–44.

Brian Winston: Claiming the Real II. Documentary: Grierson and Beyond, London: British Film Institute: 2008 [1995].

Renate Wöhrer: »Einleitung«, in: dies. (Hg.): Wie Bilder Dokumente wurden. Zur Genealogie dokumentarischer Darstellungspraktiken, Berlin: Kulturverlag Kadmos 2015, S. 7–24.

Peter Wollen: Sign and Meaning in the Cinema, London: Seeker and Warburg 1974.

Peter V. Zima: Essay/Essayismus. Zum theoretischen Potenzial des Essays. Von Montaigne bis zur Postmoderne, Würzburg: Königshausen und Neumann 2012.

Peter Zimmermann/Kay Hoffmann: Dokumentarfilm im Umbruch. Kino-Fernsehen-Neue Medien, Konstanz: UVK 2006.

Yvonne Zimmermann: »Analyse nicht-fiktionaler Filmformen«, in: Malte Hagener/Volker Pantenburg (Hg.): Handbuch Filmanalyse, Wiesbaden: Springer-Verlag 2020, S. 443–459.

Sachregister

Personenregister

Oliver Fahle, Dr. phil., ist Professor für Filmwissenschaft mit dem Schwerpunkt Filmtheorie und Filmästhetik an der Ruhr-Universität Bochum. Veröffentlichungen u.a.: *Jenseits des Bildes. Poetik des französischen Films der zwanziger Jahre*, Mainz: Bender 2000; *Bilder der Zweiten Moderne*, Weimar: VDG 2005; *Philosophie des Fernsehens*, München: Fink 2006 (Hg. mit Lorenz Engell); *Essays zur Film-Philosophie*, München: Fink 2015 (gemeinsam mit Lorenz Engell, Vinzenz Hediger, Christiane Voss); *Durchbrochene Ordnungen. Das Dokumentarische der Gegenwart*, Bielefeld: transcript 2020 (Hg. mit Friedrich Balke und Annette Urban)